Das Gesetz

vom 29. April 1869

die

Einführung einer Prozeßordnung

in

bürgerlichen Rechtsstreitigkeiten

für das

Königreich Bayern

mit

Auslegungsbehelfen

aus den Motiven des Gesetzentwurfes, den Vorträgen der Referenten und den Protokollen der Gesetzgebungs-Ausschüsse beider Kammern

gesammelt von

J. N. v. Lengrießer,
Bezirksgerichts-Accessist

München 1869.
Verlag von R. Oldenbourg.

Vorbemerkungen.

Die vorliegende Ausgabe ist, ähnlich wie die von dem nunmehrigen k. Staatsanwalt Carl Barth zu den Strafgesetzbüchern veranstaltete und allgemein als zweckmäßig anerkannte, bestimmt, einen Ueberblick über das Auslegungsmaterial, wie es aus den Motiven zum Gesetzentwurfe, aus den Vorträgen der Referenten und aus den Ausschußberathungen zu entnehmen ist, zu gewähren und damit dem praktischen Juristen Gelegenheit zu geben, sich im Interesse einer richtigen Gesetzesanwendung über die Entstehung, Bedeutung, und Tragweite der einzelnen Bestimmungen in den Gesetzesquellen rasch Aufschluß zu verschaffen.

Bei der Sammlung und Sichtung dieses Materials wurde — unter Ausschluß jeder commentatorischen Thätigkeit — alles dasjenige in einer dem Wortlaute der betreffenden Erklärung möglichst sich anschließenden Fassung zusammengestellt, was bei Aufnahme oder Ablehnung einzelner Bestimmungen, bei der Wahl einzelner Sätze oder Ausdrücke als übereinstimmende Anschauung der drei Gesetzgebungs-Faktoren festgestellt wurde, sei es, daß diese Uebereinstimmung durch eine besondere Constatirung zu Protokoll ausdrücklich, oder da die betreffende Erklärung nicht widersprochen wurde, oder eine derselben entsprechende Beschlußfassung erfolgte, stillschweigend sich kund gegeben hat.

Hiebei wurde besondere Rücksicht darauf genommen, dasjenige, was sich als vereinzelte Meinung eines Ausschußmitgliedes darstellt und die Billigung der Gesetzgebungs-Faktoren weder ausdrücklich noch stillschweigend gefunden hat, von den durch übereinstimmenden Beschluß festgestellten Sätzen auszuscheiden, und diese Ausscheidung in der Darstellung des Auslegungsmaterials in einer für den Leser erkennbaren Weise zum Ausdrucke zu bringen.

Es wurde häufig darauf hingewiesen, aus welchen Gründen sich die Gesetzgebungsfaktoren zur Abschneidung unrichtiger Interpretation veranlaßt sahen, die eine oder andere Bestimmung hinwegzulassen oder die vorgeschlagene Ausdrucksweise nicht anzunehmen.

Soweit es nothwendig schien, wurden die einzelnen Abschnitte des gegenwärtigen Gesetzes, ebenso wie mehrere Artikel oder Gruppen derselben mit einigen aus den Motiven und Ausschußreferaten geschöpften allgemeinen Bemerkungen über deren Zweck und Inhalt begleitet, während bei vielen der in Bezug genommenen Bestimmungen anderweitiger Gesetze, wie z. B. bei Art. 8, bei den Abschnitten III und IV u. s. w. eine kurze Bezeichnung des Inhaltes der allegirten Bestimmungen unvermeidlich schien, um das Verhältniß derselben zu jenen des gegenwärtigen Gesetzes klar zu stellen.

Die einzelnen Auslegungsbehelfe wurden mittelst Ziffern als Noten dem Eingange der betreffenden Artikel oder denjenigen Absätzen oder Ausdrücken, für deren richtiges Verständniß sie zunächst von Bedeutung sind, angereiht.

Was diejenigen Anträge und Anregungen, welche nicht zur Annahme gelangten, betrifft, so wurden dieselben nur insoweit einer näheren Betrachtung unterzogen, als dies zur Vermeidung einer unrichtigen Interpretation geboten war, im Uebrigen wurde nur die Stelle allegirt, an welcher diese Anträge und Anregungen in den Ausschußverhandlungen behandelt sind.

Außer Beachtung blieben rein redaktionelle oder solche Aenderungen, welche lediglich die Erzielung einer gleichförmigen Ausdrucksweise bezweckten.

Mehrere Aenderungen dieser Art gehen durch den ganzen Context des Gesetzes, und sollen hier, zur Vermeidung von Wiederholungen bei den einzelnen Artikeln, zusammengestellt werden; so wurde durch das ganze Gesetz

1) überall, wo von der neuen Prozeßordnung die Rede ist, das Wort: „neue" vor: „Prozeßordnung" eingeschaltet; (A. P. 469)

2) überall, wo sich eine Allegation des Einführungsgesetzes findet, entweder: „vorstehender," „nachfolgender" (Artikel) oder: „des gegenwärtigen Gesetzes" eingeschaltet, um gegenüber den verschiedenen, anderweitig allegirten Gesetzen jedem Zweifel zu begegnen, welches Gesetz gemeint sei; (A. P. 469)

3) statt des: „in der Pfalz geltenden" wurde gesetzt: „pfälzischen," sowie für „code civil" und „code de procedure" die Formel: „pfälzisches Civilgesetzbuch" und „pfälzische Civilprozeßordnung" gebraucht wurde; (A. P. 470)

4) statt: „an dem im Art. 1 bezeichneten Tage" wurde gesetzt: „am 1. Juli 1870;"

5) wurde zur Erzielung des Einklangs mit der in der neuen Prozeßordnung gewählten Ausdrucksweise anstatt: „Stadt- und Landgericht" gesetzt: „Einzelngericht;" anstatt der Frist von „14 Tagen" — eine solche von: „fünfzehn Tagen," anstatt: „Urtheil" — „Erkenntniß," anstatt: „Vorstand" — „Senatsvorstand," anstatt: Oberappellationsgericht" — „oberster Gerichtshof."

Endlich kommt noch bezüglich der in den Auslegungsbehelfen vorkommenden Allegate der neuen Prozeßordnung zu bemerken, daß, soweit nicht auf den ursprünglichen Entwurf derselben verwiesen ist, die allegirten Hauptstücke und Artikel diejenige Bezeichnung erhalten haben, welche der schließlichen Nummerirung und jener der amtlichen Ausgabe der Prozeßordnung entspricht, während in den Referaten und Sitzungs-Protokollen die Allegate mit derjenigen Bezeichnung versehen sind, welche die in Bezug genommenen Hauptstücke und Artikel nach den Beschlüssen der beiden Ausschüsse vor der schließlichen Nummerirung getragen haben.

München, im Juni 1869.

Erklärung der gebrauchten Abkürzungen.

R. E. oder **Reg.-Entw.** = Regierungs-Entwurf, d. h. Entwurf eines Gesetzes die Einführung einer Prozeßordnung in bürgerlichen Rechtsstreitigkeiten; siehe Verhandlungen des Gesetzgebungsausschusses der Kammer der Abgeordneten v. J. 1863 Beilagen-Band II Abtheilung 1 Beil. C. Seite 212 ff. — Die vor dem Artikeltext in Klammern befindlichen Zahlen (R. E....) bedeuten die betreffenden Artikel nach der Reihenfolge des Regierungs-Entwurfes.

M. = Motive zu Artikel.... des Regierungs-Entwurfes; siehe Verhandlungen des Gesetzgebungsausschusses der Kammer der Abgeordneten v. J. 1863 Beilagen-Band II Abtheilung 1 Beil. C Seite 228 ff. — Die dem Citate beigefügte Zahl bezeichnet die entsprechende Seite in den Motiven.

(In demselben Beil.-Bd. II ist als Beil. D S. 237 ff. der Entwurf der Prozeßordnung mit Modifikationen abgedruckt.)

A. R. = Abgeordnetenausschuß-Referat, d. h. Vortrag des Referenten im Gesetzgebungsausschusse der Kammer der Abgeordneten über das Einführungsgesetz; siehe Verhandlungen des Gesetzgebungs-Ausschusses der Kammer der Abgeordneten v. J. 1863/68 Beilagen-Band II Abtheilung 3 Beil. R Seite 117 ff. — Die dem Citate beigefügte Zahl bezeichnet die entsprechende Seite in diesem Vortrage.

A. P. = Abgeordnetenausschuß-Protokolle, d. h. Sitzungs-Protokolle des Gesetzgebungs-Ausschusses der Kammer der Abgeordneten über das Einführungsgesetz; siehe Verhandlungen des Gesetzgebungs-Ausschusses der Kammer der Abgeordneten v. J. 1868 Beilagen-Band III Abtheilung 4 S. 383 ff. — Die dem Citate beigefügte Zahl bezeichnet die entsprechende Seite der Abtheilung 4.

Ist der arabischen eine römische Zahl vorgesetzt, so bezieht sich dieses Citat auf die Protokolle des Abgeordneten-Ausschusses über die Prozeßordnung, welche im Beilagen-Band III Abtheilung 1—4 der Verhandlungen dieses Ausschusses v. J. 1863/68 enthalten sind; die römische Zahl bezeichnet die entsprechende Abtheilung, die arabische die Seite dieser Abtheilung.

R. R. = Reichsrathsausschuß-Referat, d. h. Vortrag des Referenten im Gesetzgebungs-Ausschusse der Kammer der Reichsräthe über das Einführungsgesetz; siehe Verhandlungen des Gesetzgebungs-Ausschusses der Kammer der Reichsräthe v. J. 1868/69 Beilagen-Band II Beil. O Seite 389 ff. — Die dem Citate beigefügte Zahl bezeichnet die entsprechende Seite in diesem Vortrage.

R. P. = Reichsrathsausschuß-Protokolle, d. h. Protokolle des Gesetzgebungs-Ausschusses der Kammer der Reichsräthe über das Einführungsgesetz; siehe Verhandlungen des Gesetzgebungs-Ausschusses der Kammer der Reichsräthe v. J. 1869 Bd. V. — Die dem Citate beigefügte Zahl bezeichnet die entsprechende Seite des V. Bandes.

Ist der arabischen eine römische Zahl vorgesetzt, so bezieht sich dieses Citat auf die Protokolle des Reichsraths-Ausschusses über die Prozeßordnung, welche im Bd. I—IV dieser Verhandlungen v. J. 1863/69 enthalten sind; die römische Zahl bezeichnet den entsprechenden Band, die arabische die Seite dieses Bandes.

St. d. K. d. A. = Stenographische Berichte über die Verhandlungen der Kammer der Abgeordneten v. J. 1868/69. Die dem Citate beigefügte römische Zahl bezeichnet den entsprechenden Band, die arabische die Seite der Abgeordneten-Verhandlungen, in welchen die neue Prozeßordnung und das Einführungsgesetz zur Berathung kamen.

Inhalts = Uebersicht.

Einleitung.

Die k. Staatsregierung hatte am 27. Juli 1863 der Kammer der Abgeordneten mit dem Entwurfe der neuen Prozeßordnung in bürgerlichen Rechtsstreitigkeiten und den Modificationen hiezu zugleich den Entwurf eines Gesetzes über die Einführung der Prozeßordnung vorgelegt. Durch diesen Gesetzentwurf wird der Zeitpunkt der Einführung der neuen Prozeßordnung festgesetzt, es werden die in Folge hievon außer Wirksamkeit tretenden Gesetze bezeichnet, die erforderlichen Uebergangsbestimmungen und außerdem diejenigen gesetzlichen Bestimmungen getroffen, welche wegen der Verschiedenheit der in Bayern geltenden Civilgesetze und deren Zusammenhanges mit der Prozeßordnung zur Herstellung des Einklanges erforderlich sind, und endlich auch die durch die neue Prozeßordnung gebotenen Aenderungen in den Gerichtsverfassungsgesetzen herbeigeführt.

Nachdem die neue Prozeßordnung durch die Beschlüsse der beiden Kammern des Landtages zur Annahme gelangt war und der Referent des Gesetzgebungs-Ausschusses der Kammer der Abgeordneten von Neumayr seinen Vortrag zum Einführungsgesetze unterm 9. Februar l. Js. erstattet hatte, begannen am 15. Februar im Ausschusse der Kammer der Abgeordneten die Verhandlungen über dieses Gesetz und wurde in zehn Sitzungen die erste Lesung und in einer weiteren Sitzung am 13. März die zweite Lesung zu Ende geführt.

Unterm 15. März gelangten die von dem genannten Ausschusse gefaßten Beschlüsse an den Gesetzgebungsausschuß der Kammer der Reichsräthe, und nachdem hier der Referent, Reichsrath von Bomhard am 27. März h. Js. seinen Vortrag erstattet hatte, nahm der letztgenannte Ausschuß am 9. April unter Zugrundelegung der Beschlüsse des Abgeordneten-Ausschusses zweiter Lesung die Berathung des Einführungsgesetzes vor, wobei mit Rücksicht auf den damals bevorstehenden Ablauf der Landtagsperiode nur diejenigen Artikel der Discussion unterstellt wurden, zu welchen von Seite des Referenten oder der k. Staatsregierung Abänderungsanträge gestellt wurden.

Die von dem Ausschusse der Kammer der Reichsräthe gefaßten Beschlüsse differirten von jenen des Abgeordneten-Ausschusses nur in zwölf Punkten, die jedoch nicht von prinzipieller Bedeutung waren und bei der neuerlichen Berathung am 11. April h. J. trat der letztere in den noch bestehenden Differenzpunkten den Beschlüssen des Reichsraths-Ausschusses bei.

Nachdem die k. Staatsregierung unterm 15. April h. J. zu den von den beiden Ausschüssen gefaßten Beschlüssen ihre Zustimmung erklärt hatte, wurde der hienach modifizirte Entwurf von der Kammer der Abgeordneten am 20. und von der Kammer der Reichsräthe am 25. April h. J. angenommen und hat nunmehr im Landtagsabschied vom 29. April h. J. die Allerhöchste Sanktion erhalten.

Gesetz,

„die Einführung einer Prozeßordnung in bürgerlichen Rechtsstreitigkeiten für das Königreich Bayern betr.“ [1])

Ludwig II.

von Gottes Gnaden, König von Bayern,
Pfalzgraf bei Rhein,
Herzog von Bayern, Franken und in
Schwaben xc. xc.

Wir finden, in der Absicht, dem Verfahren in bürgerlichen Rechtsstreitigkeiten in Unserem Reiche eine zeitgemäße Verbesserung zuzuwenden, Uns nach Vernehmung Unseres Staatsrathes mit Beirath und Zustimmung der Kammer der Reichsräthe und der Kammer der Abgeordneten, dann bezüglich des Art. 6 [2]) des gegenwärtigen Gesetzes unter Anwendung der in § 7 Titl. X der Verfassungsurkunde vorgeschriebenen Form bewogen, die anbei folgende Prozeßordnung in bürgerlichen Rechtsstreitigkeiten zu erlassen und über die Anwendung dieses neuen Gesetzbuches zu verordnen, was folgt:

1. Ueber die Aufgabe des Einführungsgesetzes vgl. die Einleitung. (M. 228, A. R. 117, R. R. 390.)

2. Der Art. 6 enthält eine Aenderung eines Verfassungsgesetzes (A. P. 389, R. R. 422), daher die in Tit. X § 7 vorgeschriebene Form beobachtet werden mußte. (A. P. 469, R. R. 636, R. P. 48.)

I. Allgemeine Bestimmungen.

Diese den Gegensatz zu den in den folgenden Abschnitten gegebenen Spezialbestimmungen bezeichnende Ueberschrift wurde statt jener im Reg. Entw. enthaltenen („Zeit der Einführung und Umfang des neuen Gesetzbuchs nebst Uebergangsbestimmungen") gewählt, weil die letztere Ueberschrift zu weitläufig und doch nicht ganz erschöpfend erachtet wurde. (A. R. 117, R. R. 455.)

Art. 1. (R. E. 1.)

Die neue Prozeßordnung in bürgerlichen Rechtsstreitigkeiten für das Königreich Bayern tritt mit dem 1. Juli 1870 [1]) im ganzen Umfange des Königreiches [2]) in Kraft.

1. Daß der Zeitpunkt der Einführung der neuen Prozeßordnung jetzt schon und in dem gegenwärtigen Gesetze bestimmt wurde, erschien höchst zweckmäßig, weil dadurch jeder Ungewißheit rücksichtlich des Eintritts dieser nicht mehr verschiebbaren Reform unserer Gesetzgebung entgegengetreten wird. Einen früheren Zeitpunkt als den 1. Juli 1870 festzusetzen, war unthunlich, da die noch vorher auf dem Gesetzeswege zu erlassende Advokatenordnung und Tar-Ordnung für streitige Rechtspflege wohl nicht früher zur Verbescheidung gelangen können und überdieß auch noch im Verordnungswege mancherlei Vorbereitungen zu treffen sind. Auf der anderen Seite erschien eine weitere Hinausschiebung dieses Zeitpunktes nicht als Bedürfniß, weil die bezeichneten Gesetzesvorlagen bei dem gegen Ende dieses Jahres zusammentretenden Landtage erfolgen und dort ihre rechtzeitige Erledigung finden können. (A. R. 117, A. P. 383, R. R. 391.)

Ueber die Feststellung des Einführungstermines durch besonderes Gesetz vgl. V. d. K. d. Abg. VI, 253.

2. Ueber die Anträge, die Wirksamkeit der neuen Prozeßordnung auf die Pfalz auszuschließen vgl. A. P. 383 ff., 471 ff., R. R. 392, R. P. 46, V. d. K. d. A. V, 460 ff., VI, 255.

Art. 2. (R. E. 2.)

Mit diesem Zeitpunkte verlieren alle [1]) bis dahin [2]) geltenden Bestimmungen über das Verfahren in bürgerlichen Rechtsstreitigkeiten, worunter an allen Stellen des gegenwärtigen Gesetzes auch jene über das Verfahren in Handels- und Wechselsachen, über die Vollstreckung der Urtheile und sonstigen [3]) vollstreckbaren Urkunden und über das Gantverfahren (Concurse, Fallimente) zu verstehen sind, ihre Giltigkeit und Wirksamkeit, soweit sie nicht die neue Prozeßordnung oder das gegenwärtige Gesetz als fortbestehend bezeichnet.[4])

Soweit[5]) die neue Prozeßordnung[6]) Bestimmungen über Gegenstände des bürgerlichen Rechts enthält, verlieren auch die entgegenstehenden, bis dahin geltenden civilrechtlichen Bestimmungen, sie mögen in den Prozeßordnungen oder in anderen Rechtsquellen[7]) enthalten sein, ihre Giltigkeit und Wirksamkeit für alle Theile des Königreichs, für welche nicht bezüglich einzelner Bestimmungen eine Ausnahme in der neuen Prozeßordnung oder im gegenwärtigen Gesetze besonders getroffen ist.[8])

1. Eine erschöpfende Aufzählung aller durch die neue Prozeßordnung außer Wirksamkeit tretenden Gesetze und Verordnungen war nicht möglich. Es mußte deßhalb der in Abs. 1 enthaltene allgemeine Grundsatz aufgestellt werden, wobei es zur Vermeidung von Zweifeln zweckmäßig schien, den Umfang der neuen Prozeßordnung näher zu bezeichnen.

Aus der Fassung des Abs. 1 ergibt sich, a) daß alle nicht ausdrücklich als fortbestehend bezeichneten Bestimmungen prozeßualer Natur ohne Unterschied, ob sie in den ex professo das Prozeßrecht behandelnden Gesetzbüchern und Gesetzen oder ob sie in andern Gesetzen vorkommen, mit dem 1. Juli 1870 außer Wirksamkeit zu treten haben (A. R. 118); b) daß alle die nichtstreitige Rechtspflege betreffenden in den verschiedenen Landestheilen geltenden Bestimmungen auch nach dem Inslebentreten der neuen Prozeßordnung, soweit nicht diese oder das gegenwärtige Gesetz ausdrücklich ein Anderes bestimmt, in Wirksamkeit verbleiben. (M. 229, A. R. 118.)

2. „Bis dahin“ wurde anstatt des im Reg. Entw. enthaltenen Ausdrucks: „dermalen“ gesetzt, um auch Novellen, welche möglichen Falles noch zwischen der Publikation des Einf.-Gesetzes und dem Einführungstermine der neuen Prozeßordnung erlassen werden könnten, zu treffen. (A. P. 469.)

3. Das Wort „sonstigen“ wurde zur Erzielung einer Uebereinstimmung mit den zur Prozeßordnung gefaßten Beschlüssen eingeschaltet. (A. P. 469, R. R. 395.)

4. „soweit sie nicht die neue Prozeßordnung oder das gegenwärtige Gesetz als fortbestehend bezeichnet“ — diese Worte wurden abweichend vom Reg.-Entw. an den Schluß des Absatzes gestellt, um auszudrücken, daß sie sich auf den Hauptsatz dieses Absatzes beziehen, nicht auf den Einschaltungssatz. (A. R. 118, R. R. 395.)

5. Der Absatz 2 wurde im Abgeordneten-Ausschusse eingeschaltet, da in der neuen Prozeßordnung eine Reihe von Bestimmungen vorkommen, welche nicht prozessualer, sondern civilrechtlicher Natur sind, wie z. B. die Bestimmung, welche die Reihenfolge der Gläubiger bei Vertheilung des Erlöses aus Zwangsveräußerungen vorsieht. Bestimmungen der letzteren Art sind durch den Abs. 1 des Art. 2 nicht getroffen, weil hier ausschließlich nur von den auf das Verfahren in bürgerlichen Rechtsstreitigkeiten bezüglichen Bestimmungen die Rede ist. — Der Unterschied zwischen der Bestimmung im Abs. 1 und jener im Abs. 2 besteht darin, daß erstere alle prozessualen Vorschriften unbedingt aufhebt, soweit sie nicht in der Prozeßordnung oder im Einführungsgesetze als fortbauernd bezeichnet sind, während letztere die civilrechtlichen Vorschriften nur in soweit aufhebt, als sie mit den Bestimmungen der Prozeßordnung oder des Einführungsgesetzes im Widerspruche stehen. (A. P. 385, R. R. 395.)

6. Auf die Anregung des Abgeordneten Dr. Schmitt, ob es nicht zweckmäßig sei, nach dem Worte „Prozeßordnung" einzuschalten: „oder das gegenwärtige Gesetz", da auch in diesem civilrechtliche Bestimmungen enthalten sein könnten, die dann an die Stelle der durch sie betroffenen civilrechtlichen Bestimmungen zu treten hätten, äußerte der k. Ministerialcommissär, einen solchen Zusatz halte er nicht für nöthig, weil bei den einzelnen Bestimmungen des gegenwärtigen Gesetzes die Frage der Derogation ohnehin in Betracht gezogen werden müsse. (A. P. 385.)

7. Der Ausdruck „Prozeßordnungen oder in anderen Rechtsquellen" wurde gebraucht, weil das Civilrecht auch in Rechtsquellen enthalten ist, welche man nicht als Gesetze im engeren Sinne des Wortes bezeichnen kann. (A. P. 385.)

8. Durch den Schlußsatz wird für diejenigen Fälle, in welchen die neue Prozeßordnung oder das gegenwärtige Gesetz eine Ausnahme von dem im Abs. 2 aufgestellten Grundsatze, daß die neue Prozeßordnung auch auf das Civilrecht derogatorisch wirke, statuirt, die Nichtanwendbarkeit dieses Grundsatzes vorgesehen. (A. P. 385, R. R. 396.)

Art. 3. (R. E. Art. 2 Abs. 2.)

Insbesondere[1]) treten unter den in vorstehendem Art. 2 angegebenen Vorbehalten außer Kraft:

1. Art. 3 entspricht dem bisherigen Abs. 2 des Art. 2 des Reg.-Entw. In Folge der Trennung des bisherigen Art. 2 in zwei selbstständige Artikel und mit Rücksicht auf den in dem nunmehrigen Art. 2 gemachten Vorbehalt mußten die Eingangsworte entsprechend geändert werden. (A. P. 385, R. R. 397.)

1) die[2]) das Verfahren in bürgerlichen Rechtsstreitigkeiten betreffenden Bestimmungen der bayerischen Gerichtsordnung (codex juris bavarici judiciarii) von 1753 und der pfälzischen Civilprozeßordnung (code de procédure civile) von 1806 nebst allen darauf bezüglichen Gesetzen und Verordnungen;[3])
2) die in den verschiedenen Gebietstheilen bezüglich des Verfahrens in Handels- und Wechselsachen bestehenden besondern Bestimmungen;
3) die das Verfahren vor dem Cassationshofe der Pfalz in Civilsachen betreffenden Bestimmungen;
4) die Art. 437, 440—478, 480—543, 558—575, 599, 604—631 und 635—648 des in der Pfalz theilweise noch geltenden code de commerce von 1807;[4])

2. Die in den Ziff. 1—16 enthaltene Aufzählung der außer Kraft tretenden Gesetze erfolgte der größeren Deutlichkeit wegen, sie ist aber, wie sich aus Note 1 zu Art. 2 ergibt, nicht exklusiv, sondern exemplikativ. (M. 229, A. R. 118, R. R. 397.)

3. Die hier bezeichneten Gesetzbücher und Novellen sind (vgl. Art. 2) nicht ihrem ganzen Inhalt nach, sondern nur soweit aufgehoben, als ihre Bestimmungen das Verfahren in bürgerlichen Rechtsstreitigkeiten betreffen. Es gilt dieß namentlich von der bayer. Gerichtsordnung, welche an verschiedenen Stellen Materien des Civilrechts und der freiwilligen Gerichtsbarkeit behandelt, dann von späteren Gesetzen z. B. der Prioritätsordnung vom 1. Juni 1822 und ebenso vom cod. de proc., der ebenfalls viele die freiwillige Rechtspflege betreffenden Vorschriften enthält. (A. R. 118, R. R. 397.)

4. Die dem Art. 437 vorausgehenden Bestimmungen des code de commerce sind (abgesehen von den Art. 2, 6, 7, welche durch Art. 4 Abs. 2 des Einführungsgesetzes zum a. d. Handelsgesetzbuch aufrecht erhalten sind und abgesehen davon, daß die von den Gütertrennungsklagen handelnden Art. 65—70 des code de commerce durch den Art. 96 (R. E. 98) des gegenwärtigen Gesetzes ausdrücklich aufrecht erhalten sind) schon durch Art. 4 des Einf.-Gesetzes z. a. d. Handelsgesetzbuch aufgehoben. (A. R. 118, R. R. 399.)

Art. 479 des code de comm. ist schon durch Art. 2 des Einführungsgesetzes zu den Strafgesetzbüchern außer Wirksamkeit getreten, daher hier aus der Reihe der aufgehobenen Bestimmungen gestrichen worden. (A. R. 118, R. R. 399.)

Die von der Güterabtretung (cession des biens) handelnden Art. 566—575 des code de commerce mußten ihre Geltung verlieren, weil die entsprechenden

5) die Art. 8—15, 19,[5]) 26—28, 49 Abs. 1, 54 bis 59 und 79 Abs. 1—3[6]) und Abs. 5 des Gesetzes vom 10. November 1861 „die Gerichtsver-

Art. 813—819 des ursprünglichen Entwurfs der Prozeßordnung nicht angenommen wurden. (A. R. 118, R. R. 400.)

Die Art. 437, 440—453 und 558—565 beziehen sich auf das Fallimentsverfahren und sind durch Bestimmungen des V. Buches der neuen Prozeßordnung ersetzt. Dasselbe gilt von den Art. 599, 604—631 und 635—648, welche theils das Fallimentsverfahren, theils die Organisation und die Zuständigkeit der Handelsgerichte sowie das Verfahren bei denselben betreffen, indem an Stelle aller dieser Artikel Bestimmungen der neuen Prozeßordnung treten. Die Aufhebung der von der Organisation der Handelsgerichte handelnden Art. 615—630 ergibt sich überdieß aus Art. 126 (R. E. 122) des gegenwärtigen Gesetzes (A. R. 118, A. P. 452, R. R. 399.)

Die Art. 544—557 (soweit sie nicht durch das Einführungsgesetz zu den Strafgesetzbüchern aufgehoben sind, sowie die Art. 576—585 des code comm. behandeln die Separationsrechte der Ehefrauen und dritter Personen, sohin eine civilrechtliche Materie und wurden aus diesem Grunde aufrecht erhalten (A. R. 118), während Art. 598 in Folge der beschlossenen Beibehaltung des pfälzischen Abhäsionsprozesses (A. P. 444, 470), die Art. 600—603 über die Verwaltung der Güter im Falle eines Bankerottes in Folge der Beschlußfassung über die von pfälzischer Seite gebrachten Anträge aufrecht zu erhalten waren. (A. P. 452, 444.)

5. Die in Ziff. 5 aufgeführten Art. betreffen Bestimmungen über den Wirkungskreis und den Geschäftsgang der Stadt- und Land- und der Bezirksgerichte, sowie des Oberappellations-Gerichts, ferner über die Zuständigkeit und das Verfahren bezüglich der Gerichtsablehnung und Verweisung einer Sache an ein anderes Gericht, über die Berufungen und die Berufungssumme — durchgängig solche Materien, welche durch die neue Prozeßordnung geregelt sind. (A. R. 119.)

Art. 19 des Gerichtsverfassungsgesetzes, wornach wenn über einen bei einem Einzelngerichte vorgenommenen Akt der nicht streitigen Rechtspflege ein Streit entsteht, der Beamte, welcher den Akt aufgenommen oder bestätigt hat, bei Vermeidung der Nichtigkeit keine richterliche Thätigkeit bezüglich jenes Rechtsstreites ausüben kann, war unter die außer Wirksamkeit tretenden Bestimmungen aufzunehmen, weil dessen Inhalt durch Art. 40 und 41 der neuen Prozeßordnung gedeckt ist. (A. P. 386, R. R. 402.)

6. Abs. 4 des Art. 79 über die Berufung in Bergrechtsstreitigkeiten und Art. 75 über die Zuständigkeit und das Verfahren in solchen Streitigkeiten wurden bereits durch Art. 240 Ziff. 5 des Berggesetzes vom 20. März 1869 (Gesetzblatt Nr. 44 S. 772) aufgehoben, daher hier weggelassen. (R. P. 47.)

fassung betr.", ferner von demselben Gesetze die Art 25 und 38 Abs. 2, soweit es sich an diesen Stellen um Ausfertigungen in bürgerlichen Rechtsstreitigkeiten handelt,[7]) und die Art. 30 und 43, soweit es sich um solche Beschwerden handelt, die in der Prozeßordnung behandelt sind;

6) Art. 52 des Notariatsgesetzes vom 10. Nov. 1861, soweit es sich um Versteigerungen handelt, welche zum Zwecke der Vollstreckung von Urtheilen oder sonstigen vollstreckbaren Urkunden vorzunehmen sind, ferner Art. 81 § 1—4[8]) und Art. 97[9]) des genannten Gesetzes, letzterer soweit es sich um notariell aufgenommene oder beglaubigte Vollmach-

7. Die Worte: „soweit es sich an diesen Stellen um Ausfertigungen in bürgerl. Rechtsstreitigkeiten handelt" wurden nach „Art. 25 u. 38 Abs. 2" eingestellt, weil sie sich nur auf diese, nicht auch auf die im Eingange der Ziff. 5 angeführten Artikel beziehen, die unbedingt außer Kraft treten. (R. R. 401.) — Bei der Reihenfolge der in Ziff. 5 aufgeführten Artikel wurden zur Erzielung größerer Deutlichkeit diejenigen Art. des Ger.-Verf.-Gesetzes vorangestellt, welche unbedingt außer Wirksamkeit treten, und hieran diejenigen angereiht, bei welchen ein Verlust der Wirksamkeit nur bezüglich eines Theiles ihres Inhalts eintritt. (A. P. 386, R. R. 401.)

8. §. 5 des Art. 81, wornach der auf Grund einer vollziehbaren Urkunde erlangten Auspfändung oder Immission dieselben rechtlichen Wirkungen beigelegt werden, wie einer auf Grund eines rechtskräftigen Erkenntnisses erlangten, mußte von der Aufhebung ausgenommen werden, weil sonst gewisse in den Landestheilen diesseits des Rheins geltende civilrechtliche Bestimmungen (insbesondere §. 12 Ziff. 12 des Hypothekengesetzes) in ihrer Anwendbarkeit wieder auf die kraft rechtskräftigen Urtheils zur Vollstreckung gebrachten Forderungen beschränkt sein würden, wie dieß vor Erlassung des Notariatsgesetzes der Fall war. (A. R. 119, R. R. 403.)

9. Die Aufhebung des Art. 97 des Notariatsgesetzes in der bezeichneten Richtung findet ihre Rechtfertigung in der Erwägung, daß gemäß Art. 86 Abs. 2 der neuen Prozeßordnung die von ausländischen Notaren aufgenommenen oder beglaubigten Prozeßvollmachten in der Regel und so lange keine Bedenken bezüglich ihrer Aechtheit bestehen, keiner weiteren Beglaubigung bedürfen, und daß daher diese Bestimmung um so mehr zum Vortheile der durch inländische Notare aufgenommenen Urkunden gelten müsse. (A. R. 119, R. R. 403.) Vgl. auch A. P. I. 126.

ten[10]) und damit in Verbindung stehende Ratificationen[11]) handelt;

7) die die Zuständigkeit der Landgerichte (früher Friedensgerichte) der Pfalz in bürgerlichen Rechtsstreitigkeiten regelnden Art. 9 und 10 Ziff. 1 und 3—6[12]) des Tit. III des Gesetzes vom 16./24. August 1790 sammt dem dazu gehörigen Gesetze vom 4. Februar 1854, die Erweiterung der civilrechtlichen Competenz der Friedensgerichte in der Pfalz betr.;

8) Art. 4—6 des Tit. IV des in Ziff. 7 angeführten Gesetzes vom 16./24. August 1790;[13])

9) die Art. 64, 65, 70—76, 77 Abs. 2 und Art. 78 des Gesetzes vom 10. November 1861, die Ein-

10. „Vollmachten" wurde gesetzt anstatt: „Prozeßvollmachten" von der Voraussetzung ausgehend, daß die Unterscheidung zwischen diesen beiden Arten von Vollmachten schwierig durchzuführen ist; denn nicht selten werden Vollmachten errichtet, welche sowohl zur Prozeßführung, als zur Besorgung anderer Geschäfte dienen sollen, und daß durch die Aufhebung dieser Unterscheidung die Frage über die Gültigkeit der Vollmachten sich einfacher gestaltet. (A. P. 386, R. R. 404.)

11. „und damit in Verbindung stehende Ratifikationen" wurde gesetzt, da es häufig vorkommt, daß neben der Vollmacht in der Urkunde ein Ratifikatorium enthalten ist. (A. P. 390.)

12. Durch die Einschaltung der Worte: „Ziff. 1 und 3—6" wurde die Ziff. 2 des Art. 10 Tit. III des Gesetzes vom 16./24. Aug. 1790 und dadurch die Zuständigkeit der Landgerichte in Besitzstreitigkeiten aufrecht erhalten, so daß diese Gerichte mit Vorbehalt der Berufung, wie hoch auch die Klage sich belaufen möge, fernerhin zu erkennen haben über Grenzverrückungen, eigenmächtige Zueignung von Ländereien, Bäumen, Hecken, Gräben und anderen Einschließungen, welche im Laufe eines Jahres verübt wurden, über die Eingriffe gegen den Wasserlauf zur Wiesenbewässerung, welche ebenfalls im Laufe eines Jahres verübt wurden und über alle andern Besitzstandsklagen. — Der bemerkte Zusatz war nothwendig in Folge des zu Art. 67 (R. E. 79) gefaßten Beschlusses. (A. P. 438, R. R. 405) vgl. M. und Note 2 zu Art. 67 (R. R. 79).

13. Die angeführten Art. 4—6 des Gesetzes vom 16./24. August 1790 beziehen sich auf die Zuständigkeit der Civilgerichte I. Instanz (vgl. Siebenpfeiffer Handbuch der Verfassung, Gerichtsordnung und Verwaltung Rheinbayerns Bd. III S. 6).

führung des allgemeinen deutschen Handelsgesetzbuches betr.; [14])

10) die Art. 1265—1270, 1781, 2205—2207, 2210, 2212—2215 und 2217 des pfälzischen Civilgesetzbuchs (code civil) von 1804, die Art. 1265—1270 jedoch nur insoweit, als sie sich auf die gerichtliche Vermögensabtretung beziehen; [15])

14. Die Aufhebung der Art. 64, 65, 70—72, 75, 77 Abs. 2 und 78 des hier angeführten Gesetzes — sie betreffen die Zuständigkeit der Handels-Gerichte und das Verfahren bei denselben — rechtfertigt sich im Hinblicke auf Art. 7, 24, 25, 120 Ziff. 5, 365, ferner auf Hauptst. XVII, XXXI und XXXVI der neuen Prozeßordnung, sowie Art. 126 (R. E. 122) des gegenwärtigen Gesetzes, die Aufhebung des Art. 73 über die Beweiskraft der Handelsbücher gegen Nichtkaufleute im Hinblicke auf Art. 364 Abs. 2, die Aufhebung des Art. 76, weil derselbe gegenüber dem Art. 120 der neuen Prozeßordnung, welcher die Frage über die Prozeßkostencaution in erschöpfender Weise regelt, gegenstandslos geworden ist. (A. P. 386, R. R. 406.)

Hiebei wurde vom Referenten Reichsrath v. Bomhard im Hinblicke auf den Umstand, daß nach Art. 2 Abs. 1 alle über das Verfahren in bürgerlichen Rechtsstreitigkeiten geltenden Bestimmungen ihre Giltigkeit verlieren, so weit sie nicht durch die neue Prozeßordnung oder das gegenwärtige Gesetz ausdrücklich als fortbestehend bezeichnet sind, für die Interpretation des Gesetzes hervorgehoben, daß die in Ziff. 9 nicht genannten Artikel des Einführungsgesetzes zum Handelsgesetzbuche, obgleich in dem gegenwärtigen Einführungsgesetze nirgends ausdrücklich als fortbestehend bezeichnet, doch fortgelten sollen, und zu diesem Zwecke nicht etwa bloß aus Uebersehen in Ziff. 9 nicht genannt sind, so z. B. der Art. 63 des genannten Einführungsgesetzes, welcher bestimmt, was als Handelssache zur Zuständigkeit der Handelsgerichte gehört, dann die Artikel für die Pfalz, darunter besonders der Art. 80, wonach in allen Handelssachen unbedingt Zeugenbeweis zulässig ist. (R. R. 407.)

15. Die Art. 1265—1270 des code civ., welche von der Vermögensabtretung handeln, wurden aus demselben Grunde, wie die oben Note 4 besprochenen Art. 566—575 des code de commerce, jedoch nur in Bezug auf die gerichtliche Vermögensabtretung aufgehoben; die am Schlusse dieser Ziffer bezüglich der Art. 1265—1270 beigefügte Clausel rechtfertigt sich, da in den genannten Artikeln auch von der freiwilligen Vermögensabtretung die Rede ist. (A. R. 119, R. R. 407.)

Die im Reg.-Entw. enthaltenen Art. 1315—1369, welche vom Beweise und von den einzelnen Beweismitteln handeln, entfielen aus der Reihe der aufgehobenen Artikel, da dieselben durch den in Art. 66 des gegenwärtigen

11) die bezüglich der Personalhaft geltenden Bestimmungen; [16])

12) das Gesetz vom 17. November 1837 über die Verhütung ungleichförmiger Erkenntnisse bei dem obersten Gerichtshofe in bürgerlichen Rechtsstreitigkeiten;

13) die §§ 52, 64, 66 und 69 des für die Landestheile diesseits des Rheins geltenden Hypothekengesetzes, dann § 8 Ziff. 7, § 23 Ziff. 8 und § 34 Abs. 2 der für die genannten Landestheile geltenden Prioritätsordnung vom 1. Juni 1822; [17])

Gesetzes gemachten Vorbehalt ausdrücklich in Kraft bleiben. (A. R. 119, R. R. 408.)

Art. 1781 des code civ., welcher die eidliche Versicherung des Dienstherrn bezüglich des Betrages und der Bezahlung des Lohnes 2c. seiner Dienstboten betrifft, wurde, da er mit den gegenwärtigen Rechtsanschauungen der pfälzischen und französischen Rechtssprechung und mit den Grundsätzen der neuen Prozeßordnung im Widerspruche steht, aufgehoben. (A. R. 120, R. R. 408.)

Die weiter in Ziff. 10 aufgeführten Art. 2205—2207, 2210, 2212—2215 und 2217 des code civ. beziehen sich auf das Zwangsverfahren bei unbeweglichen Sachen und sind durch entgegenstehende Bestimmungen des XXXII. Hauptstücks der neuen Prozeßordnung aufgehoben. (A. R. 119, A. P. 452, R. R. 408.)

16. Diese ganz allgemeine Fassung wurde deßhalb gewählt, um auszudrücken, daß alle dermalen geltenden Bestimmungen über die Personalhaft, also auch diejenigen, welche sich in Gesetzen finden, die nicht Prozeßgesetze sind, außer Kraft treten. (A. P. 386, R. R. 409.)

Die Ziff. 11 u. 12 des Reg.-Entw. wurden des Zusammenhanges wegen umgestellt. (A. P. 470.)

17. Die ausdrückliche Aufzählung der im Reg.-Entw. nicht enthaltenen Ziff. 13—16 rechtfertigt sich theils mit Rücksicht auf die Wichtigkeit der hierin enthaltenen gesetzlichen Bestimmungen, theils weil sonst über ihr Fortbestehen oder Nichtfortbestehen Zweifel entstehen könnten. (A. R. 120.)

Des durch § 52 des Hypothekengesetzes geregelten Verfahrens zur Beitreibung rückständiger zweijähriger Hypothekzinsen bedurfte es nicht mehr, da mit Hülfe des exekutorischen Titels über die Conventionalhypothek eine weit raschere Exekution zu erzielen ist, als nach bisherigem Rechte. Daher wurde die Aufhebung des § 52 schon bei der Beschlußfassung über den Abstrich des XXXI. Hauptstücks des ursprünglichen Entwurfs der Prozeßordnung, welches vom Verfahren bei Beitreibung von Hypothekzinsen und Ewiggilten handelte, für das Einführungsgesetz vorbehalten. (A. P. IV 198, A. R. 120, R. R. 410.) — Ueber die vor dem 1. Juli 1862 entstandenen Hypothek-

14) § 3 Abs. 2 und § 7 des Gesetzes vom 15. August 1828, die Militärgerichtsbarkeit in bürgerlichen Rechtssachen betr.; [18])

15) Art. 22 des Gesetzes vom 2. Mai 1868, die Schließung und Trennung der Ehen der keiner anerkannten Religionsgesellschaft angehörigen Personen betr.; [19])

forderungen und der vor diesem Tage ausgefertigten Hypothekenbriefe vgl. Art. 25.

Die §§ 64, 66, 69 des Hypothekengesetzes, worin von dem Einlösungsrechte der Hypothekgläubiger im Falle des Zwangsverkaufes eines Hypothekenobjektes, von den Rechten der andern Gläubiger und von dem Hinschlag der zu einer Concursmasse gehörigen Immobilien die Rede ist, waren aufzuheben, da sie durch die einschlägigen Bestimmungen im XXXVI. Hauptst. der neuen Prozeßordnung ersetzt sind. (A. R. 120, R. R. 410.)

§ 8 Ziff. 7 und § 31 Abs. 2 der Prioritätsordnung sind durch den im Art. 1074 der neuen Prozeßordnung ausgesprochenen Grundsatz, daß ausländischen Ganteröffnungen im Inlande keine Wirksamkeit zukömmt, gegenstandslos geworden; die Bestimmung des § 23 Ziff. 8 über das Vorzugsrecht der IV. Classe für Gläubiger, welche vermöge richterlichen Erkenntnisses die Auspfändung des Schuldners oder die Immission in dessen Vermögen erwirkt haben, war mit den bezüglichen Bestimmungen der neuen Prozeßordnung über Vollstreckung und Anschließung nicht vereinbar, daher aufzuheben. (A. R. 120, R. R. 410.)

18. Der § 3 Absatz 2 des hier genannten Gesetzes, welcher die Zuständigkeit über Klagen gegen Unteroffiziere, Soldaten und andere Militärpersonen dieses Ranges bestimmt, ist durch Art. 18 der neuen Prozeßordnung ersetzt, während der § 7 dieses Gesetzes — wornach der Vollzug der Hülfsvollstreckungserkenntnisse gegen aktive, pensionirte oder à la suite angestellte Offiziere, sowie gegen Unteroffiziere, Soldaten, und andere im Militär Angestellte dieser Classen, wenn sie im aktiven Dienste sind, durch die vorgesetzte Militärbehörde geschehen soll — in Folge des beschlossenen Abstrichs der Art. 767 und 768 des ursprünglichen Entwurfs der Prozeßordnung, worin die Bestimmungen des angeführten § 7 aufgenommen waren, außer Geltung zu treten hatte. (A. R. 120, R. R. 412.)

Auf die §§ 4 und 5 des genannten Gesetzes durfte sich die Aufhebung nicht erstrecken, da dieselben durch die neue Prozeßordnung nicht beseitigt, vielmehr im Art. 193 Ziff. 7 und Art. 222 ausdrücklich in Bezug genommen sind. (A. R. 120.)

19. Art. 22 des hier genannten Gesetzes enthält die Bestimmungen über

16) alle das Vorrecht der Siegelmäßigkeit, soweit dasselbe bezüglich der streitigen Rechtspflege zur Zeit noch besteht, betreffenden gesetzlichen Bestimmungen.[20])

den Sühneversuch, welcher vor der Verhandlung von Klagen auf Trennung von Ehen der in dem bezeichneten Gesetze angeführten Art vorzunehmen ist.

Diese Bestimmungen mußten außer Wirksamkeit treten, da nach Art. 21 des genannten Gesetzes das Verfahren bei Ehesachen der fraglichen Gattung sich nach dem im XXII. Hauptstücke der neuen Prozeßordnung vorgeschriebenen Verfahren zu richten hat, dieses Hauptstück aber ohnehin (Art. 661—666) über den Sühneversuch ausführliche Bestimmungen enthält, wodurch jene des angeführten Artikels 22 ersetzt sind. (A. R. 120, R. R. 413.)

20. Die Ziff. 16 enthält die Ausführung des im Art. 7 des Grundlagengesetzes vom 4. Juni 1848 aufgestellten Grundsatzes in Bezug auf die streitige Rechtspflege. Die Aufnahme des Beisatzes („bezüglich der streitigen Rechtspflege") war geboten, weil es nicht als in der Intention des angeführten Art. 7 liegend erachtet werden kann, die Siegelmäßigkeit auch in jenen Beziehungen aufzuheben, welche weder in die streitige noch in die nichtstreitige Rechtspflege einschlagen, also weder mit dem Notariats- noch mit dem Prozeßgesetze zusammenhängen, sondern ein rein civilrechtliches Privilegium normiren, wie z. B. das im Thl. I cap. 5 § 5 Nr. 8 d. bayer. Landr. statuirte Recht des siegelmäßigen Vaters auf Fortgenuß des Muttergutes seiner Kinder auch nach aufgehobener väterlicher Gewalt. (A. R. 121, R. R. 413.)

Am Schlusse seines Vortrags zu Art. 3 (Reg.-Entw. Art. 2 Abs. 2) hatte Referent v. Neumayr noch des bei Berathung über die Prozeßordnung (A. P. III, 5) von Dr. Schmitt angeregten Punktes Erwähnung gemacht, nämlich des Umstandes, daß es nach der dermalen geltenden Gesetzgebung noch einige Rechtssachen gibt, in welchen eine erstinstanzielle Zuständigkeit der Appellationsgerichte und eine zweitinstanzielle des obersten Gerichtshofes besteht. Hieher gehören:

a) Klagen gegen Mitglieder des königlichen Hauses in Real- und gemischten Sachen (vgl. Tit. X, § 1 des k. Familienstatuts v. 5. Aug. 1819 und Tit. II § 8 der Verf.-Urkunde);
b) die standesherrlichen Vormundschaftssachen (§ 10 der IV. Beilage zur Verf.-Urkunde mit Art. 76 Abs. 3 des Gerichtsverfassungsgesetzes vom 10. Nov. 1861;
c) die über den Adelsstand vorkommenden Rechtsstreite (§ 7 der V. Verfassungs-Beilage);
d) die Familienfideicommißsachen, soweit sie nicht dem Gebiete der streitigen Rechtspflege angehören (§§ 14 und 15 der VII. Verf.-Beilage).

Bei den unter lit. b und d bezeichneten Competenzverhältnissen handelt es sich lediglich um Gegenstände der nichtstreitigen Rechtspflege, und es liegt in den Vorschriften der neuen Prozeßordnung nirgends ein Hinderniß, daß Verfügungen in solchen Gegenständen auch künftig von den Appellationsgerichten, wo dieselben durch besondere Gesetze hiefür zuständig erklärt sind, erlassen werden und daß über die Beschwerden gegen solche Verfügungen der oberste Gerichtshof nach den im XXVIII. Hauptstücke der Prozeßordnung aufgestellten und durch Art. 760 auch auf Gegenstände der freiwilligen Rechtspflege anwendbar erklärten Vorschriften Entscheidung treffe.

Daß die Verhandlung und Entscheidung der unter lit. a und c bezeichneten Sachen, bei welchen es sich um die Verhandlung und Entscheidung von Rechtsstreitigkeiten handelt, vor den Appellationsgerichten in erster, vor dem obersten Gerichtshofe in zweiter Instanz stattfinde, ist mit den Einzelnbestimmungen und mit dem ganzen Systeme der neuen Prozeßordnung unvereinbar. Es wird daher die Aufhebung der hier in Frage stehenden Bestimmungen nicht umgangen werden können. Gleichwohl wurde die Aufnahme einer deßfallsigen Vorschrift in das gegenwärtige Gesetz unterlassen, weil diese Aufhebung, da die aufzuhebenden Bestimmungen Verfassungsgesetze sind, nur unter den Formen des Tit. X § 7 der Verf.-Urkunde bewerkstelligt werden kann, und es erschien vielmehr zweckmäßiger, diesen Gegenstand in einem Spezialgesetze zu erledigen, dessen Einbringung um so mehr der k. Staatsregierung zu überlassen ist, als die betreffenden Verfassungsbestimmungen zu denjenigen gehören, bezüglich deren das Initiativgesetz vom 4. Juni 1848 den Kammern die Einbringung formulirter Abänderungsvorschläge nicht gestattet. (A. R. 121.)

Dieser Auffassung des Referenten in Ansehung der bezeichneten Competenzverhältnisse wurde im Abgeordnetenausschusse von keiner Seite entgegengetreten. (A. P. 388.)

Art. 4. [1])

Das Gesetz vom 28. Mai 1850, die Competenzconflikte betreffend, tritt für diejenigen Conflikte, welche sich zwischen Gerichten in Bezug auf deren Zuständigkeit in bürgerlichen Rechtssachen ergeben, außer Kraft. [2])

Die Vorschriften der neuen Prozeßordnung über die Festsetzung der Zuständigkeit (Art. 34—37) finden auch auf solche Competenzconflikte Anwendung, welche zwischen Gerichten in Bezug auf Gegenstände der nichtstreitigen Rechtspflege obwalten. [3]) Hiebei kann der Antrag auf Festsetzung der Zuständigkeit auch von dem Staatsanwalte des zur Entscheidung berufenen Obergerichts gestellt werden und hat die in Art. 35 der neuen Prozeßordnung vorgeschriebene Zustellung an die Gegenpartei in solchen Fällen zu unterbleiben, in welchen zwischen den Betheiligten ein entgegengesetztes Interesse bezüglich der Gerichtszuständigkeit nicht besteht.[4])

1. Ueber die Gründe, aus welchen Art. 4 eingeschaltet wurde, gilt das oben Eingangs der Note 17 zu Art. 3 Bemerkte (R. R. 414); es wurde für zweckmäßig erachtet, aus den hier in Frage stehenden Bestimmungen, da es sich wenigstens im 2. Abs. nicht um Aufhebung bestehender, sondern um Aufstellung neuer Bestimmungen handelt, einen besonderen Artikel zu bilden, nicht dieselben im Art. 3 aufzunehmen. (A. P. 386.)

2. Die im Abs. 1 aufgeführten Gesetzesbestimmungen wurden deßhalb aufgehoben, weil dieselben durch Art. 29—32 der neuen Prozeßordnung ersetzt sind. (A. R. 120, R. R. 414.)

3. Diese Ausdehnung der Vorschriften der Art. 34—37 der neuen Prozeßordnung auf Competenzconflikte, welche bei Gerichten in Bezug auf Gegenstände der nichtstreitigen Rechtspflege zum Austrag kommen, war nothwendig, um eine Lücke in der Gesetzgebung zu vermeiden. (A. R. 120, R. R. 414.)

4. Die im Schlußsatz enthaltenen Bestimmungen rücksichtlich des Verfahrens bei den in der Note 3 angeführten Fällen finden in Zweckmäßigkeitsgründen ihre Rechtfertigung. (A. R. 120, R. R. 414.)

Art. 5. (R. E. 3.)

Die Vorschriften der Art. 23 und 24 des Notariatsgesetzes vom 10. November 1861 werden dahin abgeändert, daß die Notare die daselbst erwähnten Zustellungen und Vorladungen durch einen Gerichtsvollzieher selbst bewirken zu lassen haben.[1])

1. Die in diesem Artikel enthaltene Aenderung der angeführten Art. 23 und 24 über die durch das Gericht zu bewirkenden Zustellungen und Ladungen in Notariatssachen ist eine nothwendige Folge der Einführung des Instituts der Gerichtsvollzieher und der denselben in der neuen Prozeßordnung angewiesenen Stellung. (M. 229.)

Bezüglich der Anträge auf Aufhebung einzelner statutarrechtlicher Bestimmungen sahen sich die beiden Ausschüsse nicht veranlaßt, deßfallsige Bestimmungen in das Einführungsgesetz aufzunehmen.

Diese Anträge betrafen:

a) den § 465 des österr. Civilgesetzbuches, welcher hinsichtlich der Entscheidung der Frage, inwieferne ein Pfandgläubiger sich an sein Pfand zu halten schuldig oder auf ein anderes Vermögen seines Schuldners zu greifen berechtigt ist, auf die Gerichtsordnung verweist, welche aber eine solche Entscheidung nicht enthält.

Im Hinblicke darauf, daß dieser Fall durch die generelle Vorschrift des Hptst. XXXI der neuen Prozeßordnung, wonach der Gläubiger bis zum erforderlichen Maße verschiedene Vollstreckungsmittel gleichzeitig wählen darf, gedeckt sei, wurde von der Aufnahme einer Bestimmung in das Einführungsgesetz Umgang genommen. (A. P. 387, R. R. 416.)

b) Bezüglich des §. 10 Tit. 1 Thl. 1 Anhang III des Bamberger Landrechts, welcher bei Verschollenheits- und Todeserklärungen eine offizielle Prüfung des betreffenden Beschlusses durch das vorgesetzte Gericht verlangt, wurde anerkannt, daß es sich hier nicht um eine Beschwerdeführung in einer Sache der nichtstreitigen Gerichtsbarkeit (Art. 760 der neuen Prozeßordnung) handelt, sondern um die Pflicht der obern Stelle als Obervormundschaftsbehörde die Aufsicht zu führen, also um einen mit dem Prozeßgesetze nicht zusammenhängenden, außer der Aufgabe des Einführungsgesetzes liegenden Gegenstand. (A. P. 387, R. R. 416.)

c) Ueber die Frage, ob die in den fürstbischöflich-bambergischen Verordnungen vom 26. Juni 1796 und 31. April 1804 vorgeschriebene Supplirung der Einwilligung von Vormündern und Eltern zur Verehelichung der Pflegbefohlenen und Kinder zur streitigen oder zur nichtstreitigen Rechtspflege gehöre, wurde eine Bestimmung nicht getroffen, vielmehr die Entscheidung dieser Frage dem Richter überlassen. — In Ansehung der weiter angeregten Competenzfrage war man darüber einig, daß, wenn eine solche Sache als streitige erkannt werde, an die Stelle des bisher in diesen Sachen zuständigen Appellationsgerichtes das treffende Bezirksgericht trete, da alle früheren Zuständigkeitsbestimmungen in streitigen Sachen durch die neue Prozeßordnung im Zusammenhalte mit Art. 2 des gegenwärtigen Gesetzes aufgehoben seien; werde sie als eine nichtstreitige Sache angesehen, so gehöre sie nicht zu den in dem Einführungsgesetze zu behandelnden Gegenständen. (A. P. 387, R. R. 417.)

d) Was die dritte Verordnung im II. Theil des Bambergerlandrechtes („von Schätzung und Anschlag der Güter, besonders des erblichen Vermögens") betrifft, so wurde eine Bestimmung über Aufhebung dieser Vorschriften nicht für zulässig befunden, weil die Prozeßordnung für nichtstreitige Sachen keine Bestimmungen zu treffen habe, das Verfahren für Schätzungen in streitigen Sachen aber in der neuen Prozeßordnung geregelt und die Aufhebung der älteren Bestimmungen über Schätzungen in solchen Sachen bereits durch Art. 2 des Einführungsgesetzes ausgesprochen sei. (A. P. 388, R. R. 417.)

e) Eine Bestimmung über Aufhebung des Teutschordens-Hofrathsbeschlusses d. d. Mergentheim 10. April 1786 über den Verschollenheitsprozeß wurde — mit Rücksicht auf das höchst beschränkte Anwendungsgebiet und auf die höchst unbedeutende Abweichung dieser Verordnung von dem in Eichstädt geltenden Rechte hinsichtlich der Zeitdauer — nicht als veranlaßt erachtet. (A. P. 388, R. R. 418.)

Art. 6.

An[1]) die Stelle der Art. XIX, XX und XXII Ziff. 5 und 6 des Gesetzes vom 17. November 1837, die Zwangsabtretung von Grundeigenthum für öffentliche Zwecke betreffend, treten nachstehende Bestimmungen.

Wenn[2]) die Abtretung des angesprochenen Grundeigenthums nicht verweigert wird oder über die Verpflichtung zur Abtretung von der zuständigen Administrativ-Justizstelle ein rechtskräftiges Erkenntniß erlassen worden ist, unter den Betheiligten aber über die Art oder den Betrag der zu leistenden Entschädigung Streit besteht, so haben die Gerichte hierüber zu entscheiden.

Zuständig[3]) ist ohne Rücksicht auf den Betrag der angesprochenen Entschädigung das Bezirksgericht, in dessen Sprengel das abzutretende oder zu belastende Grundeigenthum liegt, wenn es sich aber um Grundstücke handelt, die in verschiedenen Bezirksgerichtssprengeln liegen, jedoch im Pertinenzverhältnisse zu einander stehen,[4]) dasjenige Bezirksgericht, in dessen Sprengel der bedeutendere Theil der Grundstücke beziehungsweise, wenn das betreffende Gut mit Gebäuden versehen ist, das Hauptgebäude sich befindet.

Die Klage kann von jedem Betheiligten erhoben werden. Bezüglich des Verfahrens und der Rechtsmittel kommen die Bestimmungen der neuen Prozeßordnung zur Anwendung.

Ist[5]) die Entschädigung im ersten Rechtszuge durch ein Urtheil festgestellt, gegen welches Einspruch nicht stattfindet, so muß die Abtretung ohne Rücksicht auf Berufung erfolgen, wenn der Abtretungsberechtigte die festgestellte Entschädigung sammt Kosten, soweit der Betrag unbestritten ist, baar bezahlt, den Rest aber gerichtlich hinterlegt und gegebenen Falls außerdem für die dem Abtretungspflichtigen im höheren Rechtszuge etwa weiter zuerkannt werdende Entschädigung sammt Zinsen und Kosten in der in Art. 123 Abs. 1 und 2 der neuen

Prozeßordnung bestimmten Weise Sicherheit leistet.[6]) Ueber etwaige Anstände hat, wenn die Sache beim Berufungsgerichte anhängig ist, das letztere, in andern Fällen das Bezirksgericht zu entscheiden. Ist der Abtretungsberechtigte der Staat, so fällt die Sicherheitsbestellung hinweg.[7])

Das Begehren des Abtretungsberechtigten, daß ihm die betreffenden Grundstücke abgetreten werden, die Abtretung von Seiten des Abtretungspflichtigen, die Zahlung oder Hinterlegung und die Annahme der im ersten Rechtszuge festgestellten Entschädigung gelten nicht als Unterwerfung unter das im ersten Rechtszuge ergangene Urtheil.

Auch nach rechtskräftiger Feststellung der Entschädigung kann die Abtretung erst gefordert werden, nachdem die Entschädigung sammt Kosten baar bezahlt worden ist.[8])

Reicht die Entschädigung zur vollständigen Befriedigung der vorhandenen privilegirten und Hypothekgläubiger nicht aus und ist auch zwischen den Betheiligten eine Vereinbarung nicht zu Stande gekommen, so kann jeder Betheiligte fünfzehn Tage nach rechtskräftiger Feststellung der Entschädigung die Einleitung eines nach Hauptst. XXXVI Tit. III der neuen Prozeßordnung sich richtenden Vertheilungsverfahrens veranlassen.[9])

1. Der auf Vorschlag der k. Staatsregierung neu eingeschaltete Art. 6 enthält, wie oben zum Eingange des gegenwärtigen Gesetzes bemerkt, eine Aenderung eines Verfassungsgesetzes. Dabei wurde es als selbstverständlich erachtet, daß eine in verfassungsmäßiger Form erlassene neue Bestimmung an die Stelle der abgeänderten als Verfassungsbestimmung trete; ein ausdrücklicher Zusatz, daß die neue Bestimmung als Verfassungsgesetz bezeichnet werde, wurde nicht für nöthig erachtet, vielmehr wurde angenommen, aus der Eingangsformel des gegenwärtigen Artikels: „An die Stelle ꝛc. treten ꝛc. nachstehende Bestimmungen," ergebe sich ohnehin, daß die neue Bestimmung einen integrirenden Bestandtheil des geänderten Verfassungsgesetzes bilde. (A. P. 389, R. R. 422, R. P. 48.)

In sachlicher Beziehung war die Abänderung der im Abs. 1 bezeichneten Bestimmungen geboten, da dieselben mit der neuen Prozeßordnung nicht vereinbar sind. (A. P. 389, R. R. 420.)

2. Das in den Abs. 2—8 aufgestellte Verfahren hinsichtlich der Ermittelung der Entschädigung entspricht im Wesentlichen dem bisher in der Pfalz vor den Bezirksgerichten geltenden Verfahren, und schließt sich soweit möglich an die bisher geltenden Bestimmungen an. (A. P. 389, R. R. 420.)

3. Die ausschließliche Zuständigkeit der Bezirksgerichte rechtfertigt sich mit Rücksicht darauf, daß wohl selten Entschädigungen unter 150 fl. in Frage kommen werden, selbst wenn aber dies der Fall ist, aus dem Grunde, weil es sich bei einer Zwangsabtretung meistens um mehrere Grundstücke handelt, und es daher sachgemäß ist, daß die einzelnen Streite gleichzeitig bei demselben Gerichte anhängig werden und dieselben Experten beigezogen werden können. Dadurch werden auch die Kosten vermindert und durch die Unzulässigkeit der Berufung in solchen Fällen eine Vereinfachung herbeigeführt. (A. P. 389, R. R. 421.)

4. Hinsichtlich der in verschiedenen Bezirksgerichtssprengeln gelegenen, aber im Pertinenzverhältnisse stehenden Grundstücke wurde die in der neuen Prozeßordnung enthaltene Bestimmung aufgenommen. (A. P. 389.)

5. Nach dem Vorschlage der k. Staatsregierung lautete der Eingang des Abs. 5: „.... wenn der Abtretungsberechtigte die festgestellte Entschädigung sammt Zinsen und Kosten baar bezahlt oder gerichtlich hinterlegt, und außerdem für die dem Abtretungspflichtigen“ ꝛc.

Es sollte hienach dem Abtretungsberechtigten freistehen, ob er die Entschädigung baar bezahlen oder hinterlegen will, während nach Art. XX des Expropriations-Gesetzes der Expropriirte überhaupt nicht angehalten werden kann, sein Eigenthum abzutreten, bis er die von der I. Instanz ausgesprochene Entschädigung baar erhalten hat und nur eine Caution dafür hinterlegen muß, daß er für den Fall der Abminderung der Entschädigungssumme durch die II. Instanz die Differenz herausgibt.

Durch die nunmehrige Fassung dieser Stelle wurde die Zulassung der Hinterlegung nur auf die Differenz bezogen, worin eine wesentliche Aenderung des bisherigen Rechtes nicht zu erblicken ist, denn die Caution, welche der Expropriirte nach demselben zu stellen hat, besteht eben in der Hinterlegung des Betrages der Differenz. (A. P. 389, R. R. 421.)

6. Bezüglich der Arten der Sicherheitsleistungen wurden diejenigen ausgeschlossen, welche, wie z. B. Bürgschaftsstellung, zu einem verwickelten Verfahren führen könnten. (A. P. 389, R. R. 421.)

7. „so fällt die Sicherheitsbestellung hinweg“ wurde gesetzt anstatt der im Reg. Entw. enthaltenen Worte:

> „so genügt statt der Bestellung dieser Sicherheit die von der betreffenden Kreisregierung zu ertheilende Zusicherung der Nachzahlung für den Fall, daß auf solche erkannt würde, nebst gesetzlichen Zinsen vom Tage der Abtretung an.“

Der Staat ist also von der im Art. XX Abs. 4 des Expropriations-Gesetzes von 1837 vorgeschriebenen Zusicherung der Nachzahlung und überhaupt von der Sicherheitsstellung befreit. Diese Ausnahmsbestimmung rechtfertigt sich, da es einer Erklärung von Seite des Staates, er werde die ihm durch richterliches Urtheil auferlegte Leistung auch erfüllen, wohl nicht bedarf. (A. P. 389, 470, R. R. 421.)

8. Abs. 7 entspricht im Wesentlichen der Schlußbestimmung des Art. XX Abs. 1 des angeführten Gesetzes. (A. P. 389, R. R. 422.)

Im Vorschlage der k. Staatsregierung hieß es: ... „bezahlt oder wenn dieser Zahlung Hindernisse entgegenstehen, gerichtlich hinterlegt worden ist."

Die Worte: „oder wenn — hinterlegt" wurden gestrichen, indem die ausdrückliche Zulassung der Hinterlegung nicht für nöthig erachtet wurde, da es anerkannter Grundsatz sei, daß die Hinterlegung als modus solvendi zu erachten ist, wenn das Hinderniß die Zahlung zu empfangen auf Seite des Forderungsberechtigten liegt. (A. P. 390.)

9. Abs. 8 enthält gegenüber dem Gesetze von 1837 insoferne eine Neuerung, als für den Fall, wenn bezüglich der Entschädigungssumme ein Rangordnungs- und Vertheilungsverfahren nothwendig wird, hierüber die entsprechenden Bestimmungen der neuen Prozeßordnung zur Anwendung kommen. (A. P. 389, R. R. 422.)

Art. 7. (R. E. 4.)

Die[1]) in Art. 8—24 des Gesetzes vom 10. Nov. 1861, die Einführung des allgemeinen deutschen Handelsgesetzbuches betreffend, bezüglich der Handelsregister enthaltenen Bestimmungen bleiben mit nachstehenden Abänderungen in Kraft:

1) An die Stelle der Art. 12 und 13 tritt folgende Bestimmung:

„Wird gegen die in den Artikeln 10 und 11 erwähnten Verfügungen binnen der bestimmten Frist Einspruch erhoben, so hat das Handelsgericht, wenn nicht aus dem Einspruche selbst die Rechtfertigung des Betheiligten sich ergibt, eine öffentliche Sitzung anzuberaumen, in welcher der Betheiligte zu vernehmen, erforderlichen Falls Beweis zu erheben und über den Einspruch Beschluß zu fassen ist."

2) Die Bestimmungen der Art. 21 und 24[2]) werden auf das ganze Königreich ausgedehnt.

1. Der Art. 7 hebt die nach dem Einführungsgesetze z. a. d. Handelsgesetzbuche bezüglich der Handelsregister in manchen Punkten bestehende Verschiedenheit zwischen den Landestheilen diesseits des Rheins und der Pfalz auf, da mit der Einführung der neuen Prozeßordnung jeder Grund dieser Verschiedenheit wegfällt. (M. 229.)

2. Daß die im Art. 23 des Einführungsgesetzes zum a. d. Handelsgesetzbuche statuirte Befugniß zur Einziehung von Erkundigungen durch die Polizeibehörden ꝛc. auch den Gerichten in den Landestheilen diesseits des Rheins zusteht, ergibt sich aus dem Eingange des gegenwärtigen Art. 7 im Zusammenhalt mit dem Eingange des Art. 23 des vorgenannten Einf.-Gesetzes, welcher lautet: „Die Gerichte sind auch im Regierungsbezirke der Pfalz befugt" ꝛc. ꝛc. (A. P. 388.)

Der Reg.-Entwurf bestimmte im Art. 5:

> „In streitigen Bergwerksachen ist, soweit dieselben nach den betreffenden Gesetzen zur Zuständigkeit der Gerichte gehören, das Bezirksgericht, in dessen Sprengel das Bergwerk oder wenn es sich um eine an oder auf einem Grundstücke vorgenommene Handlung oder um die Beschädigung eines Grundstückes handelt, das betreffende Grundstück liegt, ohne Rücksicht auf die Größe des Streitgegenstandes im ersten Rechtszuge zuständig.
>
> In den Landestheilen diesseits des Rheins entscheidet, wenn der Fiskus bei dem Rechtsstreite nicht betheiligt ist, im ersten Rechtszuge ein Senat, der aus zwei Mitgliedern des Bezirksgerichts und einem Bergbeamten, im zweiten Rechtszuge ein Senat, der aus vier Mitgliedern des Appellationsgerichts und einem Bergbeamten zusammengesetzt ist, bei dem Oberappellationsgerichte ein Senat, der aus fünf Mitgliedern des Oberappellationsgerichts und zwei Oberbergräthen besteht.
>
> Ist der Fiskus betheiligt, so werden die Senate vollständig mit Gerichtsmitgliedern nach Maßgabe der betreffenden Bestimmungen besetzt, außerdem aber im ersten und zweiten Rechtszuge noch ein Bergbeamter und bei dem Oberappellationsgerichte zwei Oberbergräthe zugezogen, denen jedoch in diesem Falle nur eine berathende Stimme zukömmt.
>
> Hat das Oberappellationsgericht über eine streitige Bergwerksache in einer Plenarsitzung zu entscheiden, so sind gleichfalls zwei Oberbergräthe zuzuziehen, denen, je nachdem der Fiskus betheiligt ist oder nicht, eine berathende oder entscheidende Stimme zukömmt.
>
> Den Vorsitz führt immer, ohne Rücksicht auf den Rang und das Dienstalter der zugezogenen Bergbeamten und Oberbergräthe, ein Mitglied des Gerichtes nach Maßgabe der desfallsigen allgemeinen Bestimmungen.

Die näheren Bestimmungen über die Bezeichnung der beizuziehenden Bergbeamten und Oberbergräthe und über deren Stellvertretung in Verhinderungsfällen werden im Verordnungswege erlassen.

In der Pfalz findet eine Zuziehung von Bergbeamten in streitigen Bergwerkssachen nicht statt. Gleiches ist beim Oberappellationsgerichte dann der Fall, wenn das angefochtene Urtheil von einem pfälzischen Gerichte erlassen wurde.

Das Verfahren in streitigen Bergwerkssachen richtet sich sowohl in den Landestheilen diesseits des Rheins, als auch in der Pfalz ganz nach den Bestimmungen der neuen Prozeßordnung. Die desfallsigen Vorschriften der älteren Gesetze und Verordnungen sind aufgehoben."

Dieser Artikel wurde durch das Berggesetz vom 20. März 1869 für das Königreich Bayern (Ges.=Bl. Nr. 44 vom 20. Mai 1869) gegenstandslos und daher gestrichen, wie denn überhaupt alle Vorschläge, welche im ursprünglichen Reg.=Entwurfe oder nachträglich in Ansehung von Bergrechtssachen, Bildung von Senaten u. s. w. gemacht wurden, sich auf die vor Erlassung des neuen Berggesetzes geltenden Gesetze und Verordnungen bezogen und mit der Einführung desselben ihre Bedeutung verloren. (A. P. 386, R. R. 423.)

Art. 8. (R. E. 6.)

An dem bei dem Merkantil=Friedens= und Schiedsgerichte der Stadt Nürnberg üblichen Verfahren wird durch die neue Prozeßordnung nichts geändert. [1])

Das Gleiche gilt von dem für Ewiggeldsachen in der Stadt München geltenden besondern Verfahren. [2])

1. Dieselben Gründe, welche die Bestimmung des Art. 61 d. a. d. Handelsgesetzbuchs veranlaßten, waren für die Bestimmung des Abs. 1 des gegenwärtigen Artikels maßgebend. (M. 229.)

2. Die Aufnahme des Abs. 2 war durch die Erwägung geboten, daß die neue Prozeßordnung über das Verfahren bezüglich der **Beitreibung** der Ewiggilten Bestimmungen nicht enthält, indem der Art. 1080 der neuen Prozeßordnung lediglich von der Versteigerung und dem Zuschlage bei Vergantungen nach dem Ewiggeldrechte handelt, und die deßfalls bestehenden statutarrechtlichen Bestimmungen aufrecht erhält. (A. R. 123, A. P. 390, R. R. 424.)

Der Antrag des **Referenten** Abg. v. **Neumayr**, die weitere Bestimmung aufzunehmen, daß die Beitreibung der Ewiggilten, da dieselben ein jährliches der Form nach gerade so verfallendes Gefälle wie Zinsen aus Hypothekkapitalien seien, und daher nicht abzusehen sei, warum dieselben auf Grund des Ewiggeldbriefes nicht ebenso sollten beigetrieben werden können, wie Hypothek=

zinsen, auch im Wege des gewöhnlichen Vollstreckungsverfahrens zulässig sein solle, wurde abgelehnt.

Abg. Dr. Barth trat diesem Antrage mit dem Bemerken entgegen, man solle sich auf die Aufgabe des Einführungsgesetzes beschränken und die Revision der gesetzlichen Bestimmungen über das Ewiggeldinstitut einem Spezialgesetze vorbehalten.

Der k. Ministerialcommissär entgegnete, der Ewiggeldgläubiger sei zwar berechtigt, eine Klage zu erheben und auf Grund des erwirkten Urtheils zu exequiren, dies sei aber hier nicht ausgedrückt, es werde vielmehr hier eine nach den Bestimmungen der Prozeßordnung zulässige Exekution vorgesehen, wobei aber der exekutorische Titel vermißt werde. (A P. 390.)

Art. 9.[1]) (R. E. 7.)

Wo bestehende Gesetze oder Verordnungen auf Bestimmungen über das Verfahren in bürgerlichen Rechtsstreitigkeiten oder auf civilrechtliche Bestimmungen[2]) verweisen, welche nach Art. 2 Abs. 2 des gegenwärtigen Gesetzes außer Wirksamkeit treten, ist die Verweisung nunmehr auf die entsprechenden Vorschriften der neuen Prozeßordnung zu beziehen.

1. Art. 9 hat nur den Fall im Auge, daß in Kraft bleibende Gesetze oder Verordnungen entweder im Allgemeinen auf die Bestimmungen über das Verfahren in bürgerl. Rechtsstreitigkeiten oder auf solche Bestimmungen dieses Verfahrens verweisen, welche durch die neue Prozeßordnung außer Wirksamkeit treten und durch entsprechende Vorschriften der letzteren ersetzt werden. Verweisen Gesetze oder Verordnungen auf solche spezielle prozessuale Bestimmungen, welche auch nach dem Inslebentreten der neuen Prozeßordnung in Kraft verbleiben, so hat es hiebei sein Bewenden. (M. 229.)

2. Mit Rücksicht auf den Art. 2 Abs. 2 des gegenwärtigen Gesetzes, welcher die Aufhebung von civilrechtlichen Bestimmungen vorsieht, und zur Beseitigung von Zweifeln über die Tragweite des Art. 7 wurde die ausdrückliche Verweisung auf die dort bezeichneten civilrechtlichen Bestimmungen für nöthig erachtet. (A. P. 391, R. R. 424.)

Der Reg.-Entwurf bestimmte in Art. 8:

„Die nach bisherigen Gesetzen und Verordnungen an die gerichtliche Anmeldung und Einreichung der Klage geknüpften Wirkungen treten von dem in Art. 1 angegebenen Tage an mit der nach Vorschrift der Bestimmungen der neuen Prozeßordnung erfolgten Erhebung der Klage ein."

Dieser Artikel wurde durch die über die fragliche Materie in die neue Prozeßordnung selbst (Art. 179, 224 u. 501) aufgenommenen Bestimmungen gegenstandslos und daher gestrichen. (A. R. 123, R. R. 425.)

Ueber die Anregung des Abg. Franz, ob nicht für die Ausnahmsfälle, in welchen die Klage vor der Zustellung zur vorläufigen richterlichen Prüfung bei Gericht zu übergeben ist, wie bei Ehescheidungssachen die Unterbrechung der Verjährung an die Einreichung der Klage bei Gericht gebunden werden wolle, vergl. A. P. 391.

Art. 10.[1] (R. E. 9.)

Wo bestehende Gesetze oder Verordnungen verlangen, daß Proteste, Anerbietungen, Kündigungen oder sonstige Erklärungen gerichtlich gemacht oder gerichtlich mitgetheilt werden, hat die auf Betreiben des Betheiligten durch einen Gerichtsvollzieher geschehene Zustellung die Wirkung der gerichtlich gemachten oder mitgetheilten Erklärung.

Wechselproteste können sowohl durch Notare als durch Gerichtsvollzieher aufgenommen werden.[2])

1. Die im Art. 10 enthaltene Bestimmung ist die nothwendige Folge der den Gerichtsvollziehern in der neuen Prozeßordnung angewiesenen Stellung. (M. 229.)

2. Durch den Abs. 2 wird die Zulässigkeit der Aufnahme von Wechselprotesten durch Gerichtsvollzieher außer Zweifel gestellt. (A. P. 391, R. R. 426.)

Art. 11. (R. E. 10.)[1])

Faustpfandgläubiger, welche außer den in Art. 881 der neuen Prozeßordnung vorgesehenen Fällen[2]) das Faustpfand an Zahlungsstatt behalten oder zu ihrer Befriedigung veräußern wollen, haben, wenn nach den betreffenden Civilgesetzen hiezu ein gerichtlicher Ausspruch oder eine gerichtliche Ermächtigung erforderlich ist, förmliche Klage nach Maßgabe der Bestimmungen der neuen Prozeßordnung gegen den Schuldner zu erheben.

Für die Zuständigkeit ist hiebei lediglich der Kapitalbetrag der Forderung des Faustpfandgläubigers maßgebend. Bezüglich der mit Abhaltung der Versteigerung zu beauftragenden Personen und der Bekanntmachung der Versteigerung kommen die Bestimmungen der Art. 925 und 926 der neuen Prozeßordnung zur Anwendung.

1. Der im Reg.-Entw. enthaltene Abs. 2:

„An den Bestimmungen der Art. 310, 311 und 375 des allgemeinen deutschen Handelsgesetzbuches und der Art. 48—51 des dazu gehörigen Einführungsgesetzes vom 10. Novbr. 1861 wird durch Absatz 1 nichts geändert",

wurde gestrichen, weil diese Bestimmung bereits im Art. 881 der neuen Prozeßordnung, wodurch die angeführten Artikel des Handelsgesetzbuches und des dazu gehörigen Einführungsgesetzes aufrecht bleiben, enthalten ist. (A. R. 123, R. R. 427.)

2. „außer den in Art. 881 der neuen Prozeßordnung vorgesehenen Fällen" — dieser Vorbehalt wurde in den Abs. 1 aufgenommen, um das Verhältniß klar zu stellen, in welchem derselbe zu Art. 881 der neuen Prozeßordnung steht. (A. R. 123, R. R. 427.)

Art. 11 des Regierungsentwurfes, welcher ausschließlich auf diejenigen Landestheile Bezug hat, in welchen das preuß. Landrecht gilt, wurde in den Abschn. III, worin die sämmtlichen für die genannten Landestheile gebotenen erscheinenden Spezialbestimmungen zusammengestellt sind, verwiesen. (A. R. 124, R. R. 427.)

Art. 12. (R. E. 12.) [1])

Die nach den Civilrechten [2]) einer Partei obliegende Verpflichtung, einen Dritten, von welchem sie Gewährleistung oder Schadloshaltung fordern will, in den Rechtsstreit beiladen zu lassen oder zu ihrer Vertretung aufzufordern, ist als Verpflichtung zur Streitverkündung zu betrachten, deren Unterlassung oder nicht rechtzeitige Vornahme die in Art. 70 Abs. 2 der neuen Prozeßordnung bezeichneten Rechtsnachtheile [3]) zur Folge hat.

1. Die mehrfachen Aenderungen, welche bei diesem Artikel vorgenommen wurden, und der Zusammenhang, in welchem der im Reg.-Entwurfe in Bezug genommene § 144 mit anderen Bestimmungen des preuß. Landrechts steht, machen es nothwendig, die Entstehung der jetzigen Fassung des Art. 12 eingehender zu verfolgen.

Der Reg.-Entw. bestimmte nämlich im Art. 12.:

„Die im allgemeinen preuß. Landrechte Theil I, Titel 11 § 144 erwähnte Aufforderung muß bei Vermeidung der im preuß. Landrechte angegebenen Rechtsnachtheile innerhalb der in Art. 210 der neuen Prozeßordnung für Anstellung der Gewährschaftsklage eingeräumten Frist geschehen."

Der dem hier allegirten § 144 vorausgehende § 143 schreibt vor, daß der Käufer, welcher von einem Dritten wegen der erkauften Sache in Anspruch genommen wird und deßhalb von seinem Verkäufer Gewährleistung fordern will, diesen zu seiner Vertretung gerichtlich vorladen zu lassen hat. Diese Vorladung hat nach § 144 a. a. O. sogleich nach Behändigung der Klage des Dritten an den Käufer spätestens bis zum Instructionstermine zu geschehen.

Hieran reihen sich die Vorschriften der §§ 145—147, welchen zufolge der Käufer, der die Aufforderung verabsäumt und den Prozeß mit dem Dritten ohne Zuziehung des Verkäufers ausführt oder sich ohne solche Zuziehung mit dem Dritten verglichen hat, zwar das Recht auf Gewährleistung nicht verliert, aber alle Gründe und Beweismittel, die der Verkäufer gegen den Dritten hätte an die Hand geben können und wovon der Käufer selbst in dem Prozesse keinen Gebrauch gemacht hat, nach näherer Bestimmung der Prozeßordnung wider sich gelten lassen muß.

Das im § 143 vom Kaufe Vorgeschriebene ist durch § 152 a. a. O. auch auf alle anderen Verträge ausgedehnt, aus welchen ein Contrahent von dem andern Gewährleistung fordert.

Würden nun alle diese Bestimmungen des preuß. Landrechts ihrem wesentlichen Inhalte nach, wie dies der Art. 12 des Entwurfes vorschlägt, aufrecht erhalten mit der einzigen Modification, daß an die Stelle der in dem oben allegirten § 144 enthaltenen die in Art. 233 der neuen Prozeßordnung aufgestellte Fristbestimmung tritt, so würde dies bei der Anwendung die erheblichsten Anstände zur Folge haben. Es wäre in allen diesen Fällen unklar, wie diese „Vorladung", „Zuziehung" oder „Aufforderung" nach der neuen Prozeßordnung anzusehen wäre, ob sie als Beiladung gemäß Art. 73 der neuen Prozeßordnung oder als Streitverkündung gemäß Art. 70 Abs. 2 aufzufassen sei.

Um nun diese Unklarheit zu beseitigen, wurde die Bestimmung getroffen, daß wo unter Voraussetzung eines Regreßanspruchs von Zuziehung eines Dritten, Aufforderung desselben, Verkündung an ihn 2c. die Rede ist, soferne eine Verpflichtung zu solcher Aufforderung im Gesetze auferlegt ist, hiemit die im Art. 70 der neuen Prozeßordnung erwähnte der Partei nach bürgerlichem Rechte obliegende Streitverkündung gemeint ist, deren Unterlassung oder nicht rechtzeitige Einbringung die in dieser Gesetzesstelle angedrohten Rechtsnachtheile zur Folge hat.

Da indessen auch in sonstigen in Bayern geltenden Civilrechten, insbesondere im österreichischen Landrechte, die Ausdrücke „Aufforderung", „Benachrichtigung" 2c. gebraucht sind, bei welchen dieselbe Unklarheit entstehen kann, so erschien es zweckmäßig, den Artikel dahin zu verallgemeinern, daß die Bestimmung desselben nicht nur für das preuß. Landrecht, sondern für die in Bayern geltenden Civilrechte überhaupt zu gelten hat.

Einer besonderen Vorschrift bezüglich der Frist, innerhalb welcher die fragliche Streitverkündung einzubringen ist, war nicht nothwendig, da es sich von selbst versteht, daß in dieser, sowie in jeder andern prozessualen Beziehung diejenigen Bestimmungen zur Anwendung zu kommen haben, welche die neue Prozeßordnung für die Streitverkündung aufstellt. (A. R. 126, A. P. 399, 400, R. R. 428.)

2. Ueber die verschiedenen Arten der Streitverkündung nach preuß. Landrecht vgl. A. P. 399, 403, dann insbesondere über die Beiladung des Hauptschuldners in den Prozeß zwischen dem Gläubiger und dem primär in Anspruch genommenen Bürgen gemäß Th. I Tit. 14 § 342—350, vgl. A. P. 399, 400, 403.

3. Ueber die Aenderung der im Reg.-Entwurfe enthaltenen Worte: „bei Vermeidung der im preuß. Landrechte angegebenen Rechtsnachtheile" — welche Worte mit der zu diesem Artikel vorgenommenen Aenderung in unlöslichem Widerspruche stehen würden, vgl. oben Note 1.

Die im Reg.-Entwurfe enthaltene Frist für Anstellung der Gewährschaftsklage hatte nur den Zweck, zu bestimmen, wie lange das Verfahren durch eine Streitverkündung aufgehalten werden kann, nicht den Zweck einer Präclusivbestimmung; unter Bezug auf das zu Note 1 Bemerkte war die Hinweisung auf Art. 70 Abs. 2 der neuen Prozeßordnung genügend. (A. P. 400, R. R. 429.)

Art. 13.[1]) (R. E. 14.)

Auf Klagen, welche am 1. Juli 1870 zwar bei Gericht angemeldet oder eingereicht, aber dem Beklagten noch nicht zugestellt sind, findet die neue Prozeßordnung[2]) Anwendung. Die eingereichte Klage ist in solchen Fällen dem Kläger zurückzugeben, eine darauf etwa bereits erlassene Verfügung tritt außer Kraft.[3]) Die mit der Anmeldung oder Einreichung der Klage nach den bisherigen Gesetzen verknüpft gewesenen Wirkungen bleiben gewahrt,[4]) wenn die Klage spätestens am 30. Juli 1870 nach Maßgabe der Bestimmungen der neuen Prozeßordnung erhoben wird.[5])

1. Die Artikel 13—23 handeln von der Frage über die Anwendbarkeit und die Wirkung der neuen Prozeßordnung auf die bereits anhängigen oder im Vollstreckungsverfahren befindlichen Rechtsstreitigkeiten.

Hiebei wurde daran festgehalten, daß die einzelnen in einem Prozesse vorkommenden Handlungen in einem derartigen inneren Zusammenhange mit einander stehen, daß die Anwendung verschiedener Prozeßvorschriften, sowohl für die Interessen der Parteien, als für den Prozeßgang störend wirken könnte. Solche Mißstände würden sicher eintreten, wollte man das neue Prozeßgesetz sofort auf alle am Einführungstage im Laufe befindlichen Prozesse in Anwendung bringen. Bei den gänzlich veränderten Grundlagen, auf welchen das neue Verfahren gegenüber dem bisherigen beruht, könnte die sofortige volle Wirksamkeit der neuen Prozeßordnung nur zu leicht einen Eingriff in die von einer Partei unter der Herrschaft der alten Prozeßgesetze bereits erworbenen Rechte oder eine Verwirrung des Prozeßganges herbeiführen. Wollte man dagegen die Herrschaft der alten Gesetze solange fortbauern lassen, bis alle am Tage der Einführung des neuen Verfahrens laufenden Prozesse durch alle Stadien und Instanzen verhandelt und zum Abschlusse gebracht sind, so entstünde daraus die Folge, daß vielleicht viele Jahre hindurch verschiedene Prozeßordnungen neben einander bestehen bleiben und somit die Absicht der Staatsregierung, die neue Prozeßordnung recht bald ins Leben treten zu lassen, wenigstens zum Theile vereitelt würde. Um alle diese Bedenken zu beseitigen, wurde ähnlich, wie dies auch bei früheren Gesetzen geschehen ist, ein System aufgestellt, wonach gewisse Prozeßabschnitte gemacht werden, bei deren Eintritt an die Stelle des alten Verfahrens das neue in's Leben tritt.

Damit werden einerseits die Rechte, welche eine Partei im Laufe eines Prozesses unter der Herrschaft der bisherigen Gesetze erworben hat, gewahrt und Störungen und Verwirrungen im Prozeßgange vermieden, andererseits wird es gelingen, in nicht zu ferner Zeit die neue Prozeßordnung in volle Wirksamkeit treten zu lassen. (M. 229, A. R. 124, R. R. 430.)

2. Für die hier bezeichneten Klagen das alte Verfahren fortbestehen zu lassen, ist keine Veranlassung gegeben, nachdem dieselben noch nicht rechtshängig geworden und daher keine Gefahr für den Fortgang des Prozesses besteht. (M. 229, R. R. 432.)

3. Es erschien zweckmäßiger, die Kraftlosigkeit der bezeichneten Verfügung gleich im Gesetze auszusprechen, als, wie im Reg.-Entw. vorgeschlagen war, die Erlassung eines besonderen richterlichen Dekrets hierüber vorzusehen. (A. P. 470.)

4. Die Aufrechthaltung der hier bezeichneten an die Einreichung der Klage geknüpften Wirkungen rechtfertigt sich in der Erwägung, daß es sich hier um wirklich erworbene Rechte einer Partei handelt, welche in Gemäßheit des oben Note 1, aufgestellten Grundsatzes zu wahren sind. (M. 229, R. R. 432.)

5. Die bezeichneten Wirkungen treten nur da ein, wo eine Klage wirklich gestellt ist, also nicht auch dann, wenn der Kläger die Sache nicht weiter verfolgt. (M. 229, R. R. 432.)

Art. 14. (R. E. 14.)[1])

Für Civilprozesse, in denen die Klage am 1. Juli 1870 dem Beklagten bereits zugestellt ist, richtet sich die Zuständigkeit der Gerichte nach den bisherigen gesetzlichen Bestimmungen. Solche Prozesse sind bis zum Schlusse des Prozeßabschnittes, in welchem sie sich am angegebenen Tage befinden, nach den bisherigen Prozeßvorschriften zu behandeln, und letztere finden namentlich auch auf Zwischenstreitigkeiten[2]), welche in diesem Prozeßabschnitte erhoben werden, Anwendung. Vom Beginne eines neuen Prozeßabschnittes an kommen die Bestimmungen der neuen Prozeßordnung unter den in den folgenden Artikeln enthaltenen Beschränkungen zur Anwendung.

1. Vergl. Note 1 zu Art. 15, mit welchem der Art. 14 im Zusammenhange steht.

2. „Zwischenstreitigkeiten" wurde anstatt des im Reg.-Entw. enthaltenen Ausdrucks: „Zwischen- und Nebenstreitigkeiten" gesetzt, da der letztere Ausdruck in der neuen Prozeßordnung außer im Art. 90, wo aber nur von dem Umfange der Prozeßvollmacht die Rede ist, an keiner Stelle mehr vorkommt. (A. P. 470, R. R. 433.)

Art. 15. (R. E. 15.)

Als Prozeßabschnitte im Sinne des vorhergehenden Artikels 14 gelten:

I. im ersten Rechtszuge:

1) bei den Einzelngerichten:[1])

a. das Verfahren von Zustellung der Klage bis zur Verkündung des Endurtheils oder eines in höherer Instanz ergangenen Urtheils;

b. das Verfahren von Verkündung eines in höherer Instanz ergangenen Urtheils bis zur Verkündung des Endurtheils;

2) bei den Bezirks- und Handelsgerichten:[2])

a. das erste Verfahren von Zustellung der Klage bis zur Verkündung eines in der Sache endlich oder beweisauflegend entscheidenden Urtheils;

b. das Verfahren von Verkündung eines Beweisurtheils bis zur Verkündung des Endurtheils;

II. im zweiten und dritten Rechtszuge in den Landestheilen diesseits des Rheins das Verfahren von Einlegung des Rechtsmittels bis zur Verkündung des die Sache in dem betreffenden Rechtszuge erledigenden Urtheils;

III. im zweiten Rechtszuge in der Pfalz:

a. das Verfahren von Einlegung der Berufung bis zur Verkündung eines die Sache endlich oder beweisauflegend entscheidenden Urtheils;

b. im Falle, daß ein Beweisurtheil erlassen und die Sache nicht zum Untergerichte zurückverwiesen wurde, von der Verkündung des Beweisurtheils bis zur Verkündung des Endurtheils;

IV. in den beim Kassationshofe der Pfalz anhängigen Sachen von Einlegung des Rechtsmittels bis zur Verkündung des Endurtheils.

In der Pfalz bildet der Einspruch gegen ein Versäumungsurtheil keinen Prozeßabschnitt, sondern die Sache wird als noch in dem nämlichen Abschnitte befindlich betrachtet, in dem sie sich vor Verkündung des Versäumungsurtheils befunden hat.

1. Der Grund, aus welchem hinsichtlich des Uebergangs von dem bisherigen Verfahren in das neue die bei den Einzelngerichten anhängigen Sachen anders behandelt sind, als die bezirksgerichtlichen, liegt darin, daß bei Sachen der letzteren Art die Parteien durch Anwälte vertreten sind, es daher keinem Anstand unterliegt, mit Erlassung eines Beweisinterlokuts das neue Verfahren eintreten zu lassen, während in den bei den Einzelngerichten anhängigen Sachen, wo die Parteien auf sich selbst angewiesen sind, eine solche Vorschrift zur Verwirrung und Schädigung materieller Interessen führen könnte.

Anders ist das Verhältniß, wenn die einzelnrichterliche Sache im Berufungswege über ein Interlokut an das Bezirksgericht geht, weil auch hier wieder Anwälte thätig werden müssen.

Bei den einzelnrichterlichen Sachen, in welchen nicht einmal Appellation gegen ein Zwischenurtheil stattgefunden hat, besteht kein Grund, sie nach den neuen Vorschriften fortzuführen, da sie auch nach dem bisherigen Verfahren rasch erledigt werden. (A. P. 392, R. R. 436.)

2. Das Verfahren vor den Handelsgerichten konnte dem bei den Bezirksgerichten gleich behandelt werden, da hier die Parteien doch meistens durch Anwälte, wenn auch nur als Bevollmächtigte vertreten sein werden. (A. P. 392, R. R. 436.)

Art. 16.[1]) (R. E. 16.)

Wenn in einer Sache, für welche die neue Prozeßordnung den Anwaltsprozeß vorschreibt, in Gemäßheit der Art. 14 und 15 des gegenwärtigen Gesetzes an Stelle des bisherigen das Verfahren nach der neuen Prozeßordnung tritt, so haben innerhalb fünfzehn Tagen[2]) von diesem Zeitpunkte an die nicht bereits nach Vorschrift der neuen Prozeßordnung vertretenen Parteien ohne Aufforderung Anwälte zu bestellen und diese Aufstellung dem gegentheiligen Anwalte oder, falls ein solcher noch nicht bestellt ist, der Gegenpartei selbst[3]) anzuzeigen, widrigenfalls gegen sie in derselben Weise verfahren wird, wie dies in der neuen Prozeßordnung bezüglich solcher Parteien, die die Anwaltsbestellung unterlassen haben, bestimmt ist.

Wird nach Abs. 1 die Bestellung eines Anwalts nothwendig, so sind die in diesem Zeitpunkte im Laufe begriffenen Fristen um dreißig Tage,[4]) und zwar zum Vortheile aller Parteien, auch wenn nur eine derselben einen Anwalt zu bestellen hat, kraft des Gesetzes erweitert.[5])

1. Die Bestimmungen dieses sowie des folgenden Artikels erschienen nothwendig wegen der zwischen dem bisherigen und den neuen Prozeßvorschriften bestehenden Verschiedenheiten. (M. 230.)

2. Die Frist von fünfzehn Tagen ist die Consequenz der zur neuen Prozeßordnung gefaßten Beschlüsse. (A. R. 124, R. R. 437.)

3. Die unmittelbare Benachrichtigung der Gegenpartei von der erfolgten Anwaltsbestellung in dem Falle, wenn dieselbe noch keinen Anwalt aufgestellt hat, entspricht den Bestimmungen der neuen Prozeßordnung und erscheint einfacher als die Anzeige auf der Gerichtsschreiberei, wie sie im Reg.-Entw. vorgeschlagen war. (A. R. 124, R. R. 437.)

4. Statt der im Reg.-Entw. enthaltenen Frist von 14 Tagen wurde eine solche von dreißig Tagen gesetzt mit Rücksicht darauf, daß der erstere Zeitraum zur Erledigung der durch den Uebergang in das neue Verfahren sich ergebenden zahlreichen Geschäfte nicht genügen würde. (A. P. 392, R. R. 437.)

5. „erweitert" wurde gesetzt anstatt: „verlängert" (wie im Reg.-Entw.) weil, wenn das Gesetz eine ausgedehntere Frist bestimmt, nicht wohl von einer Verlängerung der Frist die Rede sein kann. (A. P. 470, R. R. 437.)

Art. 17.[1]) (R. E. 17.)

Wenn in den Landestheilen diesseits des Rheins ein Beweisurtheil nach den bisherigen Prozeßvorschriften erlassen worden, der Beweis aber nach den Bestimmungen der neuen Prozeßordnung aufzunehmen ist, so hat das zur Beweisaufnahme zuständige Gericht auf Grund einer zu diesem Behufe vor ihm stattzufindenden Verhandlung durch nachträgliches Urtheil das Interlokut vorerst in der Art zu ergänzen, daß es alles dasjenige enthält, was nach der neuen Prozeßordnung ein Beweisurtheil zu enthalten hat.

In den bei einem Bezirksgerichte anhängigen Sachen haben die Anwälte der Parteien sich zu diesem Behufe innerhalb der Beweisfrist gegenseitig alles zu der in Abs. 1 erwähnten Ergänzung Erforderliche zustellen zu lassen, und kann nach Ablauf dieser Frist die Sache von jeder Partei für die Sitzung angemeldet werden.

In den bei den Handels- und Einzelngerichten anhängigen Sachen hat der beweispflichtige Theil innerhalb der Beweisfrist die Gegenpartei in die Sitzung vorladen zu lassen, damit daselbst die nach Abs. 1 erforderliche Verhandlung stattfinde.[2])

Unterläßt die beweispflichtige Partei die in Abs. 2 angegebene Zustellung oder die in Abs. 3 angegebene

Vorladung innerhalb der festgesetzten Frist, so ist sie mit ihrem Beweise ausgeschlossen.

1. Ueber die Nothwendigkeit der Bestimmungen dieses Artikels gilt das Note 1 zu Art. 16 Gesagte. (M. 230.)

2. Die Anwendung der Bestimmung des Abs. 3 auf Einzelngerichte hat nur mit Rücksicht auf zweitinstanzielle Interlokute nach Maßgabe des Art. 15 ihre Bedeutung. (A. P. 392, R. R. 440.)

Art. 18. (R. E. 18.) [1])

Ist am 1. Juli 1870 ein Urtheil bereits verkündet, das noch durch ordentliche oder außerordentliche Rechtsmittel angefochten werden kann, so kommen bezüglich der Zulässigkeit der Rechtsmittel, der Fristen für die Geltendmachung derselben und der Zuständigkeit der Gerichte zur Entscheidung darüber die bisherigen Prozeßvorschriften, [2]) bezüglich der bei Einlegung der Rechtsmittel einzuhaltenden Form aber, sowie bezüglich der Verhandlung und Entscheidung über dieselben, soferne die Einlegung der Rechtsmittel erst nach dem angegebenen Tage erfolgt, [3]) die Bestimmungen der neuen Prozeßordnung zur Anwendung. [4])

Anfechtung eines Urtheils wegen unheilbarer Nichtigkeit auf Grund der bayerischen Gerichtsordnung Cap. XVI § 2 findet nur vor dem obersten Gerichtshofe und, wenn das Urtheil vor dem 1. Juli 1870 verkündet worden ist, unter keiner Voraussetzung nach dem 30. Juni 1880 statt. [5])

Im Falle [6]) des Abs. 1 finden bezüglich der bei der Einlegung, der Verhandlung und der Entscheidung zu beobachtende Form, wenn das Rechtsmittel eine Berufung von der zweiten Instanz (Revision) ist, die Bestimmungen der neuen Prozeßordnung über Berufung, wenn es ein Gesuch um Wiedereinsetzung in den vorigen Stand gegen ein Urtheil ist, die Bestimmungen derselben Prozeßordnung über Wiederaufnahme des Verfahrens Anwendung und zwar ohne Rücksicht darauf, welches Gericht in der Sache zuständig ist. Ist das eingelegte Rechtsmittel eine Nichtigkeitsklage, so kommen die Bestimmungen der neuen Prozeßordnung über die Nichtigkeitsbeschwerde zur Anwendung.

In wie weit gegen die auf solche Rechtsmittel ergangenen Urtheile weitere Rechtsmittel zulässig sind, ist nach den Bestimmungen der neuen Prozeßordnung zu beurtheilen. Gegen die Urtheile dritter Instanz findet keine Nichtigkeitsbeschwerde statt.

1. Art. 18 und 19 unterscheiden, ob ein Urtheil, welches die Rechtskraft noch nicht beschritten hat, an dem Tage der Einführung der neuen Prozeßordnung bereits verkündet ist, oder ob es an oder nach diesem Tage verkündet wurde. Diese Unterscheidung findet ihre Rechtfertigung darin, daß von einem wohl erworbenen Rechte der Parteien, das zu erlassende Urtheil durch bestimmte Rechtsmittel anzufechten, erst von dem Augenblicke an gesprochen werden kann, wo das Urtheil verkündet wurde. (M. 230, R. R. 441.)

2. Die Anwendung der bisherigen Prozeßvorschriften bis zum nächsten Prozeßabschnitte ist die Folge des in Art. 14 aufgestellten Grundsatzes. (R. R. 441.)

3. Die Einschaltung des Zwischensatzes („soferne die Einlegung der Rechtsmittel erst nach dem angegebenen Tage erfolgt") geschah zur zweckmäßigen Erläuterung. (A. P. 470.)

4. Mit der Einlegung des Rechtsmittels beginnt ein neuer Prozeßabschnitt, weßhalb gemäß Art. 14 und 15 des gegenwärtigen Gesetzes in das neue Verfahren überzugehen ist. (M. 230, R. R. 441.)

5. Der Reg. Entw. bestimmte in Abs. 2:

> „Urtheile, welche vor dem in Art. 1 angegebenen Tage verkündet worden sind, können jedoch jedenfalls nicht mehr wegen unheilbarer Nichtigkeit durch Klage (Nullitätsquerel) angefochten werden, wenn von dem in Art. 1 angegebenen Tage zehn Jahre abgelaufen sind."

Hienach würde bezüglich der Zuständigkeit der Gerichte zur Entscheidung der Nichtigkeitsbeschwerde, soferne diese als selbstständiges Rechtsmittel — nicht in Verbindung mit einer Berufung — erhoben wird, in Gemäßheit des Abs. 1 die bisherige, bezüglich des Verfahrens aber die neue Prozeßordnung (Abs. 3 des gegenw. Art.) maßgebend sein, und dadurch der Mißstand eintreten, daß das nur für den obersten Gerichtshof eingerichtete Verfahren der neuen Prozeßordnung bei den nach den bisherigen Prozeßvorschriften zuständigen Gerichten zur Anwendung zu kommen hätte.

Zur Vermeidung dieses Mißstandes wurde im Eingange des Abs. 2 der Zusatz, daß die selbstständige Beschwerde wegen unheilbarer Nichtigkeiten nur beim obersten Gerichtshofe eingebracht werden können, angefügt und konnte unter Streichung der Worte: „jedoch" und „durch Klage (Nullitätsquerel)" in Folge dessen dem übrigen Inhalte des Abs. 2 eine einfachere Fassung gegeben werden. (A. P. 392, R. R. 442). — Der hier in Bezug genommene § 2 des Cap. 16 d. b. Gerichtsordnung handelt von den Fällen unheilbarer Nichtigkeit wegen Mangels der Jurisdiction und der Citation.

6. Abs. 3, der nothwendig war, weil die bisherigen und die neuen Prozeßvorschriften über die dort erwähnten Rechtsmittel nicht vollständig übereinstimmen, (M. 230) hatte im Regierungsentwurfe folgende Fassung:

> „Ist das im Falle des Abs. 1 eingelegte Rechtsmittel eine Revision (Berufung von der zweiten zur dritten Instanz), so finden bezüglich der Form der Einlegung und der Verhandlung und der Entscheidung die Bestimmungen der neuen Prozeßordnung über Berufung, ist es ein Gesuch um Wiedereinsetzung in den vorigen Stand gegen ein Urtheil, die Bestimmungen über Wiederaufnahme des Verfahrens, und ist es eine Nichtigkeitsklage, jene über die Nichtigkeitsbeschwerde, und zwar ohne Rücksicht darauf, welches Gericht in der Sache zuständig ist, Anwendung."

Die nunmehrige Fassung dieses Absatzes ist (abgesehen von den redaktionellen Aenderungen) die Folge der zu Abs. 2 vorgenommenen Note 5 erörterten Aenderung. (A. P. 392, R. R. 442.)

Art. 19. (R. G. 19.)[1])

Ist in einer am 1. Juli 1870 anhängigen Sache ein Urtheil erst an oder nach diesem Tage verkündet worden, so kommen auch bezüglich der Zulässigkeit der Rechtsmittel, der Fristen für die Geltendmachung derselben und der Zuständigkeit der Gerichte zur Entscheidung darüber die Bestimmungen der neuen Prozeßordnung zur Anwendung.

1. In den Fällen des Art. 19 ist über alle hier behandelten Fragen die neue Prozeßordnung entscheidend, weil mit der Einlegung des Rechtsmittels ein neuer Prozeßabschnitt eintritt, mithin von den bisherigen in die neuen Prozeßvorschriften überzugehen ist. (M. 230) vgl. Note 1 zu Art. 18.

Art. 20. (R. E. 20.)[1])

Wenn am 1. Juli 1870 zum Zwecke der Vollstreckung eines Urtheils oder einer sonstigen vollstreckbaren Urkunde eine Beschlagnahme[2]) oder eine gleichzuachtende Handlung bereits stattgefunden hat oder der Schuldner verhaftet ist, desgleichen, wenn in den Landestheilen diesseits des Rheins die Vornahme einer solchen Vollstreckungshandlung am angegebenen Tage bereits durch gerichtliche Verfügung angeordnet ist, kommen bei dieser Vollstreckung die bisherigen Prozeßvorschriften in Anwendung.

Letztere finden auch Anwendung auf die gegen eine solche Vollstreckung von Seiten des Schuldners oder eines Dritten etwa erhoben werdenden Beschwerden, sowie auf die in Veranlassung einer solchen Vollstreckung etwa entstehenden Zwischenstreitigkeiten, soweit es sich um deren Erhebung und Erledigung im ersten Rechtszuge handelt, und zwar selbst dann, wenn die Beschwerde oder der Zwischenstreit erst nach dem 1. Juli 1870 erhoben wird. Bezüglich der Rechtsmittel gegen die auf solche Beschwerden oder in solchen Zwischenstreiten ergangenen Urtheile finden die Bestimmungen des Art. 18 des gegenwärtigen Gesetzes Anwendung, und zwar ohne Rücksicht darauf, ob das Urtheil vor oder nach dem 1. Juli 1870 verkündet wurde.

Mit den nach den bisherigen Prozeßvorschriften durch Gerichtsdiener vorzunehmenden Handlungen haben die Gerichte einen Gerichtsvollzieher zu beauftragen und die Versteigerungen sind durch eine der durch die neue Prozeßordnung hiefür bezeichneten Personen vorzunehmen.

Die Bestimmungen der Art. 1163—1170[3]) der neuen Prozeßordnung finden auch dann Anwendung, wenn die Verhaftung vor dem 1. Juli 1870 stattgefunden hat. Soll derjenige, welcher in Gemäßheit dieser Bestimmungen der Haft entlassen worden ist, später wieder verhaftet werden, so sind hiebei die Vorschriften der neuen Prozeßordnung zu beobachten.

Ist am 1. Juli 1870 ein Vollstreckungsverfahren zwar eingeleitet oder beantragt, allein noch nicht zu einer der in Abs. 1 angegebenen Vollstreckungshandlungen gediehen, so hat die Vollstreckung nach Maßgabe der Bestimmungen der neuen Prozeßordnung zu geschehen. Es bedarf jedoch der Zustellung eines Befriedigungsgebotes[4]) dann nicht, wenn an dem angegebenen Tage bereits ein gerichtlicher Auftrag oder eine sonstige Aufforderung zur freiwilligen Vollziehung nach Maßgabe der bisherigen Prozeßvorschriften stattgefunden hat und dieselbe im Wesentlichen der Vorschrift des Art. 842 Abs. 2[5]) der neuen Prozeßordnung entspricht, auch seit ihrer Zustellung ein Jahr noch nicht verflossen ist. Bestimmt die neue Prozeßordnung eine Frist, die nach der Zustellung des Befriedigungsgebotes abgelaufen sein muß, damit zur Vollstreckung geschritten werden kann, und ist diese Frist länger, als die in der früher zugestellten Aufforderung festgesetzte, so kann erst nach Ablauf dieser längeren Frist, von Zustellung der Aufforderung an gerechnet, zur Vollstreckung geschritten werden.

1. Die im Art. 20 u. 21 erwähnten Vollstreckungen und sonstigen Verfahren bilden einschließlich der bei denselben entstandenen Zwischenstreitigkeiten ein zusammenhängendes Ganzes, so daß der Uebergang in das neue Verfahren ohne Benachtheiligung der Parteien nicht bewirkt werden kann, daher hier die fortdauernde Wirksamkeit des alten Verfahrens als Regel gilt. (M. 230, R. R. 444.) Eine Ausnahme findet nur statt bezüglich der in den Abs. 3—5 des gegenwärtigen Artikels näher bezeichneten Prozeßhandlungen, die unbeschadet der Rechte der Parteien nach den Vorschriften der neuen Prozeßordnung vorgenommen werden können. (R. R. 445.)

Bezüglich der Tragweite des Art. 20 hat sich der Abgeordneten-Ausschuß in Uebereinstimmung mit dem k. Ministerial-Commissär dahin ausgesprochen:

a) daß für den Fall, wenn bei einer bereits eingeleiteten Execution für andere Gläubiger noch weitere Beschlagnahmen erfolgen, auch für diese, sowie für das Rangordnungsverfahren, soweit nicht besondere Ausnahmen ausdrücklich vorgesehen sind, die bisherigen Vorschriften zur Anwendung kommen, da es sich in diesem Falle immer doch nur um eine einzige Vollstreckung handelt;

b) wurde als selbstverständlich erachtet, daß ein Gläubiger, welcher nach dem alten Verfahren eine Pfändung erwirkt hat, sich auch einer von einem andern Gläubiger nach dem neuen Verfahren erwirkten Pfändung anschließen könne. (A. P. 393, R. R. 446.)

2. Unter dem Ausdrucke: „Beschlagnahme" sind alle Executionsarten begriffen, deßhalb wurde zur Vermeidung von Mißverständnissen das im Entwurfe nachfolgende Wort: („Pfändung") gestrichen. (A. P. 393, R. R. 445.)

3. Die Art. 1163—1170 der neuen Prozeßordnung enthalten Bestimmungen über die Entlassung aus dem Schuldgefängnisse.

4. „Zustellung eines Befriedigungsgebotes" wurde gesetzt anstatt: „Aufforderung zur freiwilligen Befriedigung", weil der nach den bisherigen diesseitigen Civilprozeßgesetzen ergehende Auftrag durch den Begriff der Aufforderung zur freiwilligen Vollziehung im Sinne der neuen Prozeßordnung nicht gedeckt erscheint. (A. P. 470, R. R. 446.)

5. Nach Art. 842 Abs. 2 der neuen Prozeßordnung ist in dem Befriedigungsgebote die verlangte Leistung in Haupt- und Nebensache zu bezeichnen unter Angabe des Zinsfußes und des Zeitpunktes, von welchem an Zinsen gefordert werden sowie unter Anführung und Abrechnung geleisteter Zahlungen.

Art. 21. (R. E. 21.) [1])

Ist am 1. Juli 1870 eine Gant (Concurs), ein Falliment oder ein gerichtliches Vertheilungsverfahren eingeleitet, so ist das Verfahren nach den bisherigen Prozeßvorschriften zu Ende zu führen. Auf Beschwerden und sonstige Zwischenstreitigkeiten [2]) findet der vorstehende Art. 20 Abs. 2 Anwendung.

1. Die in dem Art. 21 erwähnten Verfahren bilden ein solches zusammenhängendes Ganzes, daß der Uebergang von den alten zu den neuen Vorschriften im Laufe der Prozedur Mißstände zur Folge haben würde, welche die Parteien vielfach benachtheiligen könnten, und deßhalb vermieden werden müssen. (M. 230) vgl. Note 1 zu Art. 20.

2. Auf die vom Abg. Dr. Schmitt gestellte Frage, ob z. B. Interventionen, welche im Laufe des Vollstreckungsverfahrens erhoben werden, nach dem neuen oder nach dem alten Verfahren zu verhandeln seien, entgegnete Referent v. Neumayr, die Interventionen müßten als Zwischenstreitigkeiten aufgefaßt und hienach behandelt werden.

Abg. Dr. Barth bemerkte: Locations-Streitigkeiten in der Gant gehören der Natur der Sache nach nicht zu den Zwischenstreitigkeiten. Gegen diese Auffassungen wurden keine Erinnerungen erhoben. (A. P. 393.)

Art. 22. (R. E. 22.)

Bezüglich der Gesuche um Wiedereinsetzung in den vorigen Stand gegen das Versäumniß von Fristen oder Tagfahrten kommen, was die Zulässigkeit betrifft, [1]) die nämlichen Prozeßvorschriften zur Anwendung, welche für diese Fristen oder Tagfahrten maßgebend sind.

1. „was die Zulässigkeit betrifft" — durch die Einschaltung dieser Worte wurde hervorgehoben, daß für das Verfahren im Gegensatze zur Zulässigkeit die Vorschriften der neuen Prozeßordnung maßgebend sind. (A. P. 470, R. R. 449.)

Art. 23. (R. E. 23.)

Soweit eine Partei in einem am 1. Juli 1870 anhängigen Prozesse in Folge der bisherigen Prozeßvorschriften, insbesondere der Bestimmungen über den Ausschluß von Einreden oder Ansprüchen und über die Rechtskraft der Interlokute, Rechte erworben hat, behält es hiebei sein Bewenden. [1])

Hat ein Beweisverfahren nach den bisherigen Prozeßvorschriften stattgefunden, so ist das Ergebniß desselben auch in den höheren Instanzen nach diesen Vorschriften zu beurtheilen. [2])

Hat ein Beweisverfahren, wenn gleich in Folge eines nach den bisherigen Prozeßvorschriften erlassenen Beweiserkenntnisses, nach den Bestimmungen der neuen Prozeßordnung stattgefunden, so ist auch das Ergebniß desselben nach den letzteren Bestimmungen zu prüfen, soweit dem nicht erworbene Rechte der Parteien entgegenstehen.

1. Abs. 1 wahrt den Parteien die Rechte, welche sie in anhängigen Prozessen erworben haben. (M. 230.)

2. Der in Abs. 1 ausgesprochene Grundsatz findet zur Vermeidung von Zweifeln in Abs. 2 seine spezielle Erläuterung bezüglich der Prüfung des Ergebnisses von Beweisverfahren. Diese spezielle Bestimmung steht mit dem im Abs. 1 ausgesprochenen Grundsatze in vollem Einklang, weil von einem erworbenen Rechte auf Beurtheilung des Ergebnisses eines Beweisverfahrens nach einer bestimmten Beweistheorie, so lange der Beweis nicht aufgenommen ist, im Allgemeinen nicht gesprochen werden kann. (M. 230.)

Art. 24. (R. E. 21.)[1]

Auf Urkunden,[2]) welche vor dem 1. Juli 1870 errichtet worden sind, finden die in Art. 322 Abs. 3 und Art. 399 der neuen Prozeßordnung enthaltenen Vorschriften über die Zulässigkeit des Zeugenbeweises und der gemeinen Vermuthungen, desgleichen die Bestimmungen in Art. 358 und 1277 Abs. 1[3]) keine Anwendung.

In diesen Beziehungen bleibt es lediglich bei den dermalen geltenden gesetzlichen Bestimmungen.

1. Die in diesem Artikel ausgesprochene Bestimmung rechtfertigt sich aus dem Grunde, weil die Anwendung des neuen Verfahrens eine erhebliche Verletzung des allgemeinen Rechtsgrundsatzes, daß Gesetze keine rückwirkende Kraft haben, zur Folge haben würde. (M. 230, A. R. 124, R. R. 450.)

2. „Urkunden" wurde anstatt des nach den Beschlüssen zur Prozeßordnung nicht mehr passenden Ausdrucks: „Rechtsgeschäfte" gesetzt. Im Uebrigen konnte dem Abs. 1 des Reg.-Entw., da die hier in Bezug genommenen Art. 370—375 u. 447 des ursprünglichen Entwurfs der Prozeßordnung nur in sehr verringertem Umfang in den nunmehrigen Art. 399 u. 322 Abs. 3 Aufnahme gefunden hatten, eine einfachere Fassung gegeben werden. (A. R. 125, R. R. 450.)

3. Bei Berathung über Art. 24 ergab sich die Frage, wie es hinsichtlich der Beweiskraft von Urkunden, welche vor dem 1. Juli 1870 datirt sind, in Ansehung ihres Datums zu halten sei.

Solche Urkunden ihr Datum Dritten gegenüber unbedingt beweisen zu lassen, wurde als höchst gefährlich erachtet; auf der andern Seite würde es eine zu große Strenge sein, die Bestimmung des Art. 358 der neuen Prozeßordnung über den Beweis des Datums von Privaturkunden auf sie anzuwenden,

Gegen die allenfallsige Aufnahme einer Vorschrift, daß innerhalb eines gewissen Zeitraumes das Datum solcher Urkunden festgestellt sein müsse, widrigenfalls der erwähnte Artikel auf sie Anwendung finden würde, wurde geltend gemacht, daß die Durchführung einer solchen Vorschrift unverhältnißmäßige Kosten verursachen würde, daß die Gefahr des Zurückdatirens nicht so groß sei, da dasselbe eine Fälschung involvire und möglicherweise bewiesen werden könne, und daß endlich bei Aufnahme einer solchen Vorschrift viele Besitzer von Urkunden, welche — in der Meinung, nicht in die Lage zu kommen, die Urkunden Dritten gegenüber benützen zu müssen, die Sicherstellung unterließen, zu Schaden kommen könnten.

Aus diesen Gründen wurde beschlossen, es bezüglich der angeregten Frage bei dem geltenden Rechte zu belassen und auf die fraglichen Urkunden die Bestimmung des Art. 358 der neuen Prozeßordnung und des gleichfalls hieher gehörigen Art. 1277 Abs. 1 über die Beweiskraft des Datums einer von dem Gantschuldner ausgestellten Urkunde als nicht anwendbar zu erklären (A. P. 393, R. R. 450, 453.)

Als Abs. 2 u. 3 enthielt der Reg.-Entw. folgende Bestimmungen:

„Die Vorschriften verschiedener Civilrechte über die Nothwendigkeit schriftlicher Errichtung von Verträgen und Willenserklärungen bleiben im Allgemeinen in Kraft. Wäre nach denselben Beweis durch Zeugen oder gemeine Vermuthungen in Fällen zulässig, in welchen die neue Prozeßordnung denselben ausschließt, so findet jedoch letztere bei allen nach Einführung der neuen Prozeßordnung abgeschlossenen Verträgen und erfolgten Willenserklärungen in dieser Beziehung Anwendung.

Außerdem werden die bezüglichen Vorschriften des allgemeinen preußischen Landrechts und des in der Pfalz geltenden Civilgesetzbuches in der Art abgeändert, daß überall, wo nach denselben der Betrag von 50 Thalern, beziehungsweise 150 Franken maßgebend ist, an dessen Stelle der Betrag von 150 Gulden tritt.“

Diese beiden Absätze wurden gestrichen, und zwar erfolgte die Streichung des Abs. 2, soweit sich dessen Inhalt auf die nach geltenden Civilrechten bestehende Nothwendigkeit schriftlicher Errichtung von Verträgen und Willenserklärungen als zum *Wesen* des Vertrags oder der Willenserklärung erforderlich bezieht, mit Rücksicht auf die rein civilrechtliche Natur dieser Bestimmungen, soweit sich dessen Inhalt aber auf die Nothwendigkeit schriftlicher Errichtung von Verträgen und Willenserklärungen blos zum Zwecke der *Beweisführung* bezieht, mit Rücksicht darauf, daß Vorschriften der letzteren Art sich nur im code civil finden, diese aber ihre Berücksichtigung im Abschnitte IV über die besonderen Bestimmungen für die Pfalz finden. Der Abs. 3 des Art. 24 wurde durch die zur Prozeßordnung gefaßten Beschlüsse, wonach die Bestimmung des ursprünglichen Art. 370 des Entwurfs über die Beschränkung des Zeugenbeweises nicht zur Annahme gelangte, gegenstandslos, daher ebenfalls gestrichen. (A. R. 125, R. R. 451.)

Art. 25.[1])

In den Landestheilen diesseits des Rheins kommt, soferne es sich lediglich um Beitreibung rückständiger Zinsen eines vor dem 1. Juli 1862 im Hypothekenbuche eingetragenen Kapitals aus den letzten zwei Jahren handelt, dem Hypothekenbriefe[2]) die Geltung einer vollstreckbaren Urkunde zu.

1. Da für die vor dem 1. Juli 1862 entstandenen Hypothekforderungen eine vollstreckbare Urkunde nicht beigebracht werden kann, so wurde die Nothwendigkeit eines Vorbehaltes bezüglich dieser Hypothekforderungen und der vor diesem Tage ausgefertigten Hypothekenbriefe schon bei Berathung über die neue Prozeßordnung anerkannt, welcher Vorbehalt, da es sich hier um eine Uebergangsbestimmung handelt, seinen Ausdruck im Einführungsgesetze zu finden hatte. (A. P. IV. 198, A. R. 120, 125, R. R. 453.)

2. Dem beglaubigten Hypothekenbuchs auszuge wurde die Wirkung eines Hypothekenbriefes nicht beigelegt, und ein deßfalls vom Referenten v. Neumayr gestellter Antrag abgelehnt in der Erwägung, daß aus der Urkunde, welche als vollstreckbar erklärt werden soll, die Person des Berechtigten und Verpflichteten, der Rechtsgrund sowie das Datum des Rechtsgeschäftes ersichtlich sein muß. — Voraussetzungen, die zwar bei einem Hypothekenbriefe, nicht aber bei einem Hypothekenbuchsauszug, der lediglich eine Abschrift der auf einem Hypothekfolium befindlichen Einträge enthält, wenigstens nicht in erschöpfender Weise vorhanden sind. (A. R. 125, 120, A. P. 393, R. R. 453.)

Der Antrag des Abg. Dr. Schmitt, die Worte: „in den letzten zwei Jahren" zu streichen und damit die Beitreibung sämmtlicher rückständiger Hypothekzinsen auf Grund von Hypothekenbriefen zuzulassen, wurde abgelehnt. (A. P. 394.)

Die in dem Abschnitte II des Reg.-Entw. enthaltenen Art. 25—32 über das Verfahren bei Klagen auf Ersatz des bei Aufläufen verursachten Schadens hatten bereits in der Prozeßordnung Hptst. XXIII Art. 590—604 Aufnahme gefunden, daher der ganze Abschnitt in dem gegenwärtigen Gesetze in Wegfall kam. (A. R. 125, A. P. 394, R. R. 455.)

An Stelle dieses Abschnittes wurden mit der Ueberschrift:

II. Besondere Bestimmungen für diejenigen Landestheile, in welchen das bayerische Landrecht Geltung hat

die nunmehrigen Art. 26 und 27, welche die Herbeiführung des Einklangs zwischen der neuen Prozeßordnung und den bezüglichen Bestimmungen des bayerischen Landrechtes bezielen, eingestellt. (A. R. 125, A. P. 394, R. R. 455, 458.)

Art. 26.[1])

Die Beschränkungen, welche das bayerische Landrecht Thl. II Cap. 7 § 9 Nr. 5 und 6 bezüglich der Zulässigkeit des Besitzprozesses in Servitutstreitigkeiten aufstellt, sind aufgehoben.[2]) Die gewöhnlichen Besitzklagen und das im Hptst. XXII der neuen Prozeßordnung vorgezeichnete Verfahren finden auch in Bezug auf Grunddienstbarkeiten statt.

1. Der in der bayer. Gerichts-Ordnung Cap. III § 4 und 5 aufgestellte Unterschied zwischen possessorium plenarium vel ordinarium und possessorium momentaneum vel summariissimum und das hiefür vorgezeichnete Verfahren fällt mit Einführung der neuen Prozeßordnung weg. Es gibt künftig nur den im Hptst. XXII der neuen Proz.-Ord. normirten, vom gewöhnlichen Verfahren nur wenig abweichenden Besitzprozeß (possessorium ordinarium). Für die bisherigen Fälle des possess. moment. ist durch die Bestimmungen des XXIV. Hptst. der Proz.-Ord. über die Vorsichtsverfügungen, insbesondere durch Art. 606 Ziff. 4 dieses Hauptstückes, ausreichend Sorge getragen. Nun hat aber der in der Ger.-Ord. statuirte Unterschied zwischen possess. ordinarium und momentaneum auch im bayer. Landrechte Eingang gefunden und daselbst eine civilrechtliche Bedeutung gewonnen, welche bei nunmehr eintretender Aenderung der Prozeßgesetzgebung nicht unberücksichtigt bleiben durfte.

Durch die Bestimmung in Thl. II Cap. 7 § 9 Nr. 5 und 6 des bayer. Landrechts ist nämlich bei Grunddienstbarkeiten das possessorium ordinarium ausgeschlossen und nur das possessorium momentaneum und das petitorium zugelassen. Würde diese Bestimmung unverändert belassen, so müßte der Besitzer einer Grunddienstbarkeit, welcher bisher mit Hilfe des possessorii summariissimi so lange im Besitze bleiben konnte, (B. L. R. Thl. II Cap. VII § 11 Ziff. 2) bis die Sache in petitorio entschieden war, künftighin gemäß der gewissermaßen an die Stelle des possessorii summariissimi getretenen Bestimmungen der Art. 630 und 633 der neuen Prozeßordnung binnen 8 oder 15 Tagen bei Vermeidung der Wiederaufhebung der erlassenen provisorischen Verfügung die petitorische Klage erheben. Derjenige, der im Wege einer Vorsichtsverfügung die Ueberweisung des vorläufigen Besitzes einer Grunddienstbarkeit erwirkt hat, würde hienach in eine wesentlich nachtheiligere Stellung gerathen, als sie dermalen die in possessorio momentaneo geschützte Partei hat.

Zur Beseitigung dieser in dem Zwange zur petitorischen Klage liegenden Härte wurde die Aufhebung jener Bestimmung des b. Landrechts und die Anwendbarkeit des im Hptst. XXII geregelten Besitzprozesses auf Grunddienstbarkeiten ausgesprochen. (A. P. IV 115, A. R. 125, R. R. 456.)

2. In der Aufhebung der im gegenwärtigen Artikel bezeichneten Bestimmung des b. Landrechts liegt zugleich die Aufhebung jener Stelle der b. Ge-

richtsordnung Cap. III § 4 Nr. 2, an welcher von der Ausschließung des possessorii ordinarii bei Grunddienstbarkeiten die Rede ist. (A. P. 394, 470.) vgl. Note 1 zu Art. 27.

Art. 27.[1])

Die Ziff. 2 des § 11 Cap. 7 Th. II des bayerischen Landrechtes wird abgeändert, wie folgt:

„2. Fundirt sich diese Klage in der natürlichen Freiheit, folglich ist der Kläger, welcher dem Beklagten seine angemaßte Gerechtsame nur simpliciter negirt, den Beweis zu machen nicht verbunden, sondern es muß vielmehr der Beklagte selbst die angebliche Servitut oder Gerechtigkeit, ungeachtet er etwa in possessione wäre, erweisen, er sei denn wenigst in zehnjährigem ruhigem Besitze gewesen, welchenfalls die praesumtio pro libertate der pro possessione so lange ausweicht, bis gleichwohl die Freiheit in petitorio genüglich dargethan ist."

1. Die in diesem Artikel getroffene Bestimmung über die Beweislast des Besitzers der Gerechtsame gegenüber der actio negatoria ist die nothwendige Folge des Art. 26 (vgl. Note 1 zu diesem Artikel) und bezweckt die Beseitigung derjenigen Worte, welche vom possessorium momentaneum und dessen Wirkungen handeln. (A. R. 126, R. R. 457.)

Der Satz, welcher aus der hier angeführten Bestimmung des bayerischen Landrechtes weggelassen wurde, lautet:

„. . . . wäre, erweisen, weil die sonst in Regula für den Besitz obwaltende rechtliche Muthmaßung soviel das momentaneum betrifft, nicht so stark, als die pro libertate naturali ist, wenn demnach in besagtem possessorio momentaneo auf die Servitut einmal gesprochen worden, so bleibt zwar der Obsieger so lang im Besitz, bis in petitorio ein anderes erkannt wird, aber von dem Beweis, welcher auf die in jetztbemeldtem petitorio gestellte actionem negatoriam gemacht werden soll, ist er nicht befreyet, er seye dann wenigst ꝛc."

Dieser Passus wurde, wie der Referent Abg. v. Neumayr sich äußerte, deßhalb weggelassen, weil abgesehen davon, daß hier das Wort momentaneum, welches in die nunmehrige Fassung nicht passe, vorkommt, derselbe theils etwas Selbstverständliches, theils nur einen Grund ausspreche, welcher in einem Gesetze nicht Ausdruck zu finden habe.

Gegen diese Auffassung des Referenten wurde von keiner Seite eine Erinnerung erhoben. (A. P. 470, R. R. 457.)

III. Besondere Bestimmungen für diejenigen Landestheile, in welchen das allgemeine preußische Landrecht Geltung hat.

Bei Berathung dieses und des folgenden Abschnitts IV wurde an dem Standpunkte festgehalten, nur solche Gegenstände in den Bereich der Regelung zu ziehen, bei welchen die Eigenschaft, ob zur streitigen oder zur nichtstreitigen Rechtspflege gehörig, bisher nicht unzweifelhaft war, dagegen solche Gegenstände, welche, wie z. B. die Prodigalitäts- und Verschollenheitserklärungen, Entmündigungen, Curatelbestellungen über Wahnsinnige und Blödsinnige u. s. w. des Würzburger Landrechts und anderer Statutarrechte, welche bisher unzweifelhaft als der nichtstreitigen Rechtspflege angehörig betrachtet wurden, von der Behandlung im Einführungsgesetze auszuschließen, weßhalb sich auch nur Bestimmungen aus dem preußischen und französischen Rechtsgebiete in den Bereich des Entwurfes gezogen finden, weil bei ihnen jene fragliche Eigenschaft nicht unzweifelhaft feststeht.

Dieser Standpunkt entspricht der begrenzten Aufgabe des Einführungsgesetzes und würde eine Ausdehnung dieser Aufgabe, etwa auf den Versuch, bei Gelegenheit desselben die im Königreiche geltenden Statutarrechte über Gegenstände wie die oben angeführten, unzweifelhaft zur nichtstreitigen Rechtspflege gehörigen, einer gesetzlichen Revision und Verbesserung zu unterziehen, zu unüberwindlichen Schwierigkeiten führen.

Hienach handelt es sich in dem Abschnitte III, da manche Bestimmungen der preuß. Gerichtsordnung mit dem allgemeinen preuß. Landrechte in innigem Zusammenhange stehen, zunächst um deren Aufrechterhaltung; dabei erschienen jedoch manche Modifikationen nothwendig, um diese Bestimmungen mit den Prinzipien des neuen Verfahrens soweit möglich in Einklang zu bringen, da Abweichungen von den allgemeinen gesetzlichen Vorschriften sich nur soweit, als sie durch besondere Verhältnisse ausdrücklich geboten sind, rechtfertigen lassen. (M. 230, A. P. 395 ff., R. R. 458.)

Zu diesem Abschnitte hatte Abg. Franz eine Reihe von Modifikationsanträgen gestellt, welche als Anhang zu Protokoll III abgedruckt sind. (A. P. 401 ff.) Hievon wurden nur einzelne der Discussion unterstellt, und wurde, nachdem deren Ablehnung erfolgt war (A. P. 395 ff.), die Berathung über den Abschnitt III auf der Grundlage des Entwurfs fortgesetzt. Soweit einzelne Punkte aus diesen Modifikatons-Anträgen Gegenstand der Discussion bildeten, fanden dieselben in den Auslegungsbehelfen Berücksichtigung.

1) Verfahren bei vorgeschriebenen Anzeigen und Protestationen.

Art. 28. (R. E. 11.)[1])

Wo das allgemeine preußische Landrecht[2]) zur Erhaltung der auf einen gewissen Vorgang bezüglichen Angriffs-, Vertheidigungs- oder Beweismittel die gerichtliche Anzeige des Vorgangs vorschreibt, ist diese Anzeige auf der Gerichtsschreiberei[3]) zu machen.

Daselbst ist auch die in Thl. I Tit. 20 § 564 des allgemeinen preußischen Landrechtes vorgeschriebene Protestation anzubringen. Im Uebrigen gelten bezüglich der Erhebung und Zustellung von Protestationen die Bestimmungen des Art. 10 des gegenwärtigen Gesetzes.

Wo das allgemeine preußische Landrecht an die Unterlassung der in Abs. 1 erwähnten Anzeige die Folge knüpft, daß die Eideszuschiebung oder der Erfüllungseid nicht zulässig ist, hat es dabei sein Bewenden.[4])

1. Art. 28 hatte im Reg.-Entw. seine Stelle als Art. 11 erhalten, weil die Bestimmung desselben als eine Ausnahme von jener des Art. 9 über die Zuständigkeit der Gerichtsvollzieher zur Zustellung von Erklärungen u. s. w. aufgefaßt wurde. (A. P. 418, R. R. 459.)

2. Art. 11 des Reg.-Entw. hatte nur die Bestimmungen des preuß. Landrechts Thl. I Tit. IV § 45 und 92 berücksichtigt, allein da auch an anderen Stellen des preuß. Landrechts z. B. Thl. I Tit. 14 § 34—38 ähnliche Anzeigen bei Gericht zur Sicherung des Anspruches oder Beweises vorgeschrieben sind, so erschien es angemessen, für diese Fälle, wie dies vom Abg. Franz unter Art. 6 seiner Modifikationsanträge (A. P. 403) vorgeschlagen worden war, die Bestimmung des Art. 11 zu erweitern. (A. P. 404, 418, R. R. 459.)

3. Die in dem Vorschlage des Abg. Franz hier enthaltenen Worte: „des betreffenden Gerichts“ wurden als unnöthig gestrichen, da sich das einschlägige Gericht aus den Bestimmungen des preuß. Landrechts ergebe. (A. P. 404, 418.)

4. Die Vorschrift des Abs. 3 hängt mit dem Systeme des preuß. Landrechts und mit den Bestimmungen der Abs. 1 und 2 des gegenwärtigen Artikels zusammen. Wer nämlich wegen Zwanges ein Rechtsgeschäft anfechten will, und die vorgeschriebene Anzeige des Vorgangs nicht macht, verliert hiedurch gemäß § 49 Tit. 4 Thl. I d. preuß. Landr. das Recht, sich des Eidesantrages zu bedienen. Für diese Vorschrift sollte durch Abs. 3 der entsprechende Vorbehalt gemacht werden und erschien es zweckmäßig, um alle solche Fälle zu treffen, eine generelle Fassung für diesen Absatz zu wählen. (A. P. 418, 404, R. R. 460.)

Hiebei äußerte der Ausschußvorstand Dr. Barth, ohne daß eine Entgegnung erfolgte, andere prozessuale Singularitäten des preuß. Landrechts in Ansehung der Unzulässigkeit von Eiden, wie z. B. die Bestimmung des § 603 Tit. 12 seien ohnedieß durch Art. 2 des gegenwärtigen Gesetzes aufgehoben. (A. P. 418.)

2) Verfahren gegen Verschollene.[1])

Art. 29. (R. E. 33.)

Die Vorschriften der preußischen Gerichtsordnung Thl. I Tit. 37 bezüglich des Verfahrens gegen Verschollene[2]) bleiben in Kraft, soweit nicht in den nachfolgenden Art. 30—34 Anderes bestimmt ist.

1. Das in der preuß. Gerichtsordnung vorgeschriebene Verfahren gehört seinem Wesen nach, wenn es auch theilweise die Formen eines contradiktorischen an sich trägt nnd nach Umständen auch wirklich in ein solches übergehen kann, dem Gebiete der freiwilligen Rechtspflege an; dieses Verfahren wird daher im Allgemeinen, als durch die neue Prozeßordnung nicht berührt, beibehalten, und nur soweit nöthig mit den Competenzbestimmungen und Formen der letzteren in Einklang gebracht. (M. 230, A. R. 127.)

Bezüglich der Aufstellung von Curatoren für Abwesende sind Bestimmungen hier nicht zu treffen, da es sich hiebei um einen Gegenstand handelt, der auch nach preuß. Rechte zur nichtstreitigen Rechtspflege gehört. (M. 230.)

2. Die im Reg.-Entw. hier enthaltenen Worte: „sowie die dazu gehörigen Bestimmungen des achzehnten Titels des zweiten Theils des allgemeinen preuß. Landrechtes" wurden gestrichen, denn diese Bestimmungen sind ohnehin in § 2 des Tit. 37 Thl. I der preuß. Gerichtsordnung angeführt und in Bezug genommen. (A. R. 127, R. R. 461.)

Ueber die Anregung des k. Ministerialcommissärs, ob nicht die §§ 14 und 15 des Thl. I Tit. 37 der preuß. Gerichtsordnung aufzuheben seien, die indeß keine Unterstützung fand, vgl. A. P. 420.

Art. 30.[1]) (R. E. 34.)

Klagen auf Todeserklärung gehören zur Zuständigkeit der Bezirksgerichte.[2])

Die Klage ist mittelst einfacher Vorstellung zu übergeben. Das Gericht entscheidet darüber nach Vernehmung des Staatsanwalts.[3])

Die Klage ist abzuweisen,[4]) wenn die gesetzlichen Bedingungen ihrer Zulässigkeit nicht gegeben sind; andernfalls ist vorbehaltlich der Bestimmungen des allgemeinen preußischen Landrechts Thl. II Tit. 18 § 854 und Anhang § 171[5]) die Ediktalladung zu erlassen.

Die Entscheidung bleibt auf der Gerichtsschreiberei hinterlegt.

1. Das in diesem Artikel geregelte Verfahren wurde den Vorschriften der neuen Prozeßordnung über das Verfahren auf einfache Vorstellungen (Hauptstück XXV) und über das Rechtsmittel der Beschwerde (Hauptst. XXVIII) angepaßt, so daß durch einfache Hindeutung auf diese Bestimmungen die im Reg.-Entw. enthaltene Fassung erheblich gekürzt werden konnte.

Einer besonderen Vorschrift bezüglich des Rechtsmittels der Nichtigkeitsbeschwerde, wie solche im Abs. 4 des Reg.-Entw. enthalten war, bedarf es im Hinblick auf Hauptst. XXX der neuen Prozeßordnung nicht. (A. R. 127, R. R. 462.)

2. Die Zuweisung dieser Klagen an das Bezirksgericht als das ordentliche Civilgericht I. Instanz rechtfertigt sich durch den Geist der neuen Prozeßordnung und des preuß. Rechts. (M. 231.)

3. An Stelle des fiskalischen Amtes oder des fiskalischen Bedienten, von denen in der preuß. Ger.-Ordg. nicht nur in dem Thl. I Tit. 37, sondern auch noch an verschiedenen anderen Stellen die Rede ist, hat, entsprechend dem Systeme der jetzigen Gerichtsverfassung und der neuen Prozeßordnung, der Staatsanwalt überall da zu treten, wo es sich um Fragen handelt, welche die öffentliche Ordnung berühren. (M. 230.)

4. Daß gegen die Abweisung der Klage das Rechtsmittel der Beschwerde zulässig ist, ergibt sich aus Art. 738 Ziff. 1 der neuen Prozeßordnung. (A. R. 128.)

5. Dieser Vorbehalt wurde beigefügt, da außer den Alternativen, daß die Klage zurückgewiesen oder die Ediktalcitation verfügt wird, auch noch der dritte Fall vorkommen kann, daß es nämlich nach Thl. II Tit. 18 § 854 des preuß. Landrechts einer Ediktalladung nicht bedarf, weil seit der Entfernung des Verschollenen mindestens 40 Jahre verflossen sind — in welchem Falle sofort zur Instruktion der Sache geschritten und dem preuß. Rescript v. 1798 entsprechend verfahren wird. (A. P. 419, R. R. 462.)

Art. 31. (R. E. 35.)

Die Ediktalladung wird von dem Vorstande des Bezirksgerichts unterzeichnet. Der Gerichtsschreiber hat ihre Bekanntmachung nach Anordnung des Gerichts zu veranlassen.[1])

Die Ediktalladung muß die Aufforderung an den Abwesenden[2]) und an die von ihm etwa zurückgelassenen unbekannten Erben und Erbnehmer enthalten, sich innerhalb neun Monaten vom Tage der ersten Einrückung an gerechnet, persönlich oder schriftlich auf der Gerichtsschreiberei zu melden.

Die Ediktalladung muß in mindestens drei öffentliche Blätter, die von dem Bezirksgerichte in dem Beschlusse, welcher die Ediktalladung verfügt,[3]) zu bestimmen sind, und zwar in jedes derselben wenigstens dreimal in entsprechenden Zwischenräumen eingerückt werden. Außerdem ist die Ediktalladung[4]) in der Gemeinde anzuheften, wo der Verschollene sich zuletzt im Königreiche aufgehalten hat oder wo seine Familie wohnt.

Dem nächsten Präsumtiverben muß, wenn derselbe nicht selbst Kläger ist, eine Abschrift der Ediktalladung auf Betreiben des Klägers zugestellt, falls aber keine Ediktalladung zu erlassen ist, von der Klage auf Todeserklärung Kenntniß gegeben[5]) werden.

Der Staatsanwalt[6]) hat nach Umständen[7]) über den Verschollenen Erkundigungen einzuziehen,[8]) auch der betreffenden Finanzbehörde zur Wahrung der etwaigen Rechte des k. Fiskus Nachricht zu geben.

1. Der Gerichtsschreiber hat also die Bekanntmachung der Ediktalladung selbst zu besorgen, nicht etwa blos deren Mittheilung an die Partei vorzunehmen. (A. P. 419.)

2. Auf die Anregung des Abg. Franz, ob nicht ein Präjudiz, unter welchem der Verschollene vorzuladen sei, statuirt werden solle, bemerkte Referent v. Neumayr, er könne sich damit nicht einverstanden erklären, indem es nicht Aufgabe des Einführungsgesetzes sei, in materieller Richtung Bestimmungen zu treffen. (A. P. 419.)

3. Nach dem Reg.-Entw. lautete der Eingang des Abs. 3:

> „Sie ist wenigstens in drei Zeitungen einzurücken, die von dem Bezirksgerichte nach Vernehmung des Staatsanwalts zu bestimmen sind."

Statt der Worte: „nach Vernehmung des Staatsanwalts" wurde gesetzt: „in dem Beschlusse, welcher die Ediktalladung verfügt", um klar zu stellen, daß die Bezeichnung der Zeitungen, in welchen die Ediktalladung zu geschehen hat, nicht einer besonderen Beschlußfassung bedarf, sondern sogleich mit demjenigen Beschlusse zu vereinigen ist, der die Ediktalcitation selbst anordnet, wonach es sich von selbst versteht, daß die Vernehmung des Staatsanwaltes sich sowohl über die Anordnung der Ediktalcitation als über die Bezeichnung der Blätter zu erstrecken hat. (A. R. 128, R. R. 463.)

4. Die hier in dem Reg.-Entw. enthaltenen Worte: „an der Gerichtstafel und ein zweites" wurden gestrichen, weil die neue Prozeßordnung eine Be-

kanntmachung durch Anheftung an die Gerichtstafel nicht kennt. (A. R. 128, R. R. 463.)

5. Die Einschaltung der Worte: „falls aber keine Ediktalladung zu erlassen ist, von der Klage auf Todeserklärung Kenntniß gegeben", erfolgte in Consequenz des zu Art. 30 Abs. 3 (R. E. 34, vgl. Note 5 zu diesem Artikel) des gegenwärtigen Gesetzes aufgenommenen Vorbehalts. (A. P. 419.)

6. Vgl. Note 3 zu Art. 30. (R. E. 34.)

7. „nach Umständen" — also nicht in allen Fällen, sondern nur, wenn die Umstände eine Betheiligung der Interessen des k. Fiskus, namentlich wegen Mangels anderweitiger Intestaterben (vgl. preuß. Ger. Ordn. Thl. I Tit. 37 § 7), annehmen lassen. (A. R. 128, R. R. 464.)

8. . . . „hat Erkundigungen einzuziehen" — wurde anstatt der im Reg.-Entw. angeordneten Kenntnißgabe an den Staatsanwalt gewählt, weil eine solche nicht nothwendig erachtet wurde, da der Staatsanwalt offenbar in der Lage ist, sich die fragliche Kenntniß selbst zu verschaffen. (A. R. 128.)

Art. 32. (R. E. 36.)

Der nächste Präsumtiverbe, sowie jeder andere bei der Sache Betheiligte kann in dem Verfahren durch eine auf der Gerichtsschreiberei abzugebende Erklärung zur Wahrung seiner Rechte interveniren.

Art. 33. (R. E. 37.)

Sobald die Akten dazu bereist sind, [1]) hat der Referent zu prüfen, ob den gesetzlichen Vorschriften genügt ist, und behufs Nachholung des etwa noch Fehlenden das Geeignete anzuordnen. Zugleich hat er die in § 10 Ziff. 3 des Tit. 37 Thl. I der preußischen Gerichtsordnung vorgeschriebene Vernehmung des Klägers zu pflegen und darüber Protokoll aufzunehmen.

Hierauf sind die Akten dem Staatsanwalte zur Erinnerungsabgabe und Mittheilung der von ihm etwa eingezogenen Erkundigungen zu übergeben.

Nach Rückgabe der Akten entscheidet das Gericht auf Vortrag des Referenten ohne weitere Verhandlung in geheimer Sitzung. [2]) Hat jedoch eine Intervention stattgefunden, so wird zur Verhandlung eine öffentliche Sitzung anberaumt, in welche der Kläger die Intervenienten vorladen zu lassen hat. Wenigstens drei Tage vor der Sitzung haben sich die Anwälte motivirte Anträge wechselseitig zustellen zu lassen. Ein weiterer Schriftenwechsel findet nicht statt.

Wenn zwischen den Parteien Streit über ihre Ansprüche auf das Vermögen der Verschollenen besteht, kann das Gericht, wenn die Sache in dieser Beziehung spruchreif ist, sofort darüber entscheiden. Durch einen solchen Streit darf jedoch die Todeserklärung nicht aufgehalten werden, sondern sind die Parteien, wenn noch eine weitere Verhandlung nöthig erscheint, zur gesonderten Austragung im gewöhnlichen Verfahren zu verweisen, es sei denn, daß es sich zugleich um die Legitimation des Klägers zur Erhebung der Klage handelt.

Das Gericht kann in jeder Lage der Sache, sowohl auf Antrag eines Betheiligten oder des Staatsanwaltes, als auch von Amtswegen, Erhebungen anordnen.

1. Diese gegenüber dem Reg.-Entw. vorgenommene Aenderung des Eingangs betrifft lediglich die Redaktion (A. P. 419.).

2. Die Worte „in geheimer Sitzung“ wurden beigefügt, um jeden Zweifel darüber auszuschließen, daß die hier bezeichnete Entscheidung des Gerichts in geheimer Sitzung zu erfolgen habe. (A. R. 128, R. R. 465.)

Art. 34. (R. E. 38.)

Das[1]) in vorstehendem Art. 33 Abs. 3 bezeichnete Erkenntniß ist den Betheiligten durch den Gerichtsschreiber gegen Bescheinigung mitzutheilen und an die Gerichtstafel anzuschlagen. Von dem Tage dieses Anschlages an gerechnet[2]) läuft zur Beschwerde gegen das Erkenntniß eine Frist von dreißig Tagen.[3])

Im Falle des Art. 33 Abs. 4 kommen bezüglich des Verfahrens und der Rechtsmittel, soweit Art. 33 nicht besondere Bestimmungen enthält, die Vorschriften der neuen Prozeßordnung zur Anwendung.[4])

1. Der Reg.-Entwurf bestimmte im Abs. 1 des Art. 38:

„Im Falle des Art. 37 Abs. 2 finden bezüglich der Mittheilung des Urtheils an den Kläger, sowie bezüglich der gegen dasselbe und gegen das Urtheil des Appellationsgerichts zulässigen Rechtsmittel die Bestimmungen des Art. 34 Abs. 3 und 4 Anwendung."

Diese Bestimmung mußte in Folge des Beschlusses zu Art. 30 (R. E. 34), wonach das Verfahren mittelst einfacher Vorstellung und die über die Statthaftigkeit der Beschwerde in der neuen Prozeßordnung (Art. 738 Ziff. 1) aufgestellte allgemeine Bestimmung zur Anwendung zu kommen hat, eine Aenderung erleiden durch Aufnahme einer Vorschrift über Zustellung des Erkenntnisses an die Betheiligten und durch Feststellung der Frist für die Einlegung der Beschwerde. (A. P. 419, R. R. 466.)

2. Durch die Vorschrift, daß außer der Mittheilung des Erkenntnisses an die Betheiligten auch noch ein Anschlag an die Gerichtstafel erfolgen soll, und von diesem Anschlag an die Frist zur Beschwerde gegen das Erkenntniß laufe, wird zugleich ein bestimmter Zeitpunkt festgestellt, von dem an der Uebergang der Erbschaft berechnet werden kann. (A. P. 471, R. R. 467.)

3. Diese Frist entspricht der gewöhnlichen Dauer der Berufungsfrist. (R. R. 467.)

4. Die am Schlusse des Abs. 2 im Reg.-Entw. enthaltenen Worte:

— „Beim Appellationsgerichte richtet sich das Verfahren nach den für jene Sachen, die im ersten Rechtszuge im beschleunigten Verfahren verhandelt worden sind, geltenden Bestimmungen" —

wurden gestrichen, da die Bestimmungen über das beschleunigte Verfahren in die neue Prozeßordnung nicht aufgenommen wurden. (A. R. 128, R. R. 467.)

3) Verfahren bei Anträgen auf Wahn- oder Blödsinnigkeitserklärung.[1])

Art. 35. (R. E. 39.)

Bezüglich des Verfahrens, um Jemanden für wahn- oder blödsinnig zu erklären, verbleibt es bei den Bestimmungen der preußischen Gerichtsordnung Thl. I Tit. 38 § 1—8 mit nachstehenden Abänderungen und nähern Bestimmungen:[2])

1) Zuständig ist das Bezirksgericht des allgemeinen Gerichtsstands des Beklagten.

2) An die Stelle des fiskalischen Bedienten tritt der Staatsanwalt.[3])

3) Der Antrag ist mittels einfacher Vorstellung zu über-

geben. Das Gericht erläßt nach Vernehmung des Staatsanwalts[4]) auf den Antrag, wenn es ihn für hinlänglich begründet erachtet, die Verfügung, daß dem Beklagten vor Allem durch das betreffende Einzelngericht ein besonderer Curator zur Wahrnehmung seiner Rechte bestellt und daß der Gemüthszustand des Beklagten durch ein damit beauftragtes Gerichtsmitglied näher untersucht werde. Der beauftragte Richter bestimmt die Zahl der Sachverständigen und ernennt sie von Amtswegen. Die Vorschriften der Art. 435, 436, 439, 441, 443, 445 und 448 der neuen Prozeßordnung finden auch hier Anwendung. Die Sachverständigen können sowohl von den Verwandten, welche den Antrag gestellt haben, beziehungsweise von dem Staatsanwalte, falls dieser den Antrag gestellt hat, als auch von dem Curator abgelehnt werden. Die Ablehnung erfolgt durch eine dem Gerichtsschreiber zu Protokoll zu gebende Erklärung. Ueber die Ablehnung entscheidet das Gericht auf Vortrag des beauftragten Richters in geheimer Sitzung ohne weitere Verhandlung.

4) Allen Betheiligten steht frei, von dem Gutachten der Sachverständigen und den sonstigen Erhebungen auf der Gerichtsschreiberei Einsicht zu nehmen und ihre etwaigen Bemerkungen zu den Akten zu geben. Eine weitere Verhandlung über den Antrag auf Wahn- oder Blödsinnigkeitserklärung[5]) findet aber nicht statt, sondern das Gericht entscheidet darüber nach Vernehmung des Staatsanwalts[6]) auf Vortrag des beauftragten Richters in geheimer Sitzung.[7]) Von der erfolgten Entscheidung hat der Gerichtsschreiber den Betheiligten gegen Bescheinigung Mittheilung zu machen.

5) Gegen das Erkenntniß, durch welches der Beklagte für wahn- oder blödsinnig erklärt worden ist, steht nur dem Curator[8]) das Rechtsmittel der Beschwerde[9])

zu. Die Beschwerde ist binnen dreißig Tagen von der in Ziff. 4 erwähnten Mittheilung an gerechnet zu erheben.[10])

6) Nach eingetretener Rechtskraft des Erkenntnisses,[11]) durch welches Jemand für wahn- oder blödsinnig erklärt wurde, ist eine Abschrift desselben durch den Gerichtsschreiber an das betreffende Einzelngericht zu übersenden, damit dieses die Vormundsbestellung vornehme und das weitere Erforderliche vorkehre.

1. Die getrennte Behandlung der Materien über die Wahn- oder Blödsinnigkeits-Erklärung und über die Prodigalitäts-Erklärung erfolgte zur Erzielung größerer Uebersichtlichkeit. (A. P. 471.)

2. Der Eingangs dieses Abschnittes bemerkten Begrenzung der Aufgabe des Einführungsgesetzes entsprechend, wurden für das in dem gegenwärtigen Artikel vorgeschriebene Verfahren neue Bestimmungen nicht getroffen, sondern nur der Einklang zwischen dem bestehenden Verfahren und den neuen Prozeßvorschriften herbeigeführt. (M. 231.)

Es findet hienach das sonstige contradiktorische Verfahren der neuen Prozeßordnung nicht statt, sondern nur ein Vortrag des Referenten und des Staatsanwalts auf Grund der vorliegenden Erhebungen über den Gemüthszustand des Beklagten. Im Uebrigen richtet sich das Verfahren nach den Bestimmungen der neuen Prozeßordnung über das Verfahren auf einfache Vorstellungen und über das Rechtsmittel der Beschwerde. (A. P. 420, R. R. 469.)

Als selbstverständlich ist es zu betrachten, daß durch das hier vorgeschriebene Verfahren die Anordnung provisorischer Maßregeln in dringenden Fällen, wie dies bisher schon der Fall, nicht ausgeschlossen ist. (M. 231.)

Ueber die Aufgabe der ordentlichen und der Einzelngerichte bezüglich des Verfahrens bei Anträgen auf Wahn- oder Blödsinnigkeitserklärungen vgl. Note 1 zu Art. 36. (R. E. 40.)

Ueber den Grund, warum im gegenwärtigen Art. 35 diejenigen nicht bezeichnet sind, welche zur Klagestellung befugt erscheinen, wie dies im Abs. 1 des Art. 36 (R. E. 40) der Fall ist, vgl. Note 1 zu dem letztgenannten Artikel.

3. vgl. Note 3 zu Art. 30 (R. E. 34.)

4. Die Einschaltung der Worte: „nach Vernehmung des Staatsanwalts" findet im Hinblick auf Art. 160 der neuen Prozeßordnung ihre Rechtfertigung. (A. P. 420.)

5. „über den Antrag auf Wahn- oder Blödsinnigkeitserklärung" wurde eingeschaltet, um den Gegensatz zu der in Ziff. 3 geregelten Verhandlung hervorzuheben. (A. P. 471, R. R. 469.)

6. Die Vernehmung des Staatsanwalts geschieht schriftlich, sie hat daher dem Vortrage des Richters vorauszugehen. (A. P. 420.)

7. Die Erkenntnißfällung in öffentlicher Sitzung würde dem System, welches die Prozeßordnung in anderen Fällen ähnlicher Art vorschreibt und der Natur der Gegenstände widerstreiten. (A. R. 129, R. R. 469.)

8. Daß das Rechtsmittel dem Curator, nicht auch dem Entmündigten zustehe, entspricht dem geltenden Rechte. (A. P. 420, R. R. 469.)

9. Die Zulässigkeit der Beschwerde, nicht der Berufung, ist die nothwendige Folge des oben zu Note 2 bezeichneten Verfahrens. (A. R. 129, R. R. 469.)

10. Für die Erhebung der Beschwerde wurde hier eine bestimmte Frist deßhalb festgesetzt, um einen Zeitpunkt für den Eintritt der Rechtskraft der betreffenden Erkenntnisse zu gewinnen. (A. R. 129, R. R. 469.)

11. Anstatt des im Reg.-Entw. gebrauchten Ausdrucks: „Urtheil" wurde der der neuen Proz.-Ordn. entsprechende Ausdruck: „Erkenntniß" gesetzt. (A. R. 129.)

4) Verfahren bei Anträgen auf Prodigalitätserklärung.[1])

Art. 36. (R. E. 40.)

Zur Stellung des Antrags, daß Jemand als Verschwender erklärt werde, sind sein Ehegatte, seine Verwandten, derjenige, welchem etwa ein Recht auf den Nachlaß durch Erbvertrag eingeräumt ist,[2]) sowie der Staatsanwalt befugt

Zuständig ist das Bezirksgericht des allgemeinen Gerichtsstands des Beklagten.

Der Antrag muß bestimmte Thatsachen enthalten und die Zeugen, welche über das Betragen und die Verhältnisse des Beklagten nähern Aufschluß geben können, benennen. Er ist mittels einfacher Vorstellung[3]) zu übergeben. Das Gericht entscheidet darüber nach Vernehmung des Staatsanwalts. Hält es den Antrag, die Richtigkeit der angegebenen Thatsachen vorausgesetzt, für begründet, so hat es eines seiner Mitglieder mit näherer Untersuchung der Sache zu beauftragen, andernfalls ist der Antrag zurückzuweisen.[4])

1. Bei diesem Verfahren ist an der prinzipiellen Auffassung des preuß. Rechts festgehalten, dabei aber möglichste Vereinfachung des Verfahrens im Anschluß an die neue Prozeßordnung angestrebt.

Sowohl hier als auch in dem Falle des Art. 35 (R E. 39) ist an dem Grundsatze festgehalten, daß zwar die Untersuchung und Entscheidung der Frage, ob Jemand als wahn- oder blödsinnig oder als Verschwender zu erklären sei, den ordentlichen Gerichten zusteht, daß aber mit der Entscheidung dieser Frage ihre Aufgabe erfüllt ist, die Vormundschafts-Bestellung und was damit zusammenhängt, mithin nicht mehr zur Aufgabe der ordentlichen Gerichte, sondern als Gegenstand der nichtstreitigen Rechtspflege zu jener der Einzelngerichte gehört. (M. 231.)

Im Art. 36 und den folgenden wurden nicht so, wie es im Art. 39 des Reg. Entw. bezüglich des Verfahrens, um Jemanden für wahnsinnig oder blödsinnig zu erklären, geschehen ist, die Bestimmungen des preuß. Rechtes als fortgeltend bezeichnet und nur diejenigen hervorgehoben, welche aufgehoben oder abgeändert werden sollten, sondern es wurden in diesen Artikeln diejenigen Bestimmungen des preuß. Rechtes (Gerichtsordnung Thl. I Tit. 38 § 9 ff.), welche beibehalten werden sollten, besonders bezeichnet. (A. P. 421, R. R. 472.)

In dieser Behandlungsweise liegt auch der Grund, aus welchem in Art. 35 (R. E. 39) diejenigen Personen nicht bezeichnet sind, welche zur Klagestellung befugt erscheinen. (A. P. 420.)

2. „derjenige, welchem etwa ein Recht auf den Nachlaß durch Erbvertrag eingeräumt ist" — wurde anstatt des der Bestimmung des preuß. Landrechts Thl. I. Tit. 12 § 626 nicht entsprechenden Ausdrucks: „Vertragserbe" gesetzt, weil ein „Erbe" noch nicht vorhanden sei, sondern nur ein solcher, welchem ein Recht auf den Nachlaß durch Erbvertrag eingeräumt würde. Die Aufnahme desselben unter die zur Klage auf Prodigalitätserklärung berechtigten Personen rechtfertigt sich im Hinblick auf die angeführte Bestimmung des preuß. Landrechts, und weil sonst Zweifel entstehen könnten, ob jene Bestimmung nicht habe ausgeschlossen werden wollen. (A. P. 421, R. R. 473.)

Auf die Anregung des Abg. Franz, ob nicht Art. 38 Abs. 4 des Gesetzes vom 29. April 1869, die öffentliche Kranken- und Armenpflege betr. (nach dem Berathungsstadium vom Februar 1869 Art. 35), wonach der Armenpflegschaftsrath befugt ist, gegen die der Verschwendung verdächtigen Personen die Curatel zu beantragen, vorbehalten werden solle, erklärte der k. Ministerialcommissär, ohne daß eine Einwendung erfolgte, es sei selbstverständlich, daß diese Bestimmung als die eines Spezialgesetzes vorbehalten bleibe. (A. P. 421.)

3. Bei der Beurtheilung der Frage, ob das contradiktorische oder das Verfahren auf einfache Vorstellungen zur Anwendung kommen soll, wurde in Betracht gezogen, daß der contradiktorische Charakter auch nach dem bisherigen preuß. Verfahren nicht vorherrschend war; denn nach diesem wurde der Implorat für sich allein vernommen, und nachher der Implorant, eine Verhandlung unter den Theilen fand nicht statt, und ohne ein contradiktorisches Beweisverfahren wurden die erforderlichen Erhebungen von Amtswegen gepflogen. (A. P. 420, R. R. 472.)

4. Der Reg.-Entw. hatte als Abs. 2 folgende Bestimmung:

„Gegen das abweichende Erkenntniß, sowie gegen das dasselbe bestätigende Urtheil des Appellationsgerichts stehen dem Antragsteller Berufung beziehungsweise Nichtigkeitsbeschwerde binnen dreißig Tagen von der an ihn oder seinen Anwalt durch den Gerichtschreiber geschehenen Mittheilung des Urtheils zu. Die Berufung und die Nichtigkeitsbeschwerde werden durch Einreichung von Beschwerdeschriften auf der Gerichtsschreiberei des Appellations- beziehungsweise Oberappellationsgerichtes eingelegt. Ueber die eingelegten Rechtsmittel entscheiden die genannten Gerichte auf Vortrag eines vom Vorstande bezeichneten Gerichtsmitgliedes nach Vernehmung des Staatsanwaltes ohne weitere Verhandlung in geheimer Sitzung."

Diese Bestimmung wurde im Hinblick auf die Vorschrift der neuen Prozeßordnung (Art. 738 Ziff. 1) gestrichen. (A. P. 420, R. R. 473.)

Art. 37. (R. E. 41.)

Das mit der nähern Untersuchung der Sache beauftragte Gerichtsmitglied hat von Amtswegen und ohne auf die vom Antragsteller vorgeschlagenen Beweismittel beschränkt zu sein, Alles, was es in der Sache für dienlich erachtet, zu erheben, insbesondere den Beklagten persönlich zu vernehmen. Erscheint derselbe auf die erste Vorladung nicht, so ist er wiederholt und zwar unter dem Rechtsnachtheile vorzuladen, daß im Falle abermaligen Ausbleibens die gegen ihn angegebenen Thatsachen nach Umständen vom Gerichte als zugestanden angenommen werden können.[1])

1. „nach Umständen vom Gerichte als zugestanden angenommen werden können" wurde zur Erzielung einer Uebereinstimmung mit den Vorschriften der neuen Prozeßordnung in analogen Fällen (vgl. Art. 156 u. 164, Abs. 3) anstatt des im Reg.-Entw. enthaltenen Rechtsnachtheils der unbedingten Geständnißannahme gesetzt. (A. R. 129, R. R. 474.)

Art. 38. (R. E. 42.)

Zur Erlassung der während der Instruction nöthig werdenden vorläufigen Verfügungen ist der beauftragte Richter befugt und kommen hierauf die Bestimmungen der preußischen Gerichtsordnung Thl. I Tit. 38 §. 20—22[1]) zur Anwendung.

1. Durch die nach § 20 Thl. I. Tit 38 der preuß. Gerichtsordnung zu erlassenden vorläufigen Verfügungen soll dem ferneren Vermögensverfalle während des Prozesses vorgebeugt werden, ohne durch öffentliche Bekanntmachung dem guten Namen und Credit des Beklagten einen unwiederbringlichen Nachtheil zuzufügen; § 21 enthält Vorschriften über die Erlassung dieser vorläufigen Verfügungen je nach Verschiedenheit der Vermögensobjekte des Beklagten, § 22 Vorschriften bezüglich der von demselben während des Prozesses geschlossenen Verträge und errichteten letztwilligen Dispositionen.

Art. 39. (R. E. 43.)[1])

Nach geschlossener Instruction entscheidet das Gericht nach Vernehmung des Staatsanwalts auf Vortrag des beauftragten Richters ohne weitere Verhandlung in geheimer Sitzung. Von der erfolgten Entscheidung hat der Gerichtsschreiber den Betheiligten gegen Bescheinigung Mittheilung zu machen.

In gleicher Weise[2]) entscheidet das Gericht in den in der preußischen Gerichtsordnung Thl. I Tit. 38 § 18 erwähnten Fällen und zwar nach Maßgabe der daselbst enthaltenen nähern Bestimmungen.

1. Die bei diesem, sowie bei dem Art. 40 (R. E. 44) vorgenommenen Aenderungen sind durch die Annahme des Verfahrens bei gerichtlichen Entscheidungen auf einfache Vorstellungen und durch die bei Art. 35 (R. E. 39) dargelegten Gründe gegen Erlassung der Entscheidung in öffentlicher Sitzung bedingt. (A. R. 129, R. R. 475.)

2. In den im Thl. I Tit. 38 § 18 erwähnten Fällen handelt es sich lediglich um eine Constatirung der vom Beklagten dem beauftragten Richter zu Protokoll gegebenen Erklärung, oder um Prüfung und Bestätigung eines Vergleiches; diese Fälle eignen sich daher, abgesehen von dem in Note 1, angegebenen Gründen, nicht zu einer Urtheilsfällung in öffentlicher Sitzung. (A. R. 129.)

Art. 40. (R. E. 44.)[1])

Gegen das Erkenntniß steht sowohl dem Antragsteller als dem Beklagten das Rechtsmittel der Beschwerde zu. Die Beschwerde ist binnen dreißig Tagen von der im vorstehenden Art. 39 Abs. 1 erwähnten Mittheilung an gerechnet zu erheben.

Hinsichtlich der Wirkung der Beschwerde kommen die Bestimmungen der preußischen Gerichtsordnung Thl. I Tit. 38 § 25, 26 und 30 in Anwendung. Die Entscheidung über das Vorhandensein der Voraussetzungen des § 30 steht dem Appellationsgerichte zu.

1. vgl. Note 1 zu Art. 39 (Reg.-Entw. 43).

Art. 45 des Reg.-Entw. lautete:

„Gegen das Urtheil des Appellationsgerichtes steht unter den allgemeinen gesetzlichen Voraussetzungen beiden Theilen Nichtigkeitsbeschwerde zu. Bezüglich der Frist, der Art der Einlegung und der Entscheidung kommen die Bestimmungen des Art. 40 Abs. 2 zur Anwendung.

Die Nichtigkeitsbeschwerde hat keine aufschiebende Wirkung. Das Appellationsgericht hat deßhalb sofort nach Verkündung seines Urtheils eine Abschrift desselben dem Bezirksgerichte zu übersenden, damit dasselbe die nach Maßgabe der Bestimmungen der preußischen Gerichtsordnung Th. I Tit. 38 § 26, 31, 32 und 34 erforderlichen Verfügungen und Bekanntmachungen, sowie die Vormundsbestellung vornehme, beziehungsweise bei dem betreffenden Stadt- oder Landgerichte veranlasse."

In Folge Annahme der vorhergehenden Artikel bedarf es im Hinblicke auf Art. 759 Abs. 2 und Art. 796 der neuen Prozeßordnung besonderer Bestimmungen über die Zulässigkeit der Nichtigkeitsbeschwerde und über die Frist derselben nicht, ebenso wenig über die Art der Einlegung der Nichtigkeitsbeschwerde, sowie über das weitere Verfahren und den Suspensiveffekt, da alle diese Fragen nach Hauptst. XXX der neuen Prozeßordnung zu beurtheilen sind; deßhalb wurde Art. 45 gestrichen. (A. R. 130, R. R. 476.)

Art. 41. (R. E. 46.)

Bezüglich der Aufhebung der Prodigalitätserklärung [1]) hat es in den in der preuß. Gerichtsordnung Thl. I Tit. 38 § 35—38 angeführten Fällen bei den dort enthaltenen Bestimmungen sein Verbleiben. Im Falle des § 39 weist das Einzelngericht das Gesuch ab.[2]) Gegen die Abweisung steht dem Supplicanten das Rechtsmittel der Beschwerde zu.

Die Bestimmungen der §§ 40—42 Tit. 38 Thl. I der preußischen Gerichtsordnung bleiben in Kraft. Zuständig ist das Bezirksgericht des allgemeinen Gerichtsstands des bisherigen Pflegbefohlenen. Die Sache ist durch förmliche Klage anhängig zu machen. Bezüglich des Verfahrens und der Rechtsmittel finden die Bestimmungen der neuen Prozeßordnung Anwendung. Die Bestimmungen der §§ 43 und 44 sind aufgehoben.[3])

1. Hinsichtlich der Aufhebung der Prodigalitätserklärung konnten, da auch das preuß. Recht dieselbe in der Regel als Gegenstand der nichtstreitigen Rechtspflege betrachtet, die bestehenden Bestimmungen aufrecht erhalten bleiben. (M. 231.)

2. Die in § 39 Tit. 38 der preuß. Gerichtsordnung vorgeschriebene Berichterstattung entspricht unseren jetzigen Einrichtungen nicht, weßhalb hier die entsprechende Aenderung vorgenommen wurde. (M. 231.)

3. Die in § 43 und 44 der preuß. Gerichtsordnung enthaltene Beschränkung der Rechtsmittel rechtfertigt sich nicht, und es besteht kein genügender Grund, für diesen Fall etwas von den allgemeinen Bestimmungen der neuen Prozeßordnung Abweichendes festzusetzen. (M. 231.)

Ueber die Mitwirkung der Staatsanwaltschaft bei Verhandlung und Entscheidung von Entmündigungs- und Verschollenheitssachen vgl. A. R. 130.

5) Vormundschaftliche Prozesse.[1])

Art. 42. (R. G. 17.)

Wenn Jemand sich von der Vormundschaft entschuldigt, desgleichen wenn Mehrere darüber streiten, wem von ihnen die Vormundschaft gebühre, so steht die Verhandlung und Entscheidung (preußische Gerichtsordnung Thl. I Tit. 39 § 2—12) als Gegenstand der nichtstreitigen Rechtspflege dem betreffenden Einzelngerichte zu. Gegen dessen Entscheidung haben die Betheiligten das Rechtsmittel der Beschwerde.

1. In der unter Ziff. 5 aufgeführten Unterabtheilung mußte vor Allem bestimmt werden, in wie weit die in den §§ 1—27 des Tit. 39 Thl. I der preuß. Gerichtsordnung behandelten Fälle:

a) wenn Jemand, der zum Vormund ernannt ist, sich deßhalb entschuldigt oder

b) wenn ein Streit unter mehreren Personen entsteht darüber, welcher von ihnen die Vormundschaft gebührt, oder

c) wenn ein Vormund von der Vormundschaft entsetzt werden soll, oder endlich

d) wenn einem Vormunde während seiner Amtsführung Rechnungsmängel gezogen werden, als Gegenstände der nichtstreitigen Rechtspflege zu betrachten und deßhalb von den Einzelngerichten vorbehaltlich der Beschwerde zu erledigen sind, und in wie weit sie als streitige Rechtssachen zur Zuständigkeit der ordentlichen Gerichte gehören.

Die nachfolgenden Bestimmungen schließen sich auch hier der grundsätzlichen Auffassung des preuß. Rechtes an unter Aufrechthaltung des Grundsatzes, daß in Zukunft die Vorschriften der neuen Prozeßordnung überall da anzuwenden sind, wo nicht besondere Verhältnisse ein Anderes nöthig machen. (M 231, R. R. 478.)

Art. 43. (R. E. 48.)

Handelt es sich um die Entsetzung eines Vormundes so stehen die Instruction und die vorläufigen Verfügungen als Gegenstand der nichtstreitigen Rechtspflege dem betreffenden Einzelngerichte nach Maßgabe der einschlägigen Bestimmungen der preußischen Gerichtsordnung Thl. I Tit. 39 § 13 ff. vorbehaltlich des Rechtsmittels der Beschwerde zu. Erachtet jedoch das Einzelngericht die gänzliche Entlassung oder Remotion [1]) für geboten und legt der Vormund die Vormundschaft nicht freiwillig nieder, so hat das Einzelngericht dem Pflegbefohlenen einen Curator zu bestellen, und hat dieser bei dem Bezirksgerichte,[2]) in dessen Sprengel die Vormundschaft geführt wird, gegen den Vormund Klage auf Entsetzung von der Vormundschaft zu erheben. Auf die Klage kommen die für das ordentliche Verfahren vor den Bezirksgerichten geltenden Bestimmungen der neuen Prozeßordnung zur Anwendung.

1. Auf die Anregung des Abg. Franz, ob nicht die Worte: „oder Remotion" zu streichen seien, da nach § 22 Tit. 39 der preuß. Gerichtsordnung die Civilklage nur für den Fall schuldbarer Nachlässigkeit vorgesehen sei, nicht auch für den Fall, daß die Bedingungen strafrichterlicher Einschreitung gegeben seien (A. P. 421), entgegnete Referent v Neumayr, es verstehe sich von selbst, daß gegebenen Falles die strafrechtlichen Bestimmungen zur Anwendung zu kommen haben, es seien aber auch Fälle denkbar, in welchen die Remotion des Vormunds ohne strafgerichtliche Verurtheilung geboten erscheint.

Seitens des k. Ministerialcommissärs wurde erklärt, die Bestimmungen der preuß. Gerichtsordnung seien in den in Rede stehenden Fällen bei richtiger Interpretation als aufgehoben zu betrachten. Die Competenz des Strafrichters, wie sie hier vorausgesetzt werde, bestehe nicht, denn die Remotion des Vormunds könne jetzt nicht mehr als Principalstrafe in Betracht kommen, sondern stelle sich gegebenen Falles als Folge einer im Strafgesetzbuche vorgesehenen Hauptstrafe dar. Deßhalb müsse in allen Fällen die Zulässigkeit der Klage beim Civilrichter statuirt werden; damit sei jedoch nicht ausgeschlossen, daß die Entsetzung von der Vormundschaft auf Grund des Art. 28 des Strafgesetzbuchs in Folge strafrechtlicher Untersuchung und Verurtheilung eintreten kann.

Gegen diese Auffassung des k. Ministerialcommissärs wurde von keiner Seite eine Erinnerung erhoben. (A. P. 421, vgl. auch A. P. 409.)

2. Klagen dieser Art sind solche, deren Gegenstand keine bestimmte Schätzung zuläßt, sie eignen sich daher gemäß Art. 5 Ziff. 1 der neuen Prozeßordnung zur Zuständigkeit der Bezirksgerichte. (A. R. 130.)

Art. 44. (R. E. 49.)

Bezüglich der Vormundschaftsrechnungen stehen die in der preußischen Gerichtsordnung Thl. I Tit. 39 § 26 vorgesehenen Verhandlungen und Entschließungen als Gegenstände der nichtstreitigen Rechtspflege dem betreffenden Einzelngerichte zu. Wird aber nach § 27 die Erhebung einer förmlichen Klage gegen den Vormund nöthig, so ist für diese das Bezirksgericht,[1] in dessen Sprengel die Vormundschaft geführt wird, ohne Rücksicht auf die Größe des Streitgegenstands zuständig. Auf die Klage kommen die Bestimmungen der neuen Prozeßordnung zur Anwendung.

1. Die Zuständigkeit des Bezirks-Gerichts in den Fällen des § 27 Thl. I Tit. 39 der preuß. Gerichtsordnung rechtfertigt sich in der Erwägung, daß hier das Einzelngericht, welches gemäß § 26 der angeführten Stelle die Rechnung zuerst geprüft, seine Erinnerungen gegeben und den Vormund zu deren Beantwortung aufgefordert hat, nach der Beantwortung des Vormundes zum Gegner desselben also zur Partei wird, und folgeweise dann nicht mehr als Richter über die Sache erkennen kann, wenn sich der Vormund bei dem Ausspruche des Einzelngerichtes über die Höhe der ihm zur Last bleibenden Verpflichtungen nicht beruhigt und die Erhebung der Vormundschaftsklage nothwendig wird. (A. P. 422, R. R. 479.)

6) Sponsalien- und Ehesachen.

Art. 45. (R. E. 50.)

Die Vorschriften[1]) der preußischen Gerichtsordnung Thl. I Tit. 40 § 1—19[2]) über das Verfahren bei

Klagen aus Ehegelöbnissen, dann bei Klagen auf Supplirung des Heiratsconsenses sind aufgehoben.

Auf solche Klagen kommen die Bestimmungen der neuen Prozeßordnung zur Anwendung.

1. Die bisherigen Vorschriften der preuß. Gerichtsordnung über das Verfahren in Sponsalien- und Ehesachen sind mit dem System der neuen Prozeßordnung nicht vereinbar, und da für deren Beibehaltung kein Grund besteht, mit Rücksicht auf den Umstand, daß die Anwendung der neuen Prozeßvorschriften, namentlich jener bezüglich der Erlassung von Vorsichtsverfügungen, auf Rechtsstreite dieser Art keiner Schwierigkeit unterliegt, so wurden dieselben aufgehoben. (M. 231, A. R. 131, R. R. 481.)

2. Die § 13—19 wurden aus dem (zum Abstrich gebrachten) Art. 53 des Reg.-Entw. unter die Zahl der aufgehobenen Bestimmungen der preußischen Gerichtsordnung herüber genommen und in Folge dessen die Worte: „bei Klagen auf Supplirung des Heiratsconsenses" eingeschaltet. (vgl. unten Note zu Art. 53 des Reg.-Entw. und die dort angeführten Stellen.)

Art. 46. (R. E. 51.) [1])

An die Stelle des in Thl. II Tit. 1 § 161 des allgemeinen preußischen Landrechts bezeichneten Gerichts tritt das Bezirksgericht des allgemeinen Gerichtsstands des Beklagten. Zur Erlassung der in den §§ 160 [2]) und 165, an deren Bestimmungen durch die neue Prozeßordnung nichts geändert wird, erwähnten Verfügung ist nicht nur das Bezirksgericht, in dessen Sprengel das Aufgebot oder die Trauung vorgenommen werden soll, sondern in dringenden Fällen auch der Vorstand dieses Gerichts, sowie das betreffende Einzelngericht, befugt.

1. Die in diesem Artikel getroffene Competenzbestimmung entspricht den Grundsätzen der neuen Prozeßordnung, und ist auch mit den bezüglichen Bestimmungen des allgemeinen preuß. Landrechts vereinbar. (M. 231.)

2. § 160 — er betrifft den Einspruch, welcher auf Grund einer unter dem Versprechen der Ehe erfolgten Schwängerung gegen ein Aufgebot erhoben wird — wurde eingestellt, um die Frage bezüglich der Zuständigkeit der „Obrigkeit des Ortes, wo das Aufgebot oder die Trauung geschehen soll" im Einklang mit § 165 des preuß. Landrechts, wo von dem Verbote des Aufgebots und der Trauung, wenn dem Richter ein bisher nicht bekannt gewesenes Ehe-

hinderniß glaubhaft angezeigt wird, die Rede ist, zweifellos zu stellen. (A. P. 422, R. R. 482.)

Abg. Franz motivirte ohne Entgegnung seinen auf Einschaltung des § 165 gerichteten Antrag dahin: Der bezeichnete Einspruch habe die Natur eines Arrestantrages, es müßten deßhalb bezüglich des Verfahrens die Bestimmungen über die Vorsichtsverfügungen (Hauptst. XXIV der neuen Prozeßordnung) zur Anwendung kommen. Wollte man nun auch die Competenz zur Erlassung des in Rede stehenden Verbotes nach Maßgabe der allgemeinen Bestimmungen des XXIV. Hauptstücks der neuen Prozeßordnung eintreten lassen, so würde hiefür nicht bloß das Gericht des künftigen Hauptprozesses, sondern auch das Einzelngericht des Orts, in welchem das Aufgebot oder die Trauung geschehen soll, zuständig sein, während der angeführte § 160 die Zuständigkeit auf das Gericht der Hauptsache nicht erstreckt wissen wollte. Hieran sollte nach der bisher festgehaltenen Tendenz des Einführungsgesetzes nichts geändert werden. (A. P. 422.)

Art. 47. (R. E. 52.) [1])

Die Vorschrift des allgemeinen preußischen Landrechts Thl. II Tit. 1 § 1053,*) wonach der Richter gleich bei Aufnehmung der Klage prüfen muß, ob der Ehe des Schwängerers mit der Geschwächten gesetzliche Hindernisse außer der Ungleichheit des Standes entgegenstehen, ist aufgehoben. Die erwähnte Prüfung bleibt der ersten Verhandlung über die erhobene Klage vorbehalten, worauf sodann eintretenden Falls nach Maßgabe der Vorschrift des § 1054 zu verfügen ist.

1. Die in diesem Artikel getroffene Aenderung ist durch die neue Prozeßordnung geboten. (M. 231.)

Als Art. 53 hatte der Reg.-Entw. folgende Bestimmung:

„Die Vorschriften der preuß. Gerichtsordnung Thl. I Tit. 40 § 13—19 über das Verfahren bei Klagen zur Ergänzung der Einwilligung von Eltern und Großeltern zur Heirath eines Kindes bleiben in Kraft und es wird bezüglich derselben Nachstehendes weiter bestimmt.

---

* Ueber die irrige Nummerirung der §. 1053 und 1054 in den älteren Ausgaben des preuß. Landrechts vgl. A. R. 131.

Zuständig ist das Bezirksgericht des allgemeinen Gerichtsstandes der Eltern. Die Klage ist mit den erforderlichen Belegen auf der Gerichtsschreiberei zu übergeben. Die im §. 14, 15 und 17 vorgeschriebenen Vernehmungen erfolgen durch den Gerichtsvorstand oder ein von ihm beauftragtes Gerichtsmitglied. Ist eine zu vernehmende Person durch Krankheit verhindert bei Gericht zu erscheinen, so kann der Gerichtsvorstand auch das betreffende Stadt- oder Landgericht mit der Vernehmung beauftragen. Die im § 16 erwähnte abweisende Verfügung wird auf Vortrag des Gerichtsvorstandes oder eines von ihm beauftragten Gerichtsmitgliedes ohne weitere Verhandlung in geheimer Sitzung erlassen. In gleicher Weise erläßt das Gericht im Falle des §. 18 eine Verfügung, wodurch es den Kläger ermächtigt, die Klage fortzusetzen. Letztere ist hierauf sammt der erwähnten Verfügung dem Beklagten in der gewöhnlicher Form zuzustellen und es ist sodann nach den für das ordentliche Verfahren vor den Bezirksgerichten geltenden Bestimmungen der neuen Prozeßordnung in der Sache weiter zu verfahren."

Von den in Abs. 1 dieses Art. bezeichneten Klagen gilt dasselbe, was oben Note 1 zu Art. 45 (R. E. 50) gesagt wurde. Die Aufhebung des bisherigen Verfahrens war um so mehr angezeigt, als dasselbe zum Theil ein inquisitorisches ist, und mit dem Geiste des neuen Verfahrens nicht im Einklange steht. Es wurden deßhalb in Abs. 1 des Art. 45 (R. E. 50) unter die dort aufgehobenen Vorschriften auch die § 13—19 Thl. I Tit. 40 der preuß. Gerichtsordnung aufgenommen und nach den Worten: „aus Ehegelöbnissen" dortselbst eingeschaltet: „dann bei Klagen auf Supplirung des Heirathsconsenses," dagegen Art. 53 des Reg.-Entw. gestrichen (A. R. 131, A. P. 422, R. R. 481.)

Abg. Franz sprach seine Ansicht bezüglich des Art. 53 dahin aus: Die wesentliche Besonderheit des in diesem Artikel aufrecht erhaltenen singulären prozessualen Instituts bestehe darin, daß das Kind, wenn von seinem Verlobten die Klage auf Ergänzung des Eheconsenses gegen die Eltern des ersteren gestellt wird, vom Richter allein und persönlich vernommen wird, um auf diese Weise eine ganz freie und unabhängige Erklärung zu gewinnen. Hierin liege allerdings eine Art Inquisitionsverfahren. In den Fällen, in welchen die Klage auf Ergänzung des Eheconsenses vom Kinde selbst gegen die eigenen Eltern oder von beiden Verlobten zusammen gestellt wird, habe das Verfahren nichts Besonderes. Sowohl der ältere als der neuere preußische Entwurf habe ein besonderes Verfahren für diese Ergänzungsklagen nicht mehr vorgeschrieben. Er sei nicht abgeneigt, dem Antrage auf Beseitigung dieses Verfahrens beizutreten, wolle aber zu erwägen geben, ob nicht für die Beiladung des Kindes Vorsorge zu treffen sei, denn es müsse demselben Gelegenheit gegeben werden, seinen allenfallsigen Dissens gegenüber dem Kläger zu erklären, da es außerdem möglich wäre, daß das ganze Verfahren durchgeführt würde und sich hinterher ergäbe, daß ein ernstlicher Wille des Kindes, das Ehegelöbniß aufrecht zu erhalten, nicht mehr vorläge. Er verweise deshalb insonderheit auf die in dem sächsischen Entwurfe § 1123 normirte Beiladung des Kindes.

Hierauf erwiderte Referent v. Neumayr: Einer speciellen Beiladung des Kindes bedürfe es nicht; denn, wenn ein Dissens vorliegt, so werde er gewiß von Seite der belangten Eltern gegenüber der Klage als Einrede geltend gemacht. Der Fall werde aber überhaupt nicht vorkommen, daß Klage auf Supplirung des Eheconsenses erhoben wird, wenn das Kind selbst das Ehegelöbniß nicht erfüllen will. (A. P. 422.)

Ueber den Zusammenhang der bezüglichen prozessualen mit den materiellen Bestimmungen der § 13—19 Thl. I Tit. 40 der preuß. Gerichtsordnung vgl. M. 231 im Gegenhalte zu A. R. 131.

Art. 48. (R. E. 54 u. 55.)

Die Bestimmungen[1]) des allgemeinen preußischen Landrechts Thl. II Tit. 1 § 727—730[2]), sowie die Bestimmungen der preußischen Gerichtsordnung Thl. I Tit. 40[3]) über das Verfahren in Ehescheidungssachen sind aufgehoben.[4])

Beim Vorhandensein minderjähriger Kinder[5]) hat das Ehegericht von dem Beschlusse auf Zulassung der Ehescheidungsklage (Art. 656 der neuen Prozeßordnung) sofort demjenigen Gerichte, welchem im Falle des Todes des Vaters die Bevormundung der Kinder zukommen würde, von Amtswegen Kenntniß zu geben, damit dasselbe, wenn die gesetzlichen Voraussetzungen dafür bestehen, einen Curator für die Kinder bestelle.

Der Curator[6]) hat während des Prozesses die Rechte und Interessen der Kinder wahrzunehmen, auch auf deren Unterhalt und Erziehung Acht zu haben und der etwa zu besorgenden Durchbringung oder Verdunkelung des Vermögens vorzubeugen. Er kann zu diesem Behufe im Prozesse interveniren und alle ihm geeignet scheinenden Anträge stellen.

Anträge wegen Sicherstellung des Vermögens, desgleichen Anträge wegen Erziehung oder Unterhalt der Kinder sind nicht bei dem Ehegerichte, sondern bei dem den allgemeinen Gerichtsstand der Eltern bildenden Einzelngerichte zu stellen. Dieses hat darüber in der für Gegenstände der nichtstreitigen Rechtspflege vorgeschriebenen Form vorbehaltlich des Rechtsmittels der Beschwerde zu entscheiden.

Verweigert ein Ehetheil den ihm obliegenden Beitrag für Erziehung und Unterhalt der Kinder, so ist deshalb vor dem ordentlichen Prozeßgerichte Klage gegen ihn zu erheben. [7])

1. Die Aufhebung der in Abs. 1 des Art. 48 (dessen Inhalt den beiden in Zusammenhang stehenden Art. 54 und 55 d. E. entspricht) aufgeführten Bestimmungen rechtfertigt sich, da dieselben durch das Hauptstück XXVI der neuen Prozeßordnung über das Verfahren bei den protestantischen Ehegerichten, welches auch auf das Gebiet des preuß. Landrechtes Anwendung findet, ersetzt sind. (M. 231.)

2. Die ausdrückliche Bezeichnung der § 727—730, welche die Vorschriften über die unter Umständen zulässige zeitweise Aussetzung des Ehescheidungsprozesses enthalten, erfolgte deßhalb, damit darüber kein Zweifel bestehe, daß diese Paragraphe durch Art. 671 der neuen Prozeßordnung aufgehoben seien. (A. R. 132, R. R. 485.)

3. Als übereinstimmende Anschauung der beiden Ausschüsse und des k. Ministerialcommissärs wurde constatirt, daß mit Aufhebung des Tit. 40 Thl. I der preuß. Gerichtsordnung und des in diesem Titel enthaltenen § 51, welcher die erforderlichen Anordnungen bezüglich der Strafe des schuldigen Theiles und rücksichtlich der Erziehung der Kinder für den Fall der Ehetrennung trifft, und sich auf die Bestimmungen des preuß. Landrechts Thl. II Tit. 1 §§ 718b, 736, 737, 745 und 746 stützt, diese sämmtlichen Bestimmungen des preuß. Landrechts, welche darüber maßgeben, wer als schuldiger Theil zu erklären sei, in welchem Falle dem geschiedenen Ehegatten die Wiederverheirathung mit einer bestimmten andern Person nur unter Vorbehalt besonders nachzusuchender Erlaubniß zu gestatten sei u. s. w., da dieselben nicht prozessualer, sondern materiell rechtlicher Natur sind, aufrecht erhalten bleiben. (A. P. 423, R. R. 487, R. P. 50.)

4. Der am Schlusse dieses Absatzes im Reg.-Entw. enthaltene Vorbehalt für die in den nachfolgenden Artikeln enthaltenen entgegenstehenden Bestimmungen wurde als gegenstandslos gestrichen, indem in keinem dieser Artikel irgend ein Paragraph der preuß. Gerichtsordnung als von der Aufhebung ausgenommen bezeichnet, sondern wo einzelne Bestimmungen beibehalten wurden, dieselben in neuer Fassung, welche an die Stelle der aufgehobenen früheren tritt, redigirt sind. (A. R. 132, R. R. 484.)

5 Die in Abs. 2 enthaltene Bestimmung ist durch die besondere Vorschrift des preuß. Landrechts Thl. II, Tit. 18 § 33 und § 153 des ersten Anhangs nothwendig geworden. (M. 231.)

6. Die Bestimmung des Abs. 3 (R. E. Art. 55) entspricht dem §. 32 Thl. I Tit. 40 der preuß. Gerichtsordnung. (A. R. 132.)

7. Die Zuständigkeit der ordentlichen Gerichte für die hier bezeichneten Fälle ausdrücklich auszusprechen, erschien zur Vermeidung von Zweifeln zweckmäßig. (M. 232.)

Ueber die Zuständigkeit des Ehegerichts bezüglich solcher Anträge, welche die Sicherung der einen oder andern Partei vor Mißhandlung oder den der Ehefrau zu leistenden Vorschuß von Prozeß- oder Unterhaltskosten betreffen vgl. M. 231.

Art. 56 d. Reg.-Entw.:

„Wenn die Scheidung nur aus minder wichtigen Ursachen gesucht wird (Allg. preuß. Landrecht Thl. II. Tit. 1 § 675, 676, 702, 703 u. 708) und das Gericht bei der Verhandlung gefunden hat, daß noch nicht alle Hoffnung zur Aussöhnung verloren sei, auch der Curator im Interesse der Kinder darauf anträgt, so kann das Gericht, und zwar sowohl im ersten, als auch im zweiten Rechtszuge die Entscheidung über die Ehescheidungsklage auf bestimmte Zeit, jedoch nicht auf länger als ein Jahr von dem Erkenntnisse an, aussetzen. In dem desfallsigen Erkenntnisse gegen welches übrigens die nämlichen Rechtsmittel, wie gegen ein Endurtheil stattfinden, wird den Eheleuten gestattet, während dieser Zeit getrennt von einander zu leben, und zugleich der durch den Ehemann der Ehefrau zu reichende Unterhalt festgesetzt. Dem Stadt- oder Landgerichte, bei dem die Parteien ihren allgemeinen Gerichtsstand haben, ist von diesem Erkenntnisse durch das Gericht von Amtswegen Kenntniß zu geben, damit es bezüglich der Sicherung des Vermögens, sowie bezüglich der Erziehung und des Unterhalts der Kinder die erforderlichen Verfügungen in der in Art. 55 angegebenen Weise treffe.

Nach Ablauf der in dem Erkenntnisse bestimmten Frist kann jeder Theil beantragen, daß das Ehegericht über die Ehescheidungsklage entscheide.

Dasselbe hat hierauf vorerst einen nochmaligen Sühneversuch anzustellen. Vor oder bei demselben kann der klagende Theil neue Scheidungsursachen, die in der Zwischenzeit entweder entstanden oder erst zu seiner Wissenschaft gelangt sind, geltend machen. Ist der Sühneversuch fruchtlos geblieben, so ordnet das Gericht eine neue Verhandlung an, auf deren Grund es sodann in der Sache entscheidet. Bezüglich der nachträglich geltend gemachten Scheidungsursachen kann ein neues Beweisverfahren angeordnet werden.

Wird der in Abs. 2 erwähnte Antrag innerhalb sechs Monaten nach Ablauf der bestimmten Frist nicht gestellt, so wird angenommen, daß der klagende Theil auf die Klage verzichtet habe und die Befugniß der Eheleute, getrennt von einander zu leben, hört auf, ohne daß es deßhalb einer besonderen gerichtlichen Verfügung bedarf. Dem betreffenden Stadt- oder Landgerichte ist hievon Mittheilung zu machen."

Art. 57 des Reg.-Entw.:

„Die in § 675, 685, 709 u. 714 des ersten Titels des zweiten Theils des allgemeinen preußischen Landrechts erwähnten richterlichen Verfügungen sind, unbeschadet der den Polizeibehörden zustehenden Befugnisse, von dem Stadt- oder Landgerichte des Wohnortes der Eheleute zu treffen.

Versagt der Mann der Frau den Unterhalt, so hat letztere deßhalb Klage in der gewöhnlichen Form zu erheben."

Art. 58 des Reg.-Entw.:

„Klagen auf Nichtigkeitserklärung nichtiger Ehen (Allg. preuß. Landr. Thl. II. Tit. 1 Abschn. X) sind von dem Staatsanwalt in gewöhnlicher Form zu erheben und durchzuführen."

Diese drei Artikel des Reg.-Entw. waren zu streichen, und zwar Art. 56 u. 58, weil die darin enthaltenen Bestimmungen durch Art. 671 beziehungsweise 677 ff. der neuen Prozeßordnung gedeckt sind; Abs. 1 des Art. 57 erschien mit Rücksicht auf Art. 658 der neuen Prozeßordnung als unnöthig, Abs. 2 als nach allgemeinen Vorschriften selbstverständlich. (A. R. 132, R. R. 486.)

7) Erbschaftlicher Liquidationsprozeß. [1])

Art. 49. (R. E. 65.) [2])

Die Bestimmungen der preußischen Gerichtsordnung über den erbschaftlichen Liquidationsprozeß, soweit nicht in den nachstehenden Artikeln 50—55 darauf Bezug genommen ist, sind aufgehoben.

1. Der in der preuß. Ger.-Ord. Thl. I. Tit. 51 Abschn. 2 § 53—98 behandelte erbschaftliche Liquidationsprozeß, dessen Zweck dahin gerichtet ist, dem Beneficialerben Gewißheit darüber zu geben, wie weit und an welche Gläubiger er mit Sicherheit Zahlung leisten kann, ohne sich anderen Gläubigern dadurch verantwortlich zu machen, konnte, da er mit materiellen Bestimmungen des preuß. Landrechts (vgl. insbesondere Thl. I. Tit. 9 § 452—456) im Zusammenhange steht, nicht aufgehoben, er mußte vielmehr dem Wesen nach beibehalten und nur mit dem System und den Formen der neuen Prozeßordnung in Uebereinstimmung gebracht werden. (M. 232, A. R. 132, R. R. 488.)

Ueber die Anträge des Abg. Franz auf Revision des erbschaftlichen Liquidationsprozesses vgl. A. P. 411 ff., 418.

2. Art. 65 des Reg.-Entw. wurde der Natur der Sache, und der an andern analogen Stellen des gegenwärtigen Gesetzes eingehaltenen Form entsprechend, an die Spitze dieser Unterabtheilung gestellt und demselben die Art. 59 — 64 nach der Reihenfolge des Entwurfs angeschlossen. (A. R. 133, R. R. 488.)

Art. 50. (R. E. 59 Abs. 1.)

Das Inventar über eine unter der Rechtswohlthat des Inventars angetretene Erbschaft muß durch einen Notar errichtet werden.[1])

1. Diese Bestimmung rechtfertigt sich durch die Natur der Sache und durch das Notariatsgesetz vom 10. Novbr. 1861. (M. 232, A. P. 424.)

Ueber die Formirung des Art. 59 Abs. 1 als selbstständigen Artikel vgl. Note 1 zu Art. 51 (R. E. 59 Abs. 3.)

Der Reg.-Entw. bestimmt im Abs. 2:

„Ergibt sich aus demselben die Unzulänglichkeit des Vermögens zur Bezahlung der darauf haftenden Schulden, so ist sofort auf Anzeige des Beneficialerben oder eines sonstigen Betheiligten von Amtswegen oder auf Antrag des Staatsanwaltes die Ganteröffnung zu verfügen."

Diese Bestimmung wurde gestrichen einerseits mit Rücksicht darauf, daß ihr Inhalt durch Art. 1175 Ziff. 3 der neuen Prozeßordnung schon gedeckt ist, andererseits mit Rücksicht darauf, daß die letztere einen förmlichen Antrag des Staatsanwalts auf Ganteröffnung nicht kennt. (A. R. 133, R. R. 488.)

Art. 51. (R. E. 59 Abs. 3.)[1])

Ueber den Nachlaß kann[2]) **außer in dem in Art. 1175 Ziff. 3 der neuen Prozeßordnung bezeichneten Falle die Gant auch dann von Amtswegen eröffnet werden, wenn in Gemäßheit der preußischen Gerichtsordnung Thl. I Tit. 51 § 70 und 71 dem Beneficialerben die Verwaltung des Nachlasses entzogen worden ist oder der Beneficialerbe den Nachlaß im Sinne des § 73**[3]) **an die Gläubiger abtreten zu wollen erklärt.**

1. In Folge der Streichung des zweiten Absatzes und da der erste mit dem dritten Absatze des Art. 59 des Reg.-Entw. in keinem Zusammenhange mehr

steht, wurden diese beiden Absätze als selbstständige Artikel eingestellt. (A.R. 133, R. R. 489) vgl. Note 1 zu Art. 50 (R. E. 59 Abs. 1).

Ueber die Ausdehnung des Gantverfahrens auf die in dem gegenwärtigen Artikel bezeichneten Fälle, dann über die Verschiedenheit derselben von jenem Falle, für den sich der erbschaftliche Liquidationsprozeß als nothwendig darstellt vgl. M. 232.

2. Die fakultative Fassung wurde mit Rücksicht auf die Bestimmung der Prozeßordnung, daß der Richter unter gewissen Voraussetzungen die Gant von Amtswegen eröffnen **kann**, aber niemals von Amtswegen eröffnen muß, anstatt der vom. Reg.-Entwurf vorgeschlagenen imperativen Fassung gewählt. (A. P. 471.)

3. „im **Sinne** des § 73" — durch Einschaltung dieser Worte wurde die Art und Weise der Abtretung deutlicher bezeichnet. (A. P 423.)

Art. 52. (R. E. 60.)

Der Beneficialerbe, welcher den Nachlaß in der im vorstehenden Art. 51 erwähnten Weise abgeben will, hat seine desfallsige Erklärung auf der Gerichtsschreiberei des Bezirksgerichts zu machen.

Wenn ein oder mehrere Gläubiger beantragen, daß dem Beneficialerben die Verwaltung des Nachlasses entzogen werde, so haben sie deshalb gegen denselben Klage bei dem Bezirksgerichte zu erheben. Auf die Klage kommen die Vorschriften der neuen Prozeßordnung zur Anwendung.

Art. 53. (R. E. 61.)

Liegt keiner der in Art. 51 des gegenwärtigen Gesetzes erwähnten Fälle vor, so kann der Beneficialerbe auf Eröffnung des erbschaftlichen Liquidationsprozesses antragen und hiezu in dem in der preuß. Gerichtsordnung Thl. I Tit. 51 § 59[1]) bezeichneten Falle durch die Erbschaftsgläubiger angehalten werden.

Die Erbschaftsgläubiger haben ihr Begehren bei dem Gerichte, bei welchem der zwischen ihnen und dem Beneficialerben obschwebende Rechtsstreit anhängig ist, und zwar in der in der neuen Prozeßordnung für Zwischenstreite vorgeschriebenen Weise zu erheben. In dem Urtheile [2]) ist, wenn sich das Begehren als begründet darstellt, dem Beneficialerben aufzugeben, daß er innerhalb einer festgesetzten Frist den Antrag auf Eröffnung des erbschaftlichen Liquidationsprozesses stelle, widrigenfalls er der Rechtswohlthat verlustig und als ein Solcher geachtet werden würde, der die Erbschaft ohne Vorbehalt angetreten hat.

Das Gericht ist befugt, die festgestellte Frist auf Begehren des Beneficialerben, welches in der Form eines Zwischenstreits zu erheben ist, zu verlängern, wenn genügende Gründe hiefür vorgebracht werden.

Nach fruchtlosem Ablaufe der Frist kann jeder Erbschaftsgläubiger in der in Abs. 3 angegebenen Form bei Gericht beantragen daß der angedrohte Rechtsnachtheil als verwirkt erklärt werde. Das Gericht muß diesem Antrage entsprechen, es sei denn, daß der Beneficialerbe seine Verzögerung genügend entschuldigt. Im letzteren Falle ist ihm eine neue Frist zu bestimmen. Der Beneficialerbe kann die Folgen seiner Versäumniß noch bis zur Verhandlung dadurch abwenden, daß er den Antrag auf Eröffnung des erbschaftlichen Liquidationsprozesses stellt.

Gegen die nach Abs. 2—4 ergehenden Urtheile finden die gewöhnlichen Rechtsmittel und zwar die Berufung ohne Rücksicht auf eine Berufungssumme statt.

1. Der hier angeführte § 59 behandelt den Fall, wenn sich der Beneficialerbe gegen Erbschaftsgläubiger und die von denselben nachgesuchten Exekutionen durch den Vorwand der Wohlthat des Inventars schützen will und gleichwohl auf die Eröffnung des Liquidationsprozesses gehörig anzutragen verzögert.

2. „In dem Urtheile“ wurde anstatt des mit der neuen Prozeßordnung nicht übereinstimmenden Ausdrucks: „in dem Erkenntnisse“ gesetzt. (A. R. 133.)

Art. 54. (R. E. 62.)

Der Antrag auf Eröffnung des erbschaftlichen Liquidationsprozesses hat die in Thl. I Tit. 51 § 61 und 76 der preußischen Gerichtsordnung bezeichneten Wirkungen. [1])

Der Antrag ist bei dem Einzelngerichte[2]) des Orts, wo sich die Erbschaft eröffnet hat, zu stellen.

Das Gericht erläßt an alle diejenigen, welche Ansprüche an den Nachlaß geltend zu machen gedenken, die Aufforderung, diese Ansprüche unter Beifügung der Beweisurkunden oder Bezeichnung der sonstigen Beweismittel schriftlich oder mündlich auf der Gerichtsschreiberei des Einzelngerichts anzumelden und in einer Tagfahrt, welche nicht auf früher als dreißig und nicht auf später als sechzig Tage, vom Tage der öffentlichen Bekanntmachung der Aufforderung an gerechnet, anberaumt werden darf, persönlich oder durch Bevollmächtigte vor dem Gerichte zu erscheinen, um über die Richtigkeit der angemeldeten Forderungen und die angesprochenen Vorzugsrechte zu verhandeln.

Mit dieser Aufforderung ist die Erklärung zu verbinden, daß diejenigen Gläubiger, welche dieser Aufforderung nicht nachkommen und deren Forderungen und Vorzugsrechte sich auch nicht aus dem Hypothekenbuche[3]) ergeben, aller Vorzugsrechte verlustig sind und sich mit ihren Forderungen nur an dasjenige halten können, was nach Befriedigung jener Gläubiger, deren Forderungen entweder aus dem Hypothekenbuche sich ergeben oder in der angegebenen Weise angemeldet worden sind, übrig bleibt.[4])

Die Aufforderung ist durch wenigstens drei vom Einzelngerichte zu bestimmende öffentliche Blätter und zwar durch jedes derselben wenigstens zweimal in geeigneten Zwischenräumen bekannt zu machen. Dem Beneficialerben ist besondere Mittheilung mit der Aufforderung zu machen, in der anberaumten Tagfahrt zu erscheinen und den Gläubigern über den Stand der Activmasse unter Vorlage der betreffenden Urkunden die erforderlichen Aufschlüsse zu geben. Besondere Mittheilung an die bekannten Gläubiger ist nicht erforderlich.[5])

1. Dieser im Reg.-Entw. nicht enthaltene als Abs. 1 eingeschaltete Zusatz war nothwendig, um die Wirkungen der Ganteröffnung im Gesetze förmlich zum Ausdrucke zu bringen, nämlich die im § 61. ausgesprochene Wirkung, daß der Beneficialerbe, sobald er sich des Liquidationsprozesses zur Feststellung der Forderungen und ihrer Rangordnung bedient, durch keine Vollstreckungshandlung mehr angegriffen werden kann, und die Wirkung des § 76 a. a. O., daß der Erbe dem Hypothekgläubiger die laufenden Zinsen zahlen muß — eine Wirkung, welche freilich die Folge haben kann, daß die Zinsen aus solchen Hypothekkapitalien bezahlt werden müssen, die am Ende nicht mehr zur Befriedigung gelangen, welche aber demohngeachtet aufrecht erhalten werden muß, weil sie dem bestehenden Rechte, wonach der Beneficialerbe, der die Hypothekzinsen nicht fortbezahlt, den Nachlaß abzutreten hat, entspricht. (A. P. 423, 424, R. R. 489.)

Ueber die Anregung des Abg. Franz, die Bestimmung des preuß. Landrechts Thl. I Tit. 9 § 447 aufzuheben vgl. A. P. 424.

2. Die Zuständigkeit des Einzelgerichts, welches sich auf das eigentliche Liquidationsverfahren zu beschränken hat, ergibt sich aus dem Umstande, daß ein Ausspruch, der Gläubiger irgendwie präcludirt, in diesem Verfahren nicht am Platze ist. (M. 232, A. P. 424.)

3. Aus dem oben Note 1 zu Art. 49 (R. E. 65) bemerkten Zwecke des erbschaftlichen Liquidationsprozesses ergibt sich, daß dieses Verfahren Gläubigern gegenüber, deren Ansprüche aus dem Hypothekenbuche ersichtlich sind, unnöthig und ohne Wirkung ist. (M. 232.)

4. Eine Präclusion derjenigen Gläubiger, welche sich nicht gemeldet haben und deren Forderungen auch nicht aus dem Hypothekenbuche ersichtlich sind, tritt nicht ein, sie werden nur den andern Gläubigern nachgesetzt, können aber ihre Ansprüche immer noch geltend machen und in dem Prozesse nachweisen, daß noch Mittel zu ihrer Befriedigung vorhanden sind. (A. P. 424.)

5. Als übereinstimmende Anschauung des Ausschusses der K. d. Abg. und des k. Ministerialcommissärs wurde constatirt, daß das Zeugniß über Beendigung des Liquidationsverfahrens auch als Präclusionsurtheil zu betrachten ist. (A. P. 424.)

Ueber die Nothwendigkeit, den Liquidationsprozeß mit einem Ausschlußurtheil abzuschließen vgl. A. P. 411, 423.

Art. 55. (R. E. 63.)

Streitigkeiten, welche über angemeldete Forderungen oder über Vorzugsrechte entstehen, sind vor den gewöhnlichen Gerichten auszutragen. Diesen steht auch die Entscheidung darüber zu, ob der im vorstehenden Art. 54 Abs. 4 erwähnte Rechtsnachtheil verwirkt ist.[1])

Zeigt sich während des Liquidationsverfahrens, daß der Nachlaß zur Bezahlung der darauf haftenden Schulden nicht hinreicht, so hat das Einzelngericht das Verfahren zu sistiren und dem Bezirksgerichte behufs der Verfügung über die Ganteröffnung Anzeige zu machen.[2])

1. Aus Abs. 1 im Zusammenhalte mit Art. 54 (R. E. 62) ergibt sich, daß die Zuständigkeit des Einzelngerichts auf das eigentliche Liquidationsverfahren beschränkt ist. (M. 232, A. P. 411, 423.)

2. Die Bestimmung des Abs. 2 folgt aus Art. 1175 Ziff. 3 der neuen Prozeßordnung. (M. 232.)

Art. 56. (R. E. 64.)

Die Kosten des erbschaftlichen Liquidationsprozesses fallen dem Nachlasse zur Last.

8) Aufgebot liegender Gründe.[1])

Art. 57. (R. E. 66.)

Die Bestimmungen der preußischen Gerichtsordnung Thl. I Tit. 51 § 100—109 über das Aufgebot von Grundstücken zur Erhaltung einer Präclusion gegen unbekannte Realprätendenten oder zur vollständigen Berichtigung des Besitztitels bleiben mit den in den folgenden Artikeln 58 und 59 enthaltenen Abänderungen und nähern Bestimmungen in Kraft.

1. Auch hier mußten die betreffenden Bestimmungen der preuß. Gerichtsordnung, da sie mit den materiellen Bestimmungen des preuß. Rechtes über die dinglichen Rechte an Grundstücken im Zusammenhange stehen, aufrecht erhalten werden, und wurden nur insoweit Aenderungen vorgenommen, als es zum Behufe der erforderlichen Uebereinstimmung mit dem Inhalte der neuen Prozeßordnung nothwendig erschien. (M. 232, A. R. 133, R. R. 494.)

Art. 58. (R. E. 67.)

Zuständig ist das Bezirksgericht, in dessen Sprengel das Grundstück liegt.

Das in § 101 [1]) des Tit. 51 Thl. I der preußischen Gerichtsordnung erwähnte Gesuch ist mittels einfacher Vorstellung zu übergeben.

Das Gericht hat die Ediktalladung unter Androhung des in § 102 angegebenen Rechtsnachtheils [2]) zu erlassen [3]) und bezüglich deren Veröffentlichung in den von ihm zu bestimmenden öffentlichen Blättern die entsprechenden Anordnungen unter Berücksichtigung der Verhältnisse des Falls zu treffen.

Die Ediktalladung ist außerdem durch einen Gerichtsvollzieher in der Gemeinde, in welcher das Grundstück liegt, an dem üblichen Platze anzuheften. [4]) Weitere Bekanntmachungen sind nicht erforderlich.

Die Tagfahrt zur Anmeldung der Ansprüche muß in der Art anberaumt werden, daß zwischen ihr und der ersten öffentlichen Bekanntmachung wenigstens sechzig Tage in Mitte liegen.

1. Der § 101 des Tit. 51 Thl. I der preuß. Gerichtsordnung lautet:

„Wer dergleichen Aufgebot verlangt, muß sich bei dem Gerichte, unter welchem das Grundstück gelegen ist, melden, einen Hypothekenschein oder doch ein Verzeichniß der ihm bekannten Realprätendenten übergeben und zugleich gewissenhaft anzeigen: daß außer diesen keine andere ihm bekannte Realforderungen vorhanden sind."

2. „unter Androhung des im § 102 angegebenen Rechtsnachtheils" — nämlich unter der Warnung:

„daß die Außenbleibenden mit ihren etwanigen Realansprüchen auf das Grundstück würden präcludirt und ihnen deßhalb ein ewiges Stillschweigen auferlegt werden."

3. Daß der Beschluß auf Erlassung der Ediktalcitation in geheimer Sitzung zu erlassen sei, ergibt sich aus Abs. 2 des gegenwärtigen Artikels, wonach für die Einbringung des betreffenden Gesuches der Weg der einfachen Vorstellung vorgeschrieben wird. Aus dem letzteren Grunde war eine ausdrückliche Bestimmung über die Erlassung dieses Beschlusses in geheimer Sitzung nicht nothwendig. (A. R. 133.)

Gegen den Beschluß auf Erlassung der Ediktalcitation findet kein Rechtsmittel statt. (A. R. 134, R. R. 495.)

4. Diese Bestimmung, wie sie die neue Prozeßordnung in ähnlicher Weise, z. B. bei der Subhastation enthält, rechtfertigt sich aus Zweckmäßigkeitsgründen. (A. P. 424, R. R. 495)

Die Heraufziehung dieses Satzes im Anschlusse an den nunmehrigen dritten Absatz rechtfertigt sich, da er an seiner bisherigen Stelle — als vorletzter Satz des Art. 67 des Reg.-Entw. — die Uebersichtlichkeit gestört hätte. (A. P. 471.)

Art. 59. (R. E. 68.)

Die Anmeldung der Ansprüche geschieht vor einem damit beauftragten Gerichtsmitgliede.

Das Präclusionserkenntniß erläßt das Gericht auf Vortrag des beauftragten Gerichtsmitglieds in geheimer Sitzung.[1])

Gegen das Präclusionserkenntniß findet außer der Nichtigkeitsbeschwerde[2]) kein Rechtsmittel[3]) statt.

Das Präclusionserkenntniß ist in gleicher Weise wie die Ediktalladung zu veröffentlichen. Innerhalb fünfzehn Tagen, von der Veröffentlichung an gerechnet, können noch Ansprüche mit voller Rechtswirksamkeit angemeldet werden,[4]) die betreffenden Prätendenten haben jedoch die durch die nachträgliche Anmeldung veranlaßten Kosten zu tragen.

1. Die Erlassung dieses Erkenntnisses in **geheimer** Sitzung rechtfertigt sich, da hier eine Entscheidung auf schriftliches Material ohne vorgängiges contradiktorisches Verfahren in Frage ist. (A. R. 133, R. R. 495.)

2. Die Zulässigkeit der Nichtigkeitsbeschwerde gegen das Präclusionserkenntniß konnte für den Fall, daß ein Präcludirter etwa die Incompetenz des Gerichts, die gänzliche Formlosigkeit der ergangenen Ediktalcitation oder einen anderen gesetzlichen Nichtigkeitsgrund geltend zu machen vermag, nicht wohl ausgeschlossen werden. (A. R. 134, R. R. 495.)

3. Es ist sonach gegen des Präclusionserkenntniß weder die Berufung, noch die Beschwerde zulässig. (A. R. 134, R. R. 495.)

4. Diese Vorschrift tritt an Stelle des Rechtsmittels der Restitution, auf welches die preuß. Ger. Ordn. in Thl. I Tit. 51 § 106 hinweist. (A. R. 133.)

9) Sonstige öffentliche Aufforderungen.[1])

Art. 60. (R. E. 69.)

In Betreff der Vorladung unbekannter Erben verbleibt es bei den bezüglichen Bestimmungen des allgemeinen preußischen Landrechts und der preußischen Gerichtsordnung, Thl. I Tit. 51 § 145—156 mit folgenden Abänderungen und näheren Bestimmungen:[2])

1) Zuständig ist das Einzelngericht des Orts, wo sich die Erbschaft eröffnet hat.[3]) Dasselbe hat die Sache als Gegenstand der nichtstreitigen Rechtspflege zu behandeln.

2) Die Erlassung eines förmlichen Präclusionsbescheides[4]) steht diesem Gerichte nicht zu. Dasselbe hat sich vielmehr darauf zu beschränken, nach fruchtlosem Ablaufe des Termins den Extrahenten als rechtmäßigen Erben anzuerkennen, die Verabfolgung des Nachlasses an denselben zu seiner freien Disposition zu verfügen und ihm hierüber ein Zeugniß auszustellen, wobei der Ausspruch über die Folgen der Versäumung des Termins im Falle des späteren Auftretens eines Erbprätendenten dem Prozeßgerichte vorbehalten bleibt.

3) Die Art der Bekanntmachung der Ediktalladung, insbesondere die öffentlichen Blätter, worin dieselbe zu geschehen hat, sowie der in der Ediktalladung festzusetzende Termin werden von dem Einzelngerichte nach Erwägung der Umstände des Falls bestimmt.[5])

1. Auch hier gilt dasjenige, was im Allgemeinen bei den vorhergehenden Unterabtheilungen des gegenwärtigen Abschnittes bemerkt wurde.

Die Art. 60—62 (R. E. 69—71) bezwecken die Grenze zwischen streitiger und nichtstreitiger Rechtspflege, wo dies nöthig ist, zu bestimmen, das Verfahren zu vereinfachen, und soweit thunlich den neuen Prozeßvorschriften anzuschließen. (M. 232, A. R. 134.)

2. „mit folgenden Abänderungen und näheren Bestimmungen" wurde anstatt der im Reg.-Entw. enthaltenen Fassung: „und es wird in dieser Beziehung blos Nachstehendes weiter bestimmt" gewählt, weil durch die in Art. 60 (R. E. 69) aufgestellten Vorschriften nicht blos weitere Bestimmungen an die hier allegirten Paragraphe der preuß. Gerichtsordnung angefügt, sondern zum Theil auch Abänderungen dieser Paragraphe angeordnet werden. (A. R. 134, R. R. 497.)

3. „wo die Erbschaft sich eröffnet hat" — dieser Ausdruck ist als gleichbedeutend mit dem in der neuen Prozeßordnung Art. 22 angewendeten:

„wo der Erblasser zur Zeit seines Ablebens seinen allgemeinen Gerichtsstand gehabt hat“ zu erachten und wurde nur deßhalb hier von einer Aenderung der Terminologie Umgang genommen, weil der erstbezeichnete Ausdruck der Terminologie des preuß. Rechtes entspricht. (A. P. 425, R. R. 497.)

4. „Präclusionsbescheid“ wurde anstatt: „Präclusionsurtheil“ gesetzt, um mit jenem Ausdruck auch andere Entscheidungen, als Urtheile zu treffen. (A. P. 471, R. R. 498.)

5. Der in Ziff. 3 des Reg.-Entw. in Bezug genommene Art. 608 des ursprünglichen Entwurfes der Prozeßordnung wurde von den Ausschüssen gestrichen; es mußte daher anstatt jener Bezugnahme eine selbstständige Bestimmung über die Art der Bekanntmachung und den festzusetzenden Termin aufgenommen werden, wobei es zweckmäßig schien, dies nach den Umständen des einzelnen Falles dem zuständigen Einzelngerichte zu überlassen. (A. R. 134, R. R. 498) vgl. Note 1 zu Art. 61. (R. G. 70.)

Art. 61. (R. G. 70.)

Bei Aufforderungen von Agnaten oder Gesammthändern kommen bezüglich der Ediktalladung die Bestimmungen des vorstehenden Art. 60 Ziff. 3 [1]) zur Anwendung.

Die Bestimmungen der allgemeinen preußischen Gerichtsordnung Thl. I Tit. 51 § 158 bleiben aufrecht. [2])

1. Auf diese Bestimmung mußte hingewiesen werden, weil auch hier auf den zum Abstrich gebrachten Artikel 608 des ursprünglichen Entwurfes der neuen Prozeßordnung Bezug genommen war. (A. R. 134, R. R. 498) vgl. Note 5 zu Art. 60. (R. G. 69.)

2. Der Abs. 2 wurde deßhalb aufgenommen, weil ohne eine ausdrückliche Bestimmung der Zweifel bestehen könnte, ob die Vorschrift des Thl. I Tit. 51 §. 158, wonach gegenüber den dort bezeichneten Personen, nämlich den „Agnaten, deren Existenz und Aufenthalt aus den Hypothekenbüchern oder aus der von dem Richter jedesmal zu erfordernden gewissenhaften Angabe des Extrahenten bekannt ist“, die Ediktalladung nicht genügt, sondern eine besondere Vorladung angeordnet wird, aufrecht erhalten sei. (A. P. 425, R. R. 498.)

Art. 62. (R. G. 71.)

Der Antrag auf öffentliche Vorladung der Gläubiger eines Verschwenders (preußische Gerichtsordnung Thl. I Tit. 51 § 172—178) ist bei dem Einzelngerichte zu

stellen. Dieses hat die Sache als Gegenstand der nichtstreitigen Rechtspflege zu behandeln und hiebei die Vorschriften der preußischen Gerichtsordnung zu beobachten. Ein Präclusionsbescheid (§ 178) ist nicht zu erlassen, sondern es bleibt lediglich dem Prozeßgerichte überlassen, auf den in § 174[1]) bezeichneten Rechtsnachtheil seiner Zeit geeignete Rücksicht zu nehmen.[2])

1. Der in § 174 des Thl. I Tit. 51 der preuß. Gerichtsordnung bezeichnete Rechtsnachtheil, „welcher den auf dergleichen Citation sich nicht meldenden Gläubigern bevorsteht und welcher ihnen also auch nur angedroht werden kann" besteht darin:

„daß sie die Vermuthung wider sich haben, daß sie dem Curando erst nach der Prodigalitätserklärung kreditirt, wenn auch ihre Instrumente von älterm Dato wären und daß sie also, wenn sie nach Ablauf des Termines ihre Forderung einklagten, und bei der Instruktion der Sache das Gegentheil obiger Vermuthung nicht ausgemittelt würde, mit ihren Forderungen abgewiesen werden sollen."

2. Auf die von dem Abg. Franz zu diesem Artikel gemachte Anregung, ob nicht das Aufgebot der Gläubiger eines Verschwenders, wie dies sowohl in dem älteren, als in dem neuen preuß. Entwurfe geschehen, gänzlich aufgehoben werden solle, indem der mit jenem Aufgebote verfolgte Hauptzweck, die Wirkung der Prodigalitätserklärung durch Zurückdatirung von Schuldurkunden zu vereiteln, durch die Annahme der Grundsätze vom sicheren Datum wesentlich an Bedeutung verloren habe, entgegnete der k. Ministerialcommissär, die Vorschrift des Artikels 62 (R. E. 71) werde in der Praxis sehr wohlthätig wirken, die Bestimmungen über das sichere Datum könnten hier nicht abhelfen, da die Schuldurkunde dem Verschwender gegenüber ihr Datum beweist, abgesehen hievon würde die angeregte Aufhebung eine Aenderung des materiellen Rechtes involviren. (A. P. 125.)

IV. Besondere Bestimmungen in Betreff der Anwendbarkeit der neuen Prozeßordnung in der Pfalz.

Die Verschiedenheit der Civilgesetzgebung zwischen den Landestheilen dießseits und jenseits des Rheins und die eigenthümlichen Verhältnisse der Pfalz einerseits, andererseits aber der enge Zusammenhang, der zwischen dem Civilrechte und dem Civilprozesse besteht, sowie die Ausdehnung der neuen Prozeßordnung auf das ganze Königreich bringen es mit sich, daß nicht alle Bestimmungen derselben unverändert in der Pfalz Anwendung finden können.

Einige Bestimmungen können, gar nicht, andere nur in beschränkter oder modifizirter Fassung zur Anwendung kommen, während wieder andere durch neue, nur für den Landestheil jenseits des Rheins geltende Vorschriften zu ersetzen sind.

Alle diese Bestimmungen sind im IV. Abschnitte zusammengestellt, sie stehen in unmittelbarem Zusammenhange mit der neuen Prozeßordnung und schließen sich an die einzelnen Artikel derselben und deren Reihenfolge an. (M. 232, A. R. 139, R. R. 500.)

Ueber den Standpunkt, von welchem bei Berathung dieses Abschnittes ausgegangen wurde, vgl. die allgemeinen Bemerkungen zu Abschnitt III.

Bemerkt wird, daß sowohl von der k Staatsregierung als von den Abgeordneten der Pfalz zu dem Abschnitt IV mehrere Vorschläge eingebracht wurden, welche als Anhang A und B zu Protokoll VII abgedruckt sind. (A. P. 435 ff.)

1) Zu Hauptstück I.

Art. 63.

Die Bestimmung des Art. 5 Ziff. 2 der neuen Prozeßordnung findet in der Pfalz nur mit derjenigen Beschränkung Anwendung, welche durch Art. 67 des gegenwärtigen Gesetzes bedingt ist. [1])

1. Die Nothwendigkeit, die in der Pfalz geltenden prozessualen Bestimmungen über den Besitzprozeß insoweit aufrecht zu erhalten, als dieselben mit den bezüglichen Bestimmungen des in der Pfalz geltenden Civilrechts in unlöslichem Zusammenhange stehen, ist unten Note 1 zu Art. 67 (Reg.-Entw. 79) dargethan. In Folge der Aufrechthaltung dieser Bestimmungen ist dasjenige, was in Art. 5 Ziff. 2 der neuen Prozeßordnung über die Ausschließung der einzelnrichterlichen Zuständigkeit bei dinglichen, Besitz-, Grenzscheidungs- und Theilungsklagen rc. enthalten ist, nicht mehr im vollen Umfange, sondern nur soweit anwendbar, als es mit der Vorschrift des Art. 67 (R. E. 79) — vgl. Note 2 zu diesem Artikel — vereinbar ist, was durch den neu eingeschalteten Art. 63 ausgesprochen wird. (A. R. 136, A. P. 438, R. R. 501.)

Art. 64. (R. E. 72.)

(Zu Art. 23.) In der Pfalz kann in dem in Art. 111 des pfälzischen Civilgesetzbuches vorgesehenen Falle [1]) die Klage auch bei dem Gerichte des erwählten Wohnsitzes erhoben werden. [2])

1. Nach Art. 111 des pfälz. Civilgesetzbuches können, wenn in einer Urkunde zur Erfüllung des in derselben enthaltenen Rechtsgeschäftes durch Uebereinkunft der Parteien oder durch eine derselben ein anderer Ort als der des wirklichen Wohnsitzes erwählt ist, die auf dieses Geschäft bezüglichen Zustellungen, Klagen und Verfolgungen an dem verabredeten Wohnsitz und vor dem Richter desselben geschehen.

2. Auf die Anregung des Abg. Umbscheiden, ob es nicht entsprechender wäre, die Bestimmung des Art. 111 des code civ. einfach aufrecht zu erhalten, wodurch Art. 72 und 75 des Entw. entbehrlich würden, entgegnete der k. Ministerialcommissär, es könnte zu Zweifeln Veranlassung geben, wenn lediglich der Art. 111 aufrecht erhalten würde, der übrigen hieher bezüglichen Bestimmungen über das Domizil aber keine Erwähnung geschähe.

Daß der Art. 111 aufrecht erhalten bleibe, verstehe sich Angesichts dieser Bestimmung von selbst, allein es handle sich hier um etwas Positives, nämlich um Erweiterung des Forum contractus, wovon Art. 23 der neuen Prozeßordnung handelt. (A. P. 429, R. R. 502.)

Art. 73 des Reg.-Entw. (Zu Art. 25):

„An der in der Pfalz dermalen geltenden gesetzlichen Bestimmung, wornach sowohl über die Giltigkeit, als auch über die Trennung von Ehen aller Religionsgenossen die gewöhnlichen bürgerlichen Gerichte zu entscheiden haben, wird durch die neue Prozeßordnung nichts geändert."

Art. 74 des Reg.-Entw. (Zu Art. 124):

„Die Bestimmungen des Art. 124 der Prozeßordnung über Aufhebung der Oeffentlichkeit bei Ehescheidungs- und bei solchen Klagsachen, welche durch einen Ehebruch begründet sind, finden in der Pfalz auf die Verhandlungen in Ehescheidungsprozessen im ersten Rechtszuge keine Anwendung. Es bleiben vielmehr daselbst in dieser Beziehung die betreffenden Vorschriften des Civilgesetzbuches in Kraft. Im Uebrigen, insbesondere bei den Verhandlungen der Ehescheidungssachen in den höheren Instanzen, kommen die Bestimmungen des angeführten Art. 124 auch in der Pfalz zur Anwendung."

Diese beiden Artikel wurden gestrichen, und zwar der Art. 73, weil die Bestimmung der neuen Prozeßordnung, auf die er sich bezog (Art. 8), ohnehin ausschließlich für die dießseitigen Landestheile gegeben ist, der Art. 74, weil die darin in Bezug genommenen Bestimmungen des ursprünglichen Regierungsentwurfs, deren Anwendbarkeit in der Pfalz durch den Artikel geregelt werden sollte, in die neue Prozeßordnung nicht aufgenommen worden sind. (A. R. 135, R. R. 503.)

Zu Art. 133 der neuen Prozeßordnung, womit der Art. 8 des Gesetzes über die öffentliche Armen- und Krankenpflege vom 29. April 1869 (Gesetzblatt Nr. 53 S. 1097) im Zusammenhange steht, hat sich der Ausschuß der Kammer der Reichsräthe in Uebereinstimmung mit dem k. Ministerialcommissär dahin ausgesprochen, daß es bei den Armenpflegen zum Behufe der Erlangung des Armenrechts weder des im angeführten Art. 133 der neuen Prozeßordnung geforderten Nachweises darüber bedürfe, daß das Vermögen derselben nicht hinreiche, um die Kosten des Rechtsstreites zu bestreiten, noch einer vorgängigen Erhebung darüber, daß ihr Anspruch oder ihre Rechtsvertheidigung nicht als muthwillig erscheint, daß vielmehr die Armenpflegen in den Rechtsstreitigkeiten, die sie zu führen veranlaßt und gezwungen sind, nicht erst eines besonderen Beschlusses bedürfen, durch den sie zum Armenrechte zugelassen werden, sondern von Rechtswegen kraft Gesetzes die Wohlthaten des Art. 133 der neuen Prozeßordnung in ihren Rechtsstreitigkeiten genießen. (A. P. IV. 25, R. R. 503 ff., R. P. 50.)

Nach Art. 64 wurde vom Referenten Reichsrath v. Bomhard folgender Artikel in Vorschlag gebracht:

„Die in der Pfalz geltenden gesetzlichen Bestimmungen über die Mitwirkung der Staatsanwaltschaft zur Rechtspflege in bürgerlichen Rechtsstreitigkeiten bleiben in Kraft."

Dieser Artikel wurde abgelehnt, in der Erwägung, daß nach dem im gegenwärtigen Gesetze festgehaltenen Standpunkte der Pfalz gegenüber nur diejenigen Aenderungen und Ausnahmsbestimmungen eintreten sollen, welche bei den eigenthümlichen Verhältnissen der Pfalz als absolut nothwendig sich darstellen, unter diesen Gesichtspunkt aber die hier in Frage stehende Bestimmung nicht falle. (R. R. 505, R. P. 51.)

2) Zu Hauptstück V.

Art. 65. (R. E. 75.)[1]

(Zu Art. 195.) In der Pfalz kann demjenigen, welcher an einem andern Orte, als an dem seines wirklichen Wohnsitzes, für das betreffende Rechtsgeschäft Wohnsitz erwählt hat, die Zustellung auch in dem erwählten Wohnsitze gemacht werden.

1. Dieser Artikel ist die nothwendige Folge des Art. 111 des pfälzischen Civilgesetzbuches und durch Aufrechthaltung desselben geboten. (A. R. 135, R. R. 507) vgl. Note 1 zu Art. 64 (Reg.-Entw. 72).

3) Zu Hauptstück IX—XIV.

Art. 66.[1])

In der Pfalz treten von Hauptst. IX der neuen Prozeßordnung die Art. 319—322,[2]) von Hauptstück X

die Art. 353—369, 394 und 395, von Hauptst. XII der Art. 399 und von Hauptst. XIV die Art. 449—459, 465, 469—472 nicht in Wirksamkeit. Dagegen bleiben die Bestimmungen der Art. 1315—1369 des pfälzischen Civilgesetzbuches in Kraft.[3])

1. Bei der Berathung über diesen auf Antrag der Pfälzer Abgeordneten neu eingeschalteten Artikel wurde von dem Gedanken ausgegangen, daß die Durchbrechung des französischen Civilrechts, als eines geschlossenen Ganzen, möglichst zu vermeiden sei und nur da einzutreten habe, wo es die absolute Nothwendigkeit gebiete, daß aber eine solche Nothwendigkeit bezüglich der Bestimmungen der Art. 1315—1369 des code civil und zwar nicht nur hinsichtlich des Zeugenbeweises und der Vermuthungen, sondern auch hinsichtlich des Urkundenbeweises und des Eides nicht gegeben, dieselben daher aufrecht zu erhalten seien. Für die Pfalz bleiben sohin die dort geltenden materiellen Beweisvorschriften insgesammt in Kraft, indem nämlich die angeführten Art. 1315—1369 des cod. civ. vorbehalten und von den Beweisvorschriften der neuen Prozeßordnung diejenigen für die Pfalz als unanwendbar erklärt werden, welche materieller Natur sind, das sind die im ersten Satze des Art. 66 aufgezählten Artikel, während die sonstigen das Beweisverfahren regelnden Vorschriften der neuen Prozeßordnung in der Pfalz zur Anwendung zu kommen haben. Es wird damit in der Materie des Beweises die Einheit der Prozeßgesetzgebung in Bezug auf das Beweisverfahren erzielt, andrerseits aber knüpft sich an diese Behandlungsweise der Vortheil, daß dadurch der Pfalz das große und werthvolle Material an wissenschaftlicher und praktischer Ausbeute über jenen Theil des dort geltenden Civilrechtes erhalten bleibt. (A. R. 135, A. P. 429 ff., R. R. 507 ff.)

2. Art. 323 der neuen Prozeßordnung, der von der Beweiskraft des Strafurtheils im Civilprozesse handelt, wurde von der Aufhebung ausgenommen, da es keinem Zweifel unterliegt, daß die Strafurtheile im ganzen Königreiche die gleiche Wirkung haben. (A. P. 452.)

3. In der zuerst vorgeschlagenen Fassung lautete der Schlußsatz des nunmehrigen Art. 66:

> „Die übrigen Bestimmungen der Hauptstücke IX—XIV, welche das Beweisverfahren regeln, treten neben den Art. 1315—1369 des in der Pfalz geltenden Civilgesetzes in Kraft."

Diese Fassung wurde von den Ausschüssen abgelehnt.

Hiezu erörterte Abg. Umbscheiden, der Zwischensatz: „welche das Beweisverfahren regeln" sei nur zu dem Zwecke eingeschaltet worden, um die privatrechtlichen Bestimmungen von jenen, welche das Beweisverfahren betreffen, zu trennen; insoferne von den Bestimmungen der Hauptstücke IX—XIV einzelne, welche sich unter den speziell bezeichneten nicht befinden, als civilrechtlich aufgefaßt werden könnten, könnte diese Redaktion zu Mißverständnissen führen; um solche zu vermeiden, könnte der bezeichnete Zwischensatz gestrichen werden. Abg. Dr. **Schmitt** hielt diesen Zwischensatz von großer Tragweite; es könne demselben einerseits ein erklärender Sinn beigelegt werden, andrerseits ein beschränkender. In dem letzteren würden nicht bloß die speziell aufgeführten Artikel für unanwendbar erklärt, sondern auch die übrigen, soferne sie nicht prozessualen Inhalts sind. Dadurch würde bezüglich der ganzen Lehre vom Beweis, nicht bloß in Ansehung einzelner Beweismittel, für die Pfalz ein Vorbehalt statuirt. Würde dem bezeichneten Zwischensatze nur ein erklärender Sinn beigelegt, so erscheine der Satz, welcher die übrigen Bestimmungen der Hauptstücke IX—XIV für die Pfalz als anwendbar erklärt, überflüssig, denn er drücke nichts anderes aus, als was der Art. 1 des gegenwärtigen Gesetzes bereits vorsieht, daß die ganze Prozeßordnung in Kraft trete, und von dieser allgemeinen Bestimmung treffe der übrige Inhalt des Art. 66 Ausnahmen. (A. P. 450, 451.)

Gegen die **generelle** Fassung, insbesondere gegen die Aufrechterhaltung der Bestimmungen des code civ. über den **Eid** und **Urkundenbeweis** wurde von der Minorität des **Abgeordneten-Ausschusses** und von dem k. **Ministerialcommissär** geltend gemacht:

a) es sei weder im Ganzen noch im Einzelnen nachgewiesen worden, daß durch Anwendung der materiellen Beweisvorschriften an Stelle der Art. 1315—1369 des code civ. in der Pfalz der Zusammenhang des dort geltenden Civilrechts gestört werde;

b) es liege kein genügender Grund vor, die für sich vollständig unabhängig bestehenden und allgemein als zweckmäßig anerkannten Bestimmungen über den Urkundenbeweis und den Eid in der Pfalz deßhalb nicht einzuführen, weil die in der neuen Prozeßordnung über das Geständniß, den Zeugenbeweis und die Vermuthungen aufgestellten Bestimmungen nicht unverändert zur Anwendung kommen;

c) es bestehe zwischen der neuen Prozeßordnung und dem pfälzischen Civilrechte hinsichtlich der Bestimmungen über den Urkundenbeweis und den Eid keine Differenz, und sei zu besorgen, daß durch Annahme der generellen Fassung des Art. 66 ein weites Feld von Controversen eröffnet werde. (A. P. 429 ff., 451 und 452.)

Art. 76 des Reg.-Entw.:

(Zu Art. 326 und 327.) „Die Bestimmungen der Art. 326 Abs. 2 Ziff. 1 und 327 der Prozeßordnung über Vorlage der Privaturkunden behufs Feststellung ihres Datums bei den Stadt- und Landgerichten finden in der Pfalz keine Anwendung, und es bleibt daselbst statt dessen die bisherige Bestimmung in Kraft, wornach Privaturkunden ein sicheres Datum gegen Dritte durch die Einregistrirung erhalten. Die sonstigen

Bestimmungen des Art. 326 finden auch in der Pfalz gleichmäßige Anwendung."

Dieser Artikel wurde durch Annahme des vorhergehenden Art. 66 gegenstandslos, daher gestrichen. (A. P. 435, R. R. 510.)

4) Zu Hauptstück XXII.

Art. 67. (R. E. 79.)

Die Bestimmungen des XXII. Hauptstücks der neuen Prozeßordnung finden in der Pfalz keine Anwendung[1]) und bleiben[2]) die gesetzlichen Bestimmungen über Zuständigkeit der Einzelngerichte bei possessorischen Klagen,[3]) sowie der Art. 3 Ziff. 2 und die Art. 23—27[4]) der pfälzischen Civilprozeßordnung in Kraft.

1. Die in der Pfalz geltende Gesetzgebung weicht bezüglich der possessorischen Klagen von den in den Landestheilen diesseits des Rheines geltenden gesetzlichen Bestimmungen grundsätzlich in dem Maße ab, daß von einer Anwendbarkeit der auf das diesseitige Recht gebauten Bestimmungen der neuen Prozeßordnung über den Besitzprozeß in der Pfalz keine Rede sein kann. (M. 233.)

2. Der weitere Inhalt des Art. 79 lautete nach dem Reg.-Entw.:

„. . . . . keine Anwendung. Statt derselben wird Nachstehendes bestimmt:

1) In der Pfalz sind auch in Zukunft Klagen wegen Störung im Besitze nur nach Maßgabe der dort geltenden Civilgesetze und außerdem nur dann zuläßig, wenn sie binnen Jahresfrist nach stattgehabter Störung von demjenigen erhoben werden, der sich wenigstens während eines Jahres vor der Störung selbst oder durch die Seinigen vermöge eines nicht prekären Titels im ruhigen Besitze befunden hat.

2) Besitzstörungsklagen gehören zur Zuständigkeit der Landgerichte. Sie sind bei demjenigen Landgerichte anzubringen, in dessen Bezirk das Grundstück liegt, in dessen Besitz Kläger gestört worden zu sein behauptet. Das Verfahren richtet sich nach den Bestimmungen der Prozeßordnung über das Verfahren vor Einzelnrichtern. Berufung ist ohne Rücksicht auf den Werth des Streitgegenstandes zuläßig.

3) Die possessorische und petitorische Klage dürfen niemals kumulirt werden, und Zeugenverhöre, welche, wenn der Besitz oder die Störung in Abrede gestellt wurden, angeordnet werden, dürfen sich nicht auf das Recht selbst erstrecken.

4) Der Beklagte kann nicht eher eine petitorische Klage anstellen, als nachdem der possessorische Streit beendigt ist. Wer im possessorischen Rechtsstreite unterlegen ist, kann die petitorische Klage erst dann erheben, wenn er dem gegen ihn ergangenen Urtheile vollständig Genüge geleistet hat. Weist er nach, daß die Zögerung durch den Gegner veranlaßt ist, so bestimmt der für die petitorische Klage zuständige Richter zur Beseitigung der Hindernisse eine angemessene Frist, nach deren Ablauf ihm die Erhebung der Klage gestattet wird."

Gegen diese Bestimmungen des Reg.-Entw. wurde geltend gemacht, es könnten hieraus möglicher Weise Streitfragen entstehen, weßhalb es wünschenswerth sei, die Vorschrift in mehr ausdrücklicher Weise auf das in der Pfalz bestehende Recht zu stellen; indem im Allgemeinen die Aufrechthaltung der gesetzlichen Bestimmungen über die Zuständigkeit der Einzelngerichte ausgesprochen und sodann die beizubehaltenden Artikel des code de proc. speziell bezeichnet werden, würde in Zukunft für die Rechtsprechung die gleiche Unterlage wie bisher gegeben. (A. P. 438, R. R. 511) vgl. oben Note 12 zu Art. 3 und Note 1 zu Art. 63.

3. „bei possessorischen Klagen" — diese Worte wurden im Hinblicke auf die Bestimmungen der pfälz. Gesetzgebung für nothwendig erachtet. (A. P. 473, R. R. 511.)

4. Art. 3 Ziff. 2 des code de proc. bestimmt, bei welchen Einzelngerichten die Klagen wegen Grenzverrückungen, widerrechtlichen im Laufe des letzten Jahres geschehenen Anmaßungen an liegenden Gründen ꝛc. zu erheben seien; die Art. 23—27 des code de proc. handeln von den Urtheilen über possessorische Klagen.

5) Zu Hauptstück XXIV.

Art. 68. (R. E. 78.)[1])

Die Vorsichtsverfügung des Verbotes der Veräußerung und weiteren Belastung unbeweglicher Güter (Art. 606 Ziff. 3 der neuen Prozeßordnung) ist in der Pfalz nur zur Sicherung von Geldforderungen oder sonstigen in Geld anschlagbaren Ansprüchen[2]) gestattet.

Der nach Art. 625 der neuen Prozeßordnung zu bewirkende Eintrag hat daselbst unter analoger Anwendung[3]) der Vorschriften der Art. 2148—2150 des pfälzischen Civilgesetzbuchs zu geschehen.

1. Nach dem Reg.-Entw. hatte der Art. 78 folgende Fassung:

(Zu Art. 575 und 577.) „Die Bestimmungen der Art. 575 Abs. 2 und 577 Abs. 4 der Prozeßordnung finden in der Pfalz keine Anwendung.“

Der Grund, aus welchem der Entwurf die hier allegirten Bestimmungen als für die Pfalz nicht anwendbar erklärte, besteht darin, daß die in Frage stehende Art der Vorsichtsverfügungen ihre Vollstreckung nur durch Eintrag des betreffenden Veräußerungs- oder Belastungsverbotes in das Hypothekenbuch nach Maßgabe der näheren Bestimmungen des Hypothekengesetzes finden kann, die in der Pfalz geltende Hypothekengesetzgebung aber derlei Einträge in das Hypothekenbuch nicht kennt. (M. 233, A. R. 130, R. R. 511.) Für die eine der hier in Bezug genommenen Stellen des ursprünglichen Entwurfs der Prozeßordnung, nämlich für Art. 577 Abs. 4 bedurfte es eines Ausspruchs, daß sie in der Pfalz nicht anwendbar sei, nicht, da sie durch andere Bestimmungen der Prozeßordnung ersetzt und daher gestrichen wurde. Art. 575 Abs. 2 entspricht nunmehr (abgesehen von weiteren hier nicht in Betracht kommenden Artikeln) dem Art. 606 Ziff. 3 über die Vorsichtsverfügung des Verbotes der Veräußerung und weiteren Belastung unbeweglicher Güter und dem Art. 625 über den Vollzug dieses Verbotes. Diese beiden Artikel wurden einem in der Pfalz laut gewordenen Wunsche entsprechend durch den gegenwärtigen Artikel unter den in Abs. 1 und 2 aufgeführten Modalitäten für diesen Kreis als anwendbar erklärt. (A. P. 437, R. R. 512.)

2. Die Beschränkung der hier bezeichneten Vorsichtsverfügung auf Geldforderungen oder sonstige in Geld anschlagbare Ansprüche entspricht der Natur der pfälzischen Hypothekengesetzgebung und den Vorschriften der Art. 2148—2150 des cod. civ., welche nur vom Eintrage von Hypotheken handeln. (R. R. 513, R. P. 53, A. P. 495.)

Ueber die verschiedenen Wirkungen der Hypothekeinträge nach dem pfälzischen und dem diesseitigen Rechte vgl. R. R. 513.

3. Die analoge Anwendung dieser Artikel ist nach dem Inhalte derselben nahe liegend und werden hiedurch die Zweifel über die Form der Einschreibung und des Registers beseitigt. (A. P. 437, R. R. 515.)

Gegenüber dem von dem Abg. Umbscheiden ausgesprochenen Wunsche, anstatt der gewöhnlichen nach pfälzischem Rechte vorgesehenen Zeitdauer von zehn Jahren für die Wirksamkeit der Hypothekeneinträge, eine kürzere Frist eintreten zu lassen, erinnerte der k. Ministerialcommissär, indem er prinzipiell diesem Wunsche eine gewisse Berechtigung einräumte, daß im diesseitigen Bayern die Hypothekeneinschreibungen für immer bestehen, daher in Ansehung der Pfalz aus diesen Einträgen gewiß keine größere Belästigung entstünde, als im diesseitigen Bayern. (A. P. 437.)

6) Zu Hauptstück XXVI.

Art. 69. (R. E. 77.)

Das Verfahren bei Klagen auf Ehescheidung und auf Trennung von Tisch und Bett richtet sich in der Pfalz auch in Zukunft nach den Bestimmungen des sechsten Titels des ersten Buchs des pfälzischen Civilgesetzbuchs und der Art. 875—880 der pfälzischen Civilprozeßordnung [1]) mit nachstehenden Modifikationen:

1) Die Art. 250 und 251 des pfälzischen Civilgesetzbuchs sind aufgehoben. Dagegen finden die Bestimmungen der Art. 400 und 401 der neuen Prozeßordnung auch bei den in der Pfalz zur Verhandlung kommenden Klagen auf Ehescheidung oder Trennung von Tisch und Bett Anwendung. [2])

2) Die Zustellung der in Art. 256 des pfälzischen Civilgesetzbuchs erwähnten Ordonnanz unterbleibt, wenn bei Erlassung derselben der Beklagte selbst oder ein Bevollmächtigter desselben zugegen war. [3])

3) Bezüglich der Fristen zur Einlegung der Berufung, der Nichtigkeitsbeschwerde und des gegen Versäumungsurtheile des Appellationsgerichts zulässigen Einspruchs kommen die betreffenden Bestimmungen der neuen Prozeßordnung zur Anwendung. [4])

4) Die nach Art. 267—270 des pfälzischen Civilgesetzbuchs zulässigen Anträge auf Erlassung der daselbst erwähnten Vorsichtsverfügungen können ohne vorherige Zustellung und ohne besondere desfallsige Vorladung der Gegenpartei in jeder zur Verhandlung im Ehescheidungsprozesse anberaumten Sitzung mündlich und zwar selbst im Falle des Nichterscheinens des Beklagten gestellt werden. [5])

5) Soweit bei Klagen auf Ehescheidung oder auf Trennung von Tisch und Bett bisher die allgemeinen Prozeßvorschriften Anwendung fanden, richtet sich das Verfahren nach den Bestimmungen der neuen Prozeßordnung.

1. Die fortdauernde Wirksamkeit des für Ehesachen dermalen in der Pfalz geltenden besonderen Verfahrens war nothwendig im Hinblicke darauf, daß dasselbe mit den bezüglichen materiellen Bestimmungen in so engem Zusammenhange steht, daß die Anwendung der hierauf sich beziehenden Bestimmungen der neuen Prozeßordnung auf die Pfalz ausgeschlossen werden mußte. (Mot. zu Art. 73 u. 74, Seite 233.) Der in der Fassung des Reg.-Entw. enthaltene Eingangssatz: „Die Bestimmungen des Art. 554 bis 557 der Prozeßordnung sind auf die Pfalz nicht anwendbar" wurde gestrichen, weil das Hptst. XXVI, auf welches sich dieser Eingangssatz bezieht, ohnehin schon durch seine jetzige Fassung als ausschließlich für die Landestheile diesseits des Rheins geltend bezeichnet ist. (A. R. 136, R. R. 515.)

2. Die in der neueingeschalteten Ziff. 1 ausgesprochene Aufhebung der Art. 250 u. 251 findet ihre Rechtfertigung in dem Umstande, daß das System der Zeugenreprochen, worüber in den genannten Artikeln Bestimmungen enthalten sind, in die neue Prozeßordnung nicht aufgenommen wurde. (A. P. 437, R. R. 515.) — Art 400 der neuen Prozeßordnung handelt von den untüchtigen Zeugen, Art. 401 von den Fällen, in welchen das Zeugniß verweigert werden darf.

3. Durch die Bestimmung der Ziff. 2 wird eine durchaus überflüssige Förmlichkeit abgeschnitten. (M. 233.)

4. Die Bestimmung der Ziff. 3 rechtfertigt sich, da kein genügender Grund besteht, diese Fristen in Ehescheidungssachen anders, als in den übrigen Prozessen festzusetzen. Wenn bei der Frist zur Einlegung des Einspruchs gegen Versäumungsurtheile nur die Versäumungsurtheile der Appellationsgerichte erwähnt sind, so hat dies seinen Grund darin, daß in Ehescheidungssachen gegen Versäumungsurtheile der Bezirksgerichte nach dem dermaligen Rechte Einspruch nicht zulässig ist, hier aber nur die Ehescheidungssachen ins Auge zu fassen sind, indem bei Klagen auf Trennung von Tisch und Bett in dieser Beziehung ohnedies die allgemeinen Prozeßvorschriften zur Anwendung kommen. (M. 233.)

5. Ziff. 4 bezweckt eine bisher bestandene Ungewißheit, die bei den verschiedenen Gerichten zu verschiedenem Verfahren führte, zu beseitigen. (M. 233.)

Der Reg.-Entw. hatte als letzten Abs. der Ziff. 4 (3) den Satz:

„Gegen die auf solche Anträge erfolgten Entscheidungen finden selbständige Rechtsmittel nur in dem Falle statt, daß die klagende Ehefrau in Gemäßheit des Art. 269 für unzulässig erklärt worden ist, den Ehescheidungsprozeß fortzusetzen."

Dieser Satz wurde gestrichen, in der Erwägung, daß es nicht gerechtfertigt sei, die Zulässigkeit der Berufung auf den dort vorgesehenen Fall zu beschränken, dieselbe vielmehr auf alle Entscheidungen über die hier in Frage kommenden Vorsichtsverfügungen ausgedehnt werden muß, da sich dieselben auf Gegenstände von der größten Bedeutung beziehen können. Durch den bemerkten Abstrich wird dies erreicht, denn wenn keine besondere bezügliche Bestimmung über die Zulässigkeit der Berufung besteht, kommen die allgemeinen Bestimmungen zur Anwendung. (A. P. 437, R. R. 516.)

Zu Hptst. XXIX Art. 761 Ziff. 4 der neuen Prozeßordnung, worin bestimmt ist, daß ein durch rechtskräftiges Urtheil geschlossenes Verfahren wieder aufgenommen werden kann, wenn das Urtheil auf einen geleisteten Parteieid gegründet ist und die schwörende Partei sich dabei eines Meineides schuldig gemacht hat, regte Referent Reichsrath v. Bomhard die Frage an, ob diese Bestimmung nicht in Widerspruch stehe mit Art. 1363 des code civ., worin verordnet ist:

„Ist der angetragene oder zurückgeschobene Eid geleistet, so wird der Gegentheil nicht mehr mit dem Beweis zugelassen, daß falsch abgeschworen worden sei."

Diese Anregung erledigte sich im Hinblicke auf Art. 763 der neuen Prozeßordnung, indem der Ausschuß der Kammer der Reichsräthe und der k. Ministerial-Commissär sich dahin einverstanden erklärten, daß in diesem Falle nicht der Beweis eines Meineids durch die Prozeßpartei zu führen, sondern vorausgesetzt ist, daß der Meineid durch rechtskräftiges Urtheil des Strafgerichts festgestellt sei. (R. R. 518, R. P. 55.)

7) Zu Hauptstück XXXI.

Art. 70.[1])

(Zu Art. 858.) Art. 882 des pfälzischen Civilgesetzbuchs bleibt in Geltung.

1. Der Art. 858 der neuen Prozeßordnung bestimmt, daß der Antheil eines Miteigenthümers an den gemeinschaftlichen Sachen nicht zum Gegenstand einer Vollstreckung gemacht werden dürfe, so lange dieselbe nicht durch Theilung oder sonstwie ausgeschieden ist, daß aber die mit einer vollstreckbaren Urkunde versehenen Gläubiger eines Miterben oder Miteigenthümers, wenn sie eine fällige Forderung haben, befugt sind, die Theilung vor Gericht zu betreiben. Bei Berathung über diesen Artikel der Prozeßordnung waren die beiden Ausschüsse darüber einig, daß die Absicht desselben nicht dahin

gehe, das den Gläubigern eines Miterben nach Art. 882 des code civil eingeräumte viel weitergehende und durch den Besitz einer vollstreckbaren Urkunde nicht bedingte Recht zu beschränken, und es wurde damals vorbehalten, eine bezügliche Bestimmung für Aufrechthaltung der Vorschrift des erwähnten Art. 882 im Einführungsgesetze einzustellen. (A. P. IV. 202, R. P. III. 107 ff.) Diesem Vorbehalte entspricht der neu eingeschaltete Art. 70. (A. R. 136, R. R. 519.)

8) Zu Hauptstück XXXIV.

Art. 71. (R. E. 80.) [1])

Die Bestimmung des Art. 974 Abs. 2 der neuen Prozeßordnung findet in der Pfalz keine Anwendung.

1. Art. 80 hatte im Reg.-Entw. folgende Fassung:

„(Zu Art. 625—630 und Art. 893.) Die Bestimmungen der Artikel 625—630, sowie jene des Art. 893 Abs. 2 der Prozeßordnung finden auf die Pfalz keine Anwendung."

Die Art. 625—630 des ursprünglichen Entwurfes über die Beitreibung von Hypothekzinsen und Ewiggilten hatten in die neue Prozeßordnung keine Aufnahme gefunden, deßhalb fiel der hierauf bezügliche Inhalt des Art. 80 hinweg. Art. 893 Abs. 2 des ursprünglichen Entwurfs der Prozeßordnung über die Wirkung der Arrestanlegung bei Hypothekforderungen entspricht nunmehr dem Art. 974 Abs. 2, für dessen Nichtanwendbarkeit in der Pfalz der oben Note 1 zu Art. 68 (R. E. 78) hervorgehobene Grund, daß die Hypothekengesetzgebung der Pfalz Einträge einer Vormerkung des Arrestes im Hypothekenbuche nicht kennt, in Betracht kommt. (A. R. 137, A. P. 438, R. R. 519.)

9) Zu Hauptstück XXXVI.

Art. 72.[1])

In der Pfalz hat die durch Art. 1046 der neuen Prozeßordnung vorgeschriebene Hinterlegung, wenn der Gerichtsvollzieher nicht am Sitze des Hypothekenamtes wohnt, durch den Anwalt der betreibenden Partei zu geschehen. Der Gerichtsvollzieher hat letzterem zu diesem Behufe sowohl die Urschrift, als auch eine von ihm beglaubigte Abschrift des Beschlagnahmeprotokolls zu übersenden.

Die Vormerkung erfolgt in einem dazu bestimmten Register in der durch Verordnung näher zu bestimmenden Weise. Die hinterlegte Abschrift wird diesem Register beigelegt.

1. Dieser auf Vorschlag der k. Staatsregierung neu eingeschaltete Artikel enthält nur eine formelle Bestimmung, welche ihre Rechtfertigung in dem Umstande hat, daß sich in der Pfalz in jedem Bezirksgerichtssprengel nur ein einziges Hypothekenamt befindet, daß mithin der Gerichtsvollzieher, wenn die im angeführten Art. 1046 vorgeschriebene Hinterlegung einer Abschrift des Beschlagnahmeprotokolls nur durch ihn besorgt werden dürfte und er nicht am Sitze des Hypothekenamtes wohnt, zur Vornahme derselben eine Reise machen müßte, was unzweckmäßig und kostspielig sein würde. Ueber die Art und Weise der Vormerkung im Hypothekenbuche ist gegenüber dem code de proc. nichts Neues bestimmt; sie hat den Gegenstand einer Verordnung zu bilden. (A. P. 438, R. R. 521.)

Art. 73.

(Zu Art. 1050.) In der Pfalz können Privilegien und Hypotheken, welche zur Zeit der Vormerkung der Beschlagnahme (Art. 1046) bereits bestanden haben, aber im Hypothekenbuche nicht eingeschrieben waren, noch bis zum Tage des Zuschlags, diesen Tag nicht miteingerechnet, eingeschrieben werden.[1]) Ferner können die in Beschlag genommenen Immobilien bis zu diesem Tage auch noch mit weitern Hypotheken belastet werden.[2]) Die zuletzt erwähnten Hypotheken stehen jedoch der Forderung der betreibenden Partei an Hauptsumme, Zinsen und Kosten jedenfalls nach und die betreffenden Gläubiger sind, soweit das gegenwärtige Gesetz nicht anders bestimmt, auch nicht als bei der Zwangsveräußerung betheiligt zu betrachten.

1. Der erste Satz des gegenwärtigen Artikels beruht auf einem bei Berathung der neuen Prozeßordnung für nothwendig erachteten Vorbehalte und trifft Vorkehr, daß die in der Pfalz bestehenden stillschweigenden Hypotheken und Privilegien noch bis zu dem Tage des Zuschlages eingeschrieben werden können. (A. P. 438, R. R. 523.)

2. Die Bestimmung, daß die in Beschlag genommenen Immobilien bis zum Tage des Zuschlages noch mit weiteren Hypotheken belastet werden kön-

nen, entspricht der Vorschrift des Art. 6 des Gesetzes vom 23. Mai 1846 über das Executionsverfahren in der Pfalz; diese Vorschrift ist eine materielle und mußte aufrecht erhalten werden, da nur die im Interesse der Einheit des Verfahrens geboten erscheinenden Aenderungen des in der Pfalz geltenden Rechtes vorgenommen wurden. (A. P. 438, R. R. 523.)

Art. 81 des Reg.-Entw.

„(Zu Art. 932 u. 970.) Die in Art. 932 der Prozeßordnung angeordnete Zustellung mit der in Art. 970 Abs. 1 vorgeschriebenen Aufforderung hat in der Pfalz an die Ehefrau des Schuldners oder dritten Besitzers, sowie eintretenden Falls an deren Erben auch dann zu geschehen, wenn wegen ihrer Ansprüche ein Eintrag in das Hypothekenbuch nicht stattgefunden hat.

Gleiche Zustellung ist dem Landrichter des Wohnsitzes des Schuldners oder dritten Besitzers wegen der durch dieselben etwa geführten Vormundschaften zu machen."

Dieser Artikel wurde vom Abgeordnetenausschusse zuerst in zwei Artikel zerlegt, wovon der auf den Art. 932 des ursprünglichen Entwurfs der Prozeßordnung (nunmehr Art. 1061) bezügliche Inhalt (vgl. A. P. 436) an dieser Stelle des gegenwärtigen Entwurfs, der auf Art. 970 des ursprünglichen Entwurfs der Prozeßordnung (nunmehr Art. 1098) bezügliche Inhalt weiter unten als Art. 77 seine Stelle finden sollte. (A. P. 438, R. R. 523.). Später aber wurde beschlossen, den so modificirten Art. 81 des Reg.-Entw. zu streichen in der Erwägung, daß durch die hier getroffene Vorschrift die Zustellungen im Zwangsverfahren zu sehr vermehrt würden, und die in diesem Artikel vorgesehenen Zustellungen nicht absolut nothwendig seien. (A. P. 473, R. R. 524.)

Art. 74.[1])

In der Pfalz sind zu den Betheiligten, deren Zustimmung nach Art. 1064 Abs. 4 der neuen Prozeßordnung zur Abänderung der Versteigerungsbedingungen erforderlich ist, diejenigen Gläubiger nicht zu zählen, deren Forderung zur Zeit der Vormerkung der Beschlagnahme (Art. 1046) im Hypothekenbuche nicht eingeschrieben waren und die auch in dem Verfahren als Gläubiger nicht aufgetreten sind.

1. Die Bestimmung dieses neu eingeschalteten Artikels findet ihre Begründung in einem bei Berathung des Art. 1064 der neuen Prozeßordnung gemachten Vorbehalte, nachdem die von Seite des Ausschusses der Kammer der Reichsräthe generell proponirte Beschränkung der in Art. 1051 Ziff. 3

der neuen Prozeßordnung bezeichneten, bei der Zwangsveräußerung betheiligten Gläubiger abgelehnt worden war. (R. P. III. 179, A. P. IV. 221.)

Als Betheiligte erscheinen in der Pfalz alle diejenigen, deren Forderung eine nicht eingeschriebene Hypothek zur Seite steht. Wollte man auch die Einwilligung dieser oft unbekannten Personen zu der im Art. 1064 Abs. 4 der neuen Prozeßordnung festgestellten Abänderung der Versteigerungsbedingungen anordnen, so wäre dieß offenbar unzulässig; deßhalb sollten dieselben für den Fall des Art. 1064 Abs. 4 nicht als Betheiligte in Betracht kommen. (A. P. 438, R. R. 524.)

Referent Reichsrath v. Bomhard hob bei Begründung seines Antrags auf Annahme des Art. 74 hervor, daß derselbe auch aus dem Gesichtspunkte sich rechtfertige, weil er eine mittelbare Nöthigung enthält, die so sehr wünschenswerthe Einschreibung solcher stillschweigenden Hypotheken vornehmen zu lassen. (R. R. 526.)

Art. 75.[1])

In der Pfalz hat das Gericht in den Fällen des Art. 1064 Abs. 2 der neuen Prozeßordnung die Befugniß, die Zahlungsfristen bis auf drei Jahre festzusetzen.[2])

1. Daß für die Pfalz im Einführungsgesetze eine Bestimmung getroffen werden müsse, welche die Fortdauer der dort bezüglich der Zahlung des Kaufpreises für die im Zwangswege versteigerten Güter geltenden Uebung ermöglicht, wurde schon bei Berathung über Art. 1064 der neuen Prozeßordnung (vgl. A. P. IV. 221) anerkannt. Diesem Vorbehalte entspricht der neu eingeschaltete Art. 75. (A. P. 439, R. R. 526.)

2. Art. 75 bestimmt:

a) welche Wirkung der Widerspruch habe, den ein Betheiligter bezüglich der vom betreibenden Gläubiger festgestellten Versteigerungsbedingungen, insbesondere bezüglich der Zahlungsfristen nach Art. 1064 Abs. 1 der neuen Prozeßordnung erhebt;

b) wird die Anwendbarkeit des Abs. 2 des Art. 1064, der dem Gerichte nur eine dreimonatliche Zahlungsfrist zu geben gestattet, für die Pfalz aufgehoben, und dem Gerichte eine weiter gehende Befugniß wie in Art. 14 des in der Pfalz zur Zeit geltenden Gesetzes vom 23. Mai 1846 über das Executionsverfahren eingeräumt. (A P. 439, R. R. 526.)

Art. 76.[1])

Die Art. 1078 und 1079 der neuen Prozeßordnung[2]) finden in der Pfalz keine Anwendung.

1. Die Nothwendigkeit dieser Vorschriften ergibt sich aus der Natur der in der Pfalz bestehenden Einrichtung und Führung der Hypothekenbücher. (A. P. 439, R. R. 527.)

2. Die Art. 1078 u. 1079 behandeln die Art und Weise, auf welche der Ansteigerer bei einer Immobiliar-Zwangsveräußerung die Vereinigung des Besitztitels bei dem Hypothekenamte erwirkt. (R. R. 527.)

Art. 77.[1])

Die in Art. 1098 der neuen Prozeßordnung vorgeschriebene Aufforderung[2]) ist in der Pfalz auch denjenigen Gläubigern zuzustellen, deren Forderungen zwischen der Vormerkung der Beschlagnahme (Art. 1046) und dem Zuschlage im Hypothekenbuche eingeschrieben worden sind.

1. Art. 77 ist die nothwendige Folge der zu Art. 73 (der jetzigen Reihenfolge) und 81 des Reg.-Entw. gefaßten Beschlüsse. (A. P. 439, R. R. 528.) vgl. Note zu Art. 81 d. Reg.-Entw.

2. „Aufforderung" — nämlich die bezüglich der Rangordnung und des Vertheilungsverfahrens vorgeschriebene Aufforderung an die betreffenden Rentämter, Gemeindeverwaltungen ꝛc. zur Anmeldung ihrer Forderungen.

Art. 78.[1])

(Zu Art. 1115). Bei theilweisen Abschlüssen ist auch in der Pfalz durch den Commissär einstweilen die Löschung der Hypotheken derjenigen Gläubiger zu verfügen, welche aus gerichtlich hinterlegten Geldern sofort befriedigt werden.

Im endlichen Abschlusse aber ist in der Pfalz nur die Löschung der noch eingetragenen Hypotheken derjenigen Gläubiger, welche sofort baar befriedigt werden, sowie derjenigen, welche für ihre Forderungen keine Befriedigung erhalten, zu verfügen.

Die Hypotheken,[2]) für welche Anweisung auf den Ansteigerer ertheilt worden ist, bleiben einstweilen bestehen und sind nach und nach, wie die betreffenden Forderungen bezahlt werden, auf Vorzeigung der Zahlungsanweisung und der notariellen Quittung[3]) vom Hypothekenbeamten zu löschen.

Die verfügten Löschungen dürfen erst vollzogen werden, wenn eine Abänderung des Abschlusses nicht mehr erfolgen kann.[4])

1. Die in diesem Artikel enthaltenen Vorschriften betreffen die Bereinigung des Hypothekenbuches und sind durch das hierüber in der Pfalz bestehende Recht bedingt. Der Natur der Sache nach kann in der Pfalz bei der Grundlage des dortigen Hypothekensystems nur die Löschung derjenigen Hypotheken vorgenommen werden, welche entweder aus paratem Gelde vollständig befriedigt werden, oder welche nach dem Theilungsabschlusse nicht zur Befriedigung gelangen. (A. P. 439, R. R. 529.)

2. Für die in der Note 1 nicht bezeichneten Forderungen war eine Vorschrift unentbehrlich; dieselbe entspricht dem bestehenden Rechte. (A. P. 439, R. R. 530.)

3. Die Vorschrift, daß die Löschung nur auf Grund einer notariellen Quittung verlangt werden kann, ist gegenüber dem Wortlaute des bisherigen Rechtes neu, beruht aber auf einer feststehenden Doctrin und Praxis. (A. P. 439, R. R. 530.)

4. Abs. 4 wurde der Deutlichkeit wegen beigefügt. (A. P. 439, R. R. 530.)

Art. 82 d. Reg.-Entw.:

(Zu Art. 971 Abs. 1.) „In der Pfalz müssen die Beweisurkunden immer auf der Gerichtsschreiberei hinterlegt werden."

Art. 83 d. Reg.-Entw.:

(Zu Art. 996 Abs. 3.) „In der Pfalz steht der in Art. 996 Abs. 3 der Prozeßordnung bezeichnete Anspruch dem Pfandgläubiger dann zu, wenn die Verpfändung nach Vorschrift der Art. 2075 und 2076 des Civilgesetzbuches stattgefunden hat."

Diese beiden Artikel wurden gestrichen, und zwar Art. 82, weil das, was hier als besondere Vorschrift für die Pfalz angeordnet werden sollte, bereits als allgemein für alle Landestheile giltige Vorschrift im Art. 1098 Abs. 1 (am Ende) der neuen Prozeßordnung enthalten ist, Art. 83 weil der hier in Bezug genommene Artikel 996 Abs. 3 von den Ausschüssen in die neue Prozeßordnung nicht aufgenommen wurde. (A. R. 137, R. R. 530.)

Art. 79.

In den Fällen, in welchen nach Hptst. XXXVI der neuen Prozeßordnung ein gerichtliches Vertheilungsverfahren stattfindet, haben in der Pfalz die Betheiligten auch dann durch Anwälte sich vertreten zu lassen, wenn die betreffenden Bestimmungen des angeführten Hauptstücks zulassen, daß die Parteien persönlich oder durch Bevollmächtigte thätig werden. [1])

Ausgenommen hievon sind die in Art. 1092 Ziff. 2 aufgeführten Forderungen. [2])

1. Der im Interesse des rechtsuchenden Publikums, nicht der Anwälte für die Fälle des Abs. 1 angeordnete Anwaltszwang rechtfertigt sich mit Rücksicht darauf, daß in Folge der nach pfälzischem Rechte sich ergebenden Verschiedenheit der Verhältnisse der Hypothek- und privilegirten Gläubiger Verhandlungen im Rangordnungsverfahren, insbesondere die Bestimmung des Ranges einzelner auf einen Immobiliarversteigerungserlös berechtigten Gläubiger, während solche Verhandlungen diesseits keine Schwierigkeiten verursachen, in der Pfalz zu den verwickeltsten und schwierigsten Geschäften gehören, daß ferner durch den Zusammentritt der Anwälte Vergleiche ermöglicht und große Kosten erspart werden. (A. P. 442, 444, R. R. 531.)

Ueber die Anträge bezüglich der Ausdehnung des Anwaltszwangs auf das Distributions- und Collocationsverfahren im Allgemeinen, welche Anträge abgelehnt wurden, vgl. A. P. 436, 442, 443.

2. Die in Abs. 2 getroffene Ausnahme von der Regel des Abs. 1 beruht auf der Betrachtung, daß die dort angeführten besonderen Forderungen (Steuern, Umlagen ꝛc.) wegen ihrer Liquidität und in der Regel auch wegen ihrer Geringfügigkeit zu keinerlei Verwicklungen Anlaß geben. (R. R. 532.)

10) Zu Hauptstück XXXVIII.

Art. 80. (R. E. 84 u. 85.) [1])

An die Stelle des Art. 1183 der neuen Prozeßordnung [2]) treten in der Pfalz die nachstehenden Bestimmungen:

1) Ist der Schuldner als Erbe an einem Nachlasse betheiligt und wollen Erbschaftsgläubiger oder Legatare das ihnen nach Art. 878 des pfälzischen Civilgesetzbuchs zustehende Absonderungsrecht ausüben, so ist zur Entscheidung hierüber, wenn der Antrag auf Absonderung vor beendigter Vertheilung der Ver-

lassenschaft gestellt wird, das Bezirksgericht, in dessen Sprengel sich die Erbschaft eröffnet hat, andernfalls das Gantgericht zuständig. Ueber das in Folge eines solchen Antrags abgesonderte Vermögen des Erblassers ist eine besondere Gant zu eröffnen, wenn sich aus dem aufgenommenen Vermögensverzeichnisse die Unzulänglichkeit dieses Vermögens zur Bezahlung der darauf haftenden Schulden ergibt. Für diese besondere Gant ist dasjenige Gericht zuständig, bei welchem nach vorstehender Bestimmung der Antrag auf Absonderung zu stellen ist.[3])

2) Außer dem in Ziff. 1 angeführten Falle findet, soweit nicht durch Staatsverträge oder durch Gesetz etwas Anderes bestimmt ist,[4]) eine besondere Gant nur in dem Falle des Art. 1174 Abs. 1 der neuen Prozeßordnung statt.[5])

1. Die in diesen beiden Artikeln in Bezug genommenen Art. 1027 und und 1029 des ursprünglichen Entwurfes der Prozeßordnung, welche von der Gerichtszuständigkeit in den Fällen des Partikularconcurses handeln, wurden von den Ausschüssen in einen Artikel, nun 1183, zusammengezogen, daher sich die Vereinigung der an deren Stelle tretenden Art. 84 und 85 des gegenwärtigen Gesetzes rechtfertigt. (A. R. 137, R. R. 534.)

2. Art. 1183 konnte für die Pfalz keine Anwendung finden, da die Prioritätsordnung dort keine Geltung hat, wogegen hier bezüglich des den Erbschaftsgläubigern und Legataren eingeräumten Rechtes die erforderlichen Bestimmungen zu treffen waren. (M. 233, A. R. 137, R. R. 534.)

3. Bei Regelung der Zuständigkeit sind die Grundsätze des pfälzischen Civilgesetzbuches und jene der neuen Prozeßordnung gleichmäßig beobachtet worden. (M. 233.)

4. Auf Staatsverträge und Gesetze Bezug zu nehmen, erschien zweckmäßig, weil dadurch auch in dem hier bezeichneten Falle die Zulässigkeit einer besonderen Gant ausgeschlossen werden kann. (M. 233.)

5. Der Inhalt der Ziff. 2 wurde mit dem Art. 1174 Abs. 1 der neuen Prozeßordnung bezüglich der Gant von Personen, welche in Bayern einen Wohnsitz nicht haben, in Uebereinstimmung gebracht. – Der im Reg.-Entw. (Art. 85) enthaltene Schlußsatz:

„Für diese Gant ist dasjenige Bezirksgericht zuständig, in dessen Sprengel sich das betreffende Vermögen oder der größere Theil desselben befindet"

wurde im Hinblicke auf Art. 1178 der neuen Prozeßordnung, welcher die Zuständigkeit für die in Frage stehenden Ganten bestimmt, gestrichen. (A. R. 137, R. R. 534.)

11) Zu Hauptstück XXXIX.

Art. 81.[1])

Die durch Art. 1202 Abs. 1 der neuen Prozeßordnung vorgeschriebene Eintragung erfolgt in der Pfalz in einem dazu bestimmten Register in der durch Verordnung näher anzugebenden Weise.

1. Die Vorschrift des Art. 81 war in Consequenz früherer Bestimmungen neu einzuschalten und bezweckt die durch Art. 1202 Abs. 1 der neuen Prozeßordnung vorgeschriebene Eintragung eines Auszugs aus dem Ganterkenntnisse auch für die Hypothekenverhältnisse der Pfalz anwendbar zu machen (A. P. 139, R. R. 535.)

12) Zu Hauptstück XL.

Art. 82.[1])

In der Pfalz sind der Gläubigerschaft gegenüber[2]) jene Hypothekeinschreibungen unwirksam, welche in den in Art. 1222 der neuen Prozeßordnung bezeichneten Fristen[3]) auf Grund eines Urtheils[4]) erlangt worden sind.

1. Dieser ebenfalls neu eingeschaltete Artikel beruht auf einem bei Berathung des Art. 1222 der neuen Prozeßordnung gemachten Vorbehalte (A. P. IV. 270) und bezweckt, für die Pfalz die Vorschrift des Art. 2146 des cod. civ. aufrecht zu erhalten, welche in Folge der Fassung des Art. 1222 der neuen Prozeßordnung, wonach freigebige Verfügungen und vor der Verfallzeit gemachte Zahlungen oder sonstige Leistungen unter Umständen auf Klage der Gläubigerschaft vom Gerichte für ungiltig zu erklären sind, beanstandet werden könnte. (R. R. 536.)

2. „der Gläubigerschaft gegenüber" — diese Worte wurden beigefügt, um die Unwirksamkeit solcher Hypothekareinschreibungen nicht unbedingt zu statuiren, weil wenn diese Unwirksamkeit allgemein ausgesprochen werden

würde, solche Hypothekareinschreibungen auch im Falle eines gütlichen Arangements unwirksam bleiben würden, während die neue Prozeßordnung die Nichtigkeit nur der Gläubigerschaft gegenüber vorsieht, eine Abweichung von dieser beschränkteren Vorschrift aber nicht als motivirt erscheint. (A. P. 448, R. R. 537.)

3. „Fristen" — nämlich die im Art. 1222 Abs. 1 bezeichneten, je nach den dort vorgesehenen Anfangspunkten der Gant sich berechnenden Zeiträume zur Anfechtbarkeit früherer Rechtshandlungen des Gantschuldners. (A. P. 448.)

4. Da in der Pfalz Hypotheken durch Urtheil begründet werden können, so wäre bei Anwendung des Art. 1222 der neuen Prozeßordnung einer Fraudulosität des Gantschuldners nicht vorgebeugt. Derselbe könnte durch Collusion, indem er in ein Urtheil einwilligt oder es stillschweigend hinnimmt, irgend Jemanden einen ungerechtfertigten Hypothekentitel verschaffen.

Der Ausdruck: „Verwilligung von Hypotheken" im angeführten Art. 1222 Abs. 2 würde auch die Urtheilshypotheken, es mag das Urtheil auf contradiktorischem oder auf Contumacialweg erwirkt worden sein, nicht decken. Diese Lücke wird durch die Bestimmung des gegenwärtigen Artikels ausgefüllt und zugleich die in der Pfalz bestehende verschiedene Auslegung des Art. 2146 des code civ. dahin festgestellt, daß alle diejenigen Hypothekareinschreibungen getroffen werden, welche innerhalb der bezeichneten Fristen erlangt worden sind, mag das Urtheil, auf dessen Grund die Einschreibung erwirkt wurde, vor dieser Zeit bereits bestanden haben oder innerhalb derselben erst erlassen worden sein. (A. P. 448, R. R. 536.)

Nach Art. 82 beantragte Referent Reichsrath v. Bomhard die Aufnahme folgenden Artikels:

> „Die Bestimmungen der Art. 544 bis 557 des code de commerce, an welchen, soweit sie noch zu Recht bestehen, durch die neue Prozeßordnung nichts geändert wird, kommen von dem Zeitpunkte, wo die neue Prozeßordnung in Wirksamkeit tritt, in dem Falle zur Anwendung, daß über das Vermögen eines Kaufmanns die Gant erkannt worden ist."

Der Ausschuß der Kammer der Reichsräthe erklärte sich auf Vorschlag des k. Ministerialcommissärs zwar mit dem Inhalte dieses Artikels einverstanden, hielt aber eine ausdrückliche Bestimmung nicht für nöthig und nahm von der Aufnahme dieses Artikels Umgang, da derselbe zu Schwierigkeiten bei der Interpretation des Gesetzes führen könnte. (R. R. 537 ff., R. P. 56 ff.)

Weiter sprach der Ausschuß der Kammer der Reichsräthe in Uebereinstimmung mit dem k. Ministerialcommissär seine Ueberzeugung dahin aus, daß durch die Gantversteigerung dieselben Wirkungen, wie durch die Subhastation und namentlich auch die Wirkung der Purgation von Privilegien und Hypotheken eintrete. (R. R. 539, R. P. 59.)

Seitens der Abgeordneten aus der Pfalz wurden zum Abschnitte IV folgende weitere Vorschläge (A. P. 436) eingebracht, wonach Bestimmungen aufgenommen werden sollen:

1) daß die Gant nur auf die Kaufleute zu beschränken sei; (A. P. 439 ff.)
2) daß es zur Anschließung bei Mobiliar-Pfändungen keiner executorischen Urkunde bedarf; (A. P. 441 ff.)
3) daß die Rangordnung bei Vertheilung von zwangsweise erzielten Erlösen nach dem code civ. sich zu richten habe; (A. P. 442.)
4) daß die Verfügung des Gesetzes vom 22. Frimaire VII bezüglich der Kostenzumessung in Einregistrirungsprozessen aufgehoben werde. (A. P. 449 ff.)

Diese sämmtlichen Vorschläge wurden jedoch abgelehnt, vgl. A. P. 441, 442, 450.

V. Weitere besondere Bestimmungen für die Pfalz.

In diesem Abschnitte sind diejenigen für die Pfalz geltenden Bestimmungen enthalten, welche nicht unmittelbar mit der Prozeßordnung zusammenhängen, jedoch in einer gewissen Beziehung zu derselben stehen. Es handelt sich hier um Gegenstände, welche, weil dabei nicht ein Rechtsstreit in Frage ist, nicht in das Gebiet der streitigen, sondern der freiwilligen Rechtspflege gehören.

Die nachfolgenden Art. 83—111 (Reg.-Entw. 86—113) haben den Zweck, gewisse derartige Vorschriften des in der Pfalz geltenden Civilgesetzbuches und die hierauf sich beziehenden prozessualen Bestimmungen mit den Grundsätzen der neuen Prozeßordnung in Einklang zu bringen, welcher Zweck dadurch erreicht wird, daß jene Vorschriften entweder ausdrücklich aufrecht erhalten, oder in entsprechender Weise modificirt werden. (M. 233, A. R. 135, R. R. 540.)

Am Eingange dieses Abschnittes hatte Referent Abg. v. Neumayr die Einstellung eines neuen Artikels beantragt, welcher die Aufhebung des dermalen in der Pfalz geltenden Abhäsionsprozesses bezweckt, jedoch nicht zur Annahme gelangte, da durch denselben eine dem Civilprozesse fremde Frage in dessen Gebiet hereingezogen würde. (A. R. 137, A. P. 414.)

Art. 83.[1]) (R. E. 86.)

Bezüglich des Verfahrens bei Gesuchen um Berichtigung von Civilstandsakten bleibt es im Allgemeinen bei den Bestimmungen der Art. 99—101 des pfälzischen Civilgesetzbuchs und der Art. 855—858 der pfälzischen Civilprozeßordnung.[2]) Sind die Betheiligten vorzuladen, so geschieht dies in Form gewöhnlicher Klage.[3])

Für den in Art. 856 Abs. 3 der pfälzischen Civilprozeßordnung vorgesehenen Fall bleibt es bei der Bestimmung des gedachten Artikels.[4])

In dem in Art. 858 desselben Gesetzbuchs vorgesehenen Falle ist die Frist zur Einlegung der Berufung[5]) auf dreißig Tage beschränkt.

1. Art. 83, welcher durch die eigenthümlichen im Civilrechte der Pfalz enthaltenen höchst zweckmäßigen Bestimmungen über die Führung und Erhaltung der Civilstandsregister geboten ist, beläßt es im Allgemeinen bei den bestehenden Bestimmungen unter Anpassung derselben an die neuen Prozeßvorschriften. (M. 234, R. R. 542.)

2. Die an dieser Stelle im Reg.-Entw. enthaltenen Worte: „und es wird nur Nachstehendes bestimmt", wurden als überflüssig gestrichen. (A. R. 138, R. R. 541.)

3. Im Reg.-Entw. war hier der Satz eingeschaltet: „und bei der Verhandlung kommen die Vorschriften der neuen Prozeßordnung über das beschleunigte Verfahren zur Anwendung." Dieser Satz wurde gestrichen, da die Vorschriften über das beschleunigte Verfahren in die neue Prozeßordnung nicht aufgenommen wurden. (A. R. 138, R. R. 541.)

4. Art. 856 Abs. 3 bestimmt, daß die Klage (auf Berichtigung einer Civilstandsurkunde) durch Anwaltsakt anzubringen sei, wenn die Parteien in einem Prozesse begriffen sind.

5. „die Frist zur Einlegung der Berufung" — nämlich gegen das auf das Berichtigungsgesuch ergangene Urtheil in dem Falle, wenn keine andere Partei aufgetreten ist, als der Kläger auf Berichtigung.

Art. 84. (R. E. 87.)

Die in Art. 118 des pfälzischen Civilgesetzbuchs[1]) vorgeschriebene Veröffentlichung der dort bezeichneten Urtheile geschieht, ohne daß es einer Einsendung an das Staatsministerium der Justiz bedarf, durch den Staatsanwalt des betreffenden Bezirksgerichts. Sie erfolgt mittels Abdrucks eines Auszuges[2]) aus dem Urtheile in wenigstens drei öffentlichen Blättern, deren Auswahl dem Staatsanwalte zusteht.[3]) Die Kosten sind von dem betreibenden Theile vorzuschießen. Zwischen dem Tage der ersten Einrückung[4]) und dem Urtheile, welches die Abwesenheitserklärung ausspricht, müssen unbeschadet der Bestimmung des Art. 119[5]) des pfälzischen Civilgesetzbuchs wenigstens neun Monate in Mitte liegen.

Im Uebrigen bleibt es bezüglich der Abwesenden bei den betreffenden Bestimmungen des vierten Titels des ersten Buchs des pfälzischen Civilgesetzbuches und der Art. 859 und 860[6]) der pfälzischen Civilprozeßordnung; soweit sich das Verfahren bisher nach allgemeinen Prozeßvorschriften richtete, kommen jedoch in Zukunft die Vorschriften der neuen Prozeßordnung in Anwendung.

1. Die Vorschrift des Art. 118 des code civ., wonach die auf Klagen bei Abwesenheitserklärungen ergehenden Urtheile durch den Staatsprokurator an den Justizminister einzusenden und von diesem zu veröffentlichen sind, ist längst außer Uebung gekommen und wird durch die in Art. 84 näher aufgeführten, den jetzigen Verhältnissen entsprechenden Vorschriften ersetzt. (M. 234, R. R. 542.)

2. „Auszugs" — die Bestimmung, daß die Kundmachung durch Abdruck eines Urtheilsauszuges zu erfolgen habe, ist neu, indem der Art. 118 des code civ. von der Kundmachung des Urtheils, nicht eines Urtheils-Auszuges spricht. (A. R. 138.)

3. Von der Aufstellung der im Reg.-Entw. vorgeschlagenen Detailvorschriften, die am Ende doch keine feste Norm an die Hand geben, wurde Umgang genommen, und der Vollzug der Veröffentlichung dem Ermessen des Staatsanwalts überlassen, von der Erwägung ausgehend, daß dieser unter Würdigung der einschlägigen Verhältnisse die richtige Auswahl der betreffenden Zeitungen treffen werde. (A. R. 138, R. R. 543.)

Hiebei wurde von dem Referenten v. Neumayr hervorgehoben, die Rücksicht auf die Verbreitung der Zeitungen sei nicht allein maßgebend, es müßte auch in Erwägung gezogen werden, wohin sich allenfalls die betreffende Person begeben haben kann. (A. P. 444.)

4. „dem Tage der ersten Einrückung" wurde anstatt: „der Veröffentlichung" gesetzt, damit kein Zweifel bestehe, mit welchem Zeitpunkte die Veröffentlichung als vollzogen anzunehmen ist. Die im Reg.-Entw. enthaltenen Worte: „des Urtheils" wurden als selbstverständlich gestrichen. (A. P. 474, R. R. 543.)

5. Der hier angeführte Art. 119 bestimmt, daß das Urtheil, durch welches die Abwesenheit erklärt wird, nicht eher als ein Jahr nach dem Urtheile, welches das Zeugenverhör verordnet hat, erlassen werden soll.

6. Die Art. 859 u. 860 enthalten Verfügungen über die Einweisung in den Besitz der Güter eines Abwesenden.

Art. 85. (R. E. 88.)

Gesuche um Aufhebung einer Opposition gegen eine Heirath (Art. 172—179 des pfälzischen Civilgesetzbuchs) sind in der Form gewöhnlicher Klagen gegen diejenigen, welche die Opposition eingelegt haben, anzubringen.[1]) Die Frist zur Einlegung der Berufung beträgt fünfzehn Tage. Im Uebrigen richtet sich das Verfahren nach den Vorschriften der neuen Prozeßordnung.[2])

1. Durch die im ersten Satze enthaltene Vorschrift wird das bestehende Recht über die Einsprüche wider die Heirath aufrecht erhalten. (M. 234.)

Die im Reg.-Entw. enthaltenen auf das beschleunigte Verfahren bezüglichen Worte wurden aus dem oben Note 3 zu Art. 83 (Reg.-Entw. 86) bemerkten Grunde gestrichen. (A. R. 138, R. R. 544.)

2. Die Festsetzung von Fristen (Art. 177 u. 178 des code civ.), innerhalb welcher nach Erhebung der Klage oder Einlegung der Berufung die Entscheidung erfolgen soll, wurde, da sich dieselbe in der Praxis nicht bewährt hat, durch die in dem gegenwärtigen Artikel aufgestellten, der neuen Prozeßordnung sich anschließenden Vorschriften ersetzt. (M. 234, R. R. 544.)

Art. 86. (R. E. 89.)[1])

Das nach Art. 6 Ziff. 7 der neuen Prozeßordnung[2]) für die Klage auf Ernährung eines außerehelichen Kindes[3]) zuständige Gericht ist auch zuständig zur Erlassung der in den Art. 210 und 211 des pfälzischen Civilgesetzbuchs[4]) bezeichneten Entscheidungen.

1. Dieser Artikel bezweckt, allenfallsigen Zweifeln darüber, welches Gericht zur Erlassung der in dem Art. 210 und 211 des code civ. bezeichneten Entscheidungen (vgl. unten Note 4) zuständig sei, vorzubeugen. (M. 234, R. R. 545.)

2. Die im Reg.-Entw. in Bezug genommenen Art. 21 Abs. 1 Ziff. 2 und Art. 23 Ziff. 6 des ursprünglichen Entwurfes der Prozeßordnung hatten eine wesentliche Aenderung erhalten, indem durch den nunmehr entsprechenden Art. 6 Ziff. 7 der neuen Prozeßordnung die einzelnrichterliche Zuständigkeit nicht für alle Alimentationsklagen, sondern nur für Klagen auf Ernährung außerehelicher Kinder festgestellt wurde. (A. R. 138, R. R. 546.)

3. Diese Bestimmung kann auf die Pfalz nur insoweit Anwendung finden, als es sich um Alimentationsklagen von nicht anerkannten illegitimen

Kindern gegen die Mutter handelt, da nach dem dort geltenden Civilrechte nur solche Alimentationsklagen zulässig sind. (A. R. 138, R. R. 546.)

4. Nach Art. 210 des code civ. kann das Gericht, wenn der zum Unterhalt einer anderen Person Verpflichtete nachgewiesener Massen die bestimmte Unterhaltssumme zu zahlen nicht im Stande ist, nach vorgängiger Untersuchung der Sache anordnen, daß derselbe denjenigen, welchem er Unterhalt schuldig ist, in seine Wohnung aufnehme und daselbst unterhalte, während nach Art. 211 des code civ. das Gericht zu entscheiden hat, ob der Vater oder die Mutter, welche das von ihnen zu unterhaltende Kind in ihre Wohnung aufnehmen und es daselbst zu unterhalten sich erbieten, von der Verpflichtung zur Bezahlung der Unterhaltssumme befreit werden.

Die Fassung des Reg.-Entw. hatte nur den Inhalt des Art. 211 des code civ. in Betracht gezogen, nicht auch den des Art. 210; da aber auch der Inhalt des letztgenannten Artikels berücksichtigt werden muß, so war die Fassung des gegenwärtigen Artikels in dieser Richtung entsprechend zu ändern (A. R. 138, R. R. 545, 546.)

Art. 87. (R. E. 90.)

Bezüglich der Ermächtigung verheiratheter Frauen zur Vornahme von Rechtsgeschäften und zur Geltendmachung von Rechten bei Gericht bleibt es bei den einschlägigen Vorschriften des pfälzischen Civilgesetzbuchs und der pfälzischen Civilprozeßordnung[1]) mit nachstehenden nähern Bestimmungen:

Die betreffenden Urtheile werden in geheimer Sitzung erlassen.

Wird[2]) das Gesuch der Frau abgewiesen, so steht ihr gegen diese Abweisung das Rechtsmittel der Berufung[3]) zu. Das gleiche Rechtsmittel hat auch der Ehemann, wenn dem Gesuche der Frau trotz seines Widerspruchs entsprochen worden ist. Die Berufungsfrist beträgt dreißig Tage.[4]) Dieselbe läuft für die Frau von dem Tage an, an welchem der Gerichtsschreiber ihr oder ihrem Anwalte gegen Bescheinigung[5]) Kenntniß von der Abweisung gegeben hat, für den Ehemann vom Tage der auf Betreiben der Frau an ihn geschehenen Zustellung des die Ermächtigung ertheilenden Urtheils.[6]) Die Berufung wird durch eine auf der Gerichtsschreiberei des Appellationsgerichts einzureichende Beschwerdeschrift eingelegt. Das Appellationsgericht entscheidet nach Vernehmung des Staatsanwalts auf Vortrag eines vom Senatsvorstande ernannten Referenten in geheimer Sitzung.[7]) Dasselbe kann, wenn es dies den Verhältnissen angemessen erachtet, die nochmalige Vorladung des Ehemannes zur Vernehmung über die Gründe seiner Weigerung, sowie auch die gleichzeitige Vorladung beider Eheleute in das Berathschlagungszimmer des Gerichtshofs[8]) anordnen.

Weitere Rechtsmittel finden nicht statt.

1. Die Bestimmungen des code de proc. Art. 861—864 über die Ermächtigung verheiratheter Frauen zur Vornahme von Rechtsgeschäften und zur Geltendmachung von Rechten bei Gericht stehen zwar mit dem Systeme der neuen Prozeßordnung in Widerspruch, indem sie contradictorische Verhandlung in geheimer Sitzung und geheime Urtheilsfällung zulassen, gleichwohl schien es geboten, dieselben aufrecht zu erhalten, da sie mit der bezüglichen eigenthümlichen Einrichtung des französischen Rechts in innigem Zusammenhange stehen. (A. R. 139, R. R. 546.)

2. Abs. 3 weicht insoferne von dem bestehenden Rechte ab, als derselbe zur Beschleunigung des Verfahrens die Berufungsfrist abkürzt und dem Appellationsgerichte die Befugniß einräumt, den Ehemann oder beide Eheleute wiederholt zur Vernehmung vorzuladen, um eine Verständigung unter ihnen herbeizuführen. (M. 234, R. R. 547.)

3. Von dem Ausdrucke: „Berufung" konnte hier, wiewohl es dem Sprachgebrauche der neuen Prozeßordnung angemessener wäre, von dem Rechtsmittel der „Beschwerde" zu sprechen wegen der Eigenthümlichkeit des hier vorgeschriebenen Verfahrens nicht abgegangen werden. (A. R. 139, R. R. 547.)

4. Die Festsetzung der Berufungsfrist auf „dreißig Tage" anstatt: „vierzehn", wie im Reg.-Entw., erfolgte aus Zweckmäßigkeitsgründen. (A. P. 445, R. R. 548.)

5. „gegen Bescheinigung" wurde im Anschluß an die in der Prozeßordnung eingehaltene Ausdrucksweise eingeschaltet. (A. P. 445, R. R. 548.)

6. Der Ausdruck: „Urtheil" anstatt des in der Prozeßordnung gebrauchten Ausdrucks: „Erkenntniß" wurde wegen der oben zu Note 3 bemerkten Eigenthümlichkeit des hier vorgeschriebenen Verfahrens belassen. (A. R. 139, R. R. 547.)

7. Daß auch für die II. Instanz die Verhandlung in geheimer Sitzung stattfinde, stellt sich lediglich als Consequenz der Vorschrift des Abs. 2 dar. (A. R. 139, R. R. 547.)

8. „des Gerichtshofes“ wurde anstatt: „des Appellationsgerichts“ gesetzt, weil kein anderer Gerichtshof gemeint sein kann, als das Appellationsgericht. (A. P. 474.)

Art. 88. (R. E. 91.)

In allen Fällen, in welchen die in der Pfalz geltende Gesetzgebung Klage auf Aufhebung eines Familienrathsbeschlusses gestattet, ist diese nach Maßgabe der betreffenden Bestimmungen bei dem Bezirksgerichte, in dessen Sprengel die Familienrathsversammlung stattgefunden hat, zu erheben.[1]) Auf die Klage finden die Vorschriften der neuen Prozeßordnung Anwendung.[2])

1. Die Frage, unter welchen Voraussetzungen und durch wen Klage auf Aufhebung eines Familienrathsbeschlusses gestellt werden könne, richtet sich nach den betreffenden besonderen Bestimmungen der pfälz. Gesetzgebung. (M. 234, R. R. 549.)

2. „Auf die Klage finden die Vorschriften der neuen Prozeßordnung Anwendung“ wurde gesetzt anstatt: „Das Verfahren richtet sich nach den ꝛc.“, damit über die Zulässigkeit der Rechtsmittel in den hier bezeichneten Fällen kein Zweifel bestehe. (A. P. 445, R. R. 549.)

Die auf das beschleunigte Verfahren bezüglichen Schlußworte des Reg.-Entw. wurden aus dem oben Note 3 zu Art. 83 (Reg.-Entw. 86) bemerkten Grunde gestrichen. (A. R. 139.)

Ein Antrag des Referenten, Reichsraths v. Bomhard, im Hinblicke auf Art. 2 des gegenwärtigen Gesetzes die prozessualen Bestimmungen des pfälz. Rechtes, nämlich des code de proc., soweit hier im Thl. II Buch II Tit. I, III, IV, VII solche Bestimmungen vorkommen, dann jene des Gesetzes v. 11. Septbr. 1825 über die Förmlichkeiten bei Anlegung und Abnahme von gerichtlichen Siegeln u. s. w. aufrecht zu erhalten, gelangte nicht zur Annahme, da es sich hier um Anstände der nicht streitigen Rechtspflege, wie z. B. in Hypotheken- oder Verlassenschaftssachen, handelt, bei welchen die neue Prozeßordnung nur soweit zur Anwendung kommt, als dieß ausdrücklich bestimmt ist, und da mit der Annahme dieses Antrages eine Reihe weiterer Bestimmungen insbesondere für das Gebiet des preußischen Landrechtes aufgenommen werden müßte. (R. R. 550, R. P. 60.)

Art. 89. (R. E. 92.)

Vormünder, welche, ohne förmliche Theilungsklage zu erheben, in Gemeinschaft mit volljährigen Betheiligten bei Gericht um die Ermächtigung zur Vornahme der gerichtlichen Theilung einer Erb- oder sonstigen Masse oder eines sonstigen ungetheilten Gegenstandes nachsuchen, bedürfen hiezu der Autorisation des Familienraths nicht.[1])

Die auf solche Gesuche, sowie die über die nachgesuchte Bestätigung gerichtlicher Theilungen ergehenden Entscheidungen sind in geheimer Sitzung zu erlassen.[2])

1. Durch diesen Artikel wird eine in der Pfalz bestehende Controverse, ob Vormünder, welche ohne förmliche Theilungsklage zu erheben, in Gemeinschaft mit volljährigen Betheiligten bei Gericht um die Ermächtigung zur Vornahme der gerichtlichen Theilung einer Erb- oder sonstigen Masse oder eines sonstigen ungetheilten Gegenstandes nachsuchen, der Autorisation des Familienrathes bedürfen oder nicht, im verneinenden Sinne zur Entscheidung gebracht. (M. 231, R. R. 552.)

2. Der Abs. 2 wurde eingeschaltet von der Erwägung ausgehend, daß in der Pfalz bisher Meinungsverschiedenheit bestand, ob die in den hier in Frage stehenden Fällen erlassenen Urtheile über die Ermächtigung zur gerichtlichen Theilung in öffentlicher oder geheimer Sitzung zu verkünden seien, daß die weiter in Betracht kommenden Urtheile über die Bestätigung der vorgenommenen Theilung bisher bei allen Gerichten in öffentlicher Sitzung verkündet wurden, und daß in solchen Fällen, da hiebei das Verfahren auf Grund einfacher Vorstellungen stattfindet und häufig Familienverhältnisse zur Sprache kommen, welche den Ausschluß der Oeffentlichkeit als wünschenswerth erscheinen lassen, die Verkündung des Urtheils in öffentlicher Sitzung nicht paßt. (A. P. 445, R. R. 552.)

Ueber die Bedenken, welche gegen die Fassung dieses Artikels von dem Referenten Reichsrath von Bomhard geltend gemacht wurden, vgl. R. R. 552, R. P. 62.

Art. 90.[1])

Die in Art. 20 des Gesetzes vom 11. Sept. 1825 (Amtsblatt S. 103)[2]) vorgeschriebene Bekanntmachung der freiwilligen gerichtlichen Versteigerungen soll in einem von den Betheiligten, falls aber diese sich nicht einigen, von dem beauftragten Notar zu bestimmenden öffentlichen Blatte stattfinden.[3])

Die entgegenstehende Bestimmung des Art. 19 Abs. 5 des Gesetzes vom 23. Mai 1846, das Executionsverfahren in der Pfalz betr., ist aufgehoben.[4])

1. Durch diesen neu eingeschalteten Artikel werden die Bestimmungen über das Verfahren bei Versteigerungen, bei welchen Minderjährige betheiligt sind, in zweckmäßiger Weise ergänzt, und mit den Vorschriften der neuen Prozeßordnung in Einklang gebracht. (R. R. 554.)

2. „(Amtsblatt S. 103.)" — diese Worte wurden eingeschaltet, um das Gesetz, dessen Rubrum wegen seiner Weitläufigkeit nicht eingestellt werden konnte, näher zu bezeichnen. (A. P. 474.)

3. Durch den Absatz 1 findet gegenüber der Bestimmung des Art. 19 Abs. 5 des Gesetzes vom 23. Mai 1846, daß die Bekanntmachung der Versteigerung in den durch Gerichtsbeschluß bezeichneten Blättern zu geschehen habe, der in die neue Prozeßordnung aufgenommene und bei deren Berathung als zweckmäßig anerkannte Grundsatz, daß die Bezeichnung der Blätter zur Ausschreibung der Bekanntmachung den Parteien und eventuell dem Notar überlassen bleibe, Ausdruck. Daß in dem eventuellen Falle die Entscheidung über die Wahl des öffentlichen Blattes dem Notar, nicht dem Vormunde anheimgegeben wurde, hat seinen Grund darin, daß das Interesse der übrigen Betheiligten ebenso in Betracht kommt, wie das der Minderjährigen. (A. P. 450, R. R. 554.)

4. Die Nothwendigkeit der Aufhebung der entgegenstehenden Bestimmung des Art. 19 Abs. 5 des bezeichneten Gesetzes rechtfertigt sich durch die Bestimmung des Abs. 1. (A. P. 450, R. R. 554.)

Art. 91. (R. E. 93.)

Die Vorschrift des Art. 467 des pfälzischen Civilgesetzbuchs, nach welcher bei jedem Vergleiche, der im Namen von Minderjährigen abgeschlossen werden soll, ein Gutachten von drei durch den Staatsanwalt ernannten Rechtsgelehrten erholt werden muß, ist aufgehoben.[1]) Es genügt ein vom Bezirksgerichte bestätigter Beschluß des Familienraths.[2])

1. Die Aufhebung des Art. 467 rechtfertigt sich, da derselbe vielfache Klagen, Verzögerungen und bedeutende Kosten verursacht hat, ohne einen praktischen Nutzen zu gewähren. Durch die dem Vormunde nach Art. 1321 der neuen Prozeßordnung unter gewissen Voraussetzungen eingeräumte Ermächtigung, die Entscheidung von Streitigkeiten, bei welchen Minderjährige betheiligt sind einem Schiedsrichter zu übertragen, war die Aufhebung des Art. 467 sogar nothwendig geworden. (M. 234, R. R. 554.)

2. Wenn künftighin ein vom Bezirksgerichte bestätigter Beschluß als genügend erachtet wird, so wurde hiebei von der Voraussetzung ausgegangen, daß durch das gehörige Zusammenwirken des Familienraths, des Staatsanwalts und des Gerichts, welches die betreffenden Beschlüsse zu bestätigen hat, der entsprechende Schutz für die Interessen der Minderjährigen gegeben ist. (M. 234, R. R. 555.) Daß der Familienrath auch künftighin vor Fassung seines Beschlusses bei besonders wichtigen und zweifelhaften Fällen das Gutachten von Rechtsgelehrten erholen kann, wurde als selbstverständlich erachtet, und deshalb der hierauf bezügliche, im Reg.-Entw. enthaltene Schlußsatz: („Dem Ermessen des letztern bleibt überlassen, vor Fassung seines Beschlusses das Gutachten von Rechtsgelehrten seiner Wahl zu erholen, wenn er dies wegen der Wichtigkeit oder der Zweifelhaftigkeit der Sache für angemessen erachtet") gestrichen. Hiebei wurde im Ausschusse der Kammer der Abgeordneten, ohne daß eine Entgegnung von Seite des k. Ministerial-Commissärs erfolgte, constatirt, daß der Abstrich aus dem Grunde erfolgte, weil diese Bestimmung sich von selbst versteht. (A. P. 445, R. R. 555.)

Art. 92. (R. E. 94.)

Die in Art. 501 des pfälzischen Civilgesetzbuchs vorgeschriebene zehntägige Frist [1]) wird auf dreißig Tage verlängert. [2]) Im Uebrigen bleiben die Bestimmungen des pfälzischen Civilgesetzbuchs und der pfälzischen Civilprozeßordnung über die Interdiktion Geisteskranker und über die Anordnung gerichtlicher Beistände für Geistesschwache und Verschwender in Kraft. Soweit hiebei bisher die gewöhnlichen Prozeßvorschriften Anwendung fanden, kommen jedoch in Zukunft die Vorschriften der neuen Prozeßordnung zur Anwendung.

1. „vorgeschriebene zehntägige Frist" — nämlich die Frist zur Eintragung der Interdictionsurtheile in die Tabellen, sowie zur Anheftung in den Kanzleien der Notare des betreffenden Bezirkes und im Sitzungssaale. (R. R. 556.)

2. Für die Einschaltung dieses Satzes wurde angeführt, die im Art. 501 des code civ. vorgesetzte Frist sei, so richtig sie auch ist bei dem Umstande, daß alle Handlungen, welche der Interdicirte vornimmt, nichtig sind, dennoch in vielen Fällen zu kurz bemessen; es sei nicht möglich, die Anheftung des Urtheilsauszuges in den sämmtlichen Notariatskanzleien des Bezirkes innerhalb zehn Tagen zu bewerkstelligen, ohne daß außerordentliche Beförderungsmittel behufs Versendung der Urtheilsauszüge in Anspruch genommen, und dadurch

den Parteien unverhältnißmäßige Kosten verursacht werden, und da es auch vorkommen kann, daß gegen das Interdictionsurtheil Anstände, z. B. gegen die Qualitäten Opposition erhoben und dadurch Verzögerungen herbeigeführt werden, so erschiene eine Erweiterung dieser Frist, wodurch die Versendung der Urtheilsauszüge durch die Post ermöglicht und unverhältnißmäßige Kosten erspart werden, höchst zweckmäßig. (A. P. 445, R. R. 556.)

Art. 93. (R. E. 95.)

In dem in Art. 770[1]) des pfälzischen Civilgesetzbuchs vorgesehenen Falle tritt an die Stelle der dort erwähnten Verkündigungen und Anschläge eine von dem Bezirksgerichte zu erlassende Ediktalladung, welche in wenigstens drei vom Gerichte[2]) zu bestimmenden öffentlichen Blättern und zwar in jedem derselben dreimal in Zwischenräumen von wenigstens zwei Monaten zu veröffentlichen ist.

Die Einweisung kann erst zwei Monate nach der letzten Bekanntmachung stattfinden. Sie erfolgt, wenn Ansprüche nicht erhoben wurden, durch ein nach Vernehmung des Staatsanwalts auf Vortrag eines Referenten[3]) ohne weitere Verhandlung in geheimer Sitzung[4]) zu erlassendes Erkenntniß. Sind auf die Ediktalladung Erbansprüche erhoben worden und werden dieselben bestritten, so ist darüber im gewöhnlichen Verfahren nach Maßgabe der Vorschriften der neuen Prozeßordnung zu verhandeln und zu entscheiden.

1. Art. 770 verordnet, daß in dem Falle, wenn der überlebende Ehegatte und der Staat bei dem Mangel anderweitiger Verwandter zur Erbfolge berufen ist, das Gericht auf das Gesuch um Einweisung in den Besitz der Erbschaft nicht eher erkennen darf, als nachdem drei Verkündigungen und öffentliche Anschläge vorhergegangen sind. An deren Stelle tritt die Edictalladung, da es sich hier der Natur der Sache nach um eine solche handelt (M. 234, R. R. 557.)

2. Anstatt: „nach Vorschrift des Art. 608 der neuen Prozeßordnung" wurde gesetzt: „vom Gerichte". Es war nämlich der Art. 608 des ursprünglichen Entwurfs der Prozeßordnung gestrichen und deßhalb die Aufnahme einer selbstständigen Bestimmung darüber, wem die Auswahl der betreffenden öffentlichen Blätter zu überlassen sei, nothwendig geworden, wobei es sachentsprechend erschien, diese Auswahl dem Ermessen des Gerichts zu überlassen. (A. R. 139, R. R. 558.)

3. „durch ein nach Vernehmung des Staatsanwalts auf Vortrag eines Referenten" — hiedurch wurde ausgedrückt, daß der Vortrag des Referenten erst stattfindet, wenn der Staatsanwalt sich hat vernehmen lassen, weil die Gegenwart des Staatsanwalts beim Vortrage nicht vorgesehen werden wollte. (A. P. 474, R. R. 558.)

4. „in geheimer Sitzung" wurde anstatt: „in öffentlicher Sitzung" gesetzt, weil weder der Natur des hier in Frage stehenden Gegenstandes, noch dem System der Prozeßordnung eine Urtheilsfällung in öffentlicher Sitzung entsprechend ist. (A. R. 139, R. R. 558.)

Zu Art. 93 wurde im Ausschusse der Kammer der Reichsräthe in Uebereinstimmung mit dem k. Ministerialcommissär zu Protokoll constatirt, daß die hier enthaltenen Vorschriften auch auf natürliche Kinder (Art. 773 des code civ.), welche bei einer solchen Erbschaft betheiligt sind, Anwendung finden. (R. R. 559, R. P. 64.)

Art. 94. (R. E. 96.)

Die in Art. 788[1]) des pfälzischen Civilgesetzbuchs erwähnte Ermächtigung ist von den Gläubigern bei dem Bezirksgerichte, in dessen Sprengel sich die Erbschaft eröffnet hat, durch eine gegen die übrigen Erben, falls aber andere Erben nicht vorhanden sind, gegen den Vertreter der Masse oder den k. Fiskus zu erhebende Klage nachzusuchen. Auf diese Klage finden die Vorschriften der neuen Prozeßordnung Anwendung.

1. Art. 788 bestimmt, daß die Gläubiger desjenigen, der zum Nachtheile ihrer Rechte entsagt, sich gerichtlich ermächtigen lassen können, im Namen ihres Schuldners und statt seiner die Erbschaft anzunehmen.

Ueber die Entbehrlichkeit des Art. 94, insofern hiedurch Bestimmungen darüber getroffen werden, wer belangt werden soll, vgl. R. R. 560.

Art. 95. (R. E. 97.)

Die[1]) gerichtliche Ermächtigung, von welcher in Art. 796 des pfälzischen Civilgesetzbuchs und in Art. 986 der pfälzischen Civilprozeßordnung die Rede ist, kann sowohl von dem Vorstande des Bezirks= als von jenem[2]) des Einzelngerichts, in deren Sprengel sich die Erbschaft eröffnet hat, ertheilt werden. Gegen die Abweisung des Gesuchs findet das Rechtsmittel der Beschwerde statt.[3])

Bei Veräußerungen der zu einer Beneficiarmasse gehörigen Immobilien (Art. 987 und 988 der pfälzischen Civilprozeßordnung) richtet sich das Verfahren[4]) bei Stellung und Verbescheidung der Anträge auf Abschätzung und Verkauf der betreffenden Immobilien nach den Bestimmungen des XXV. Hauptstücks der neuen Prozeßordnung. Die Entscheidung erfolgt nach Vernehmung des Staatsanwalts.[5]) Eine Bestätigung des Expertenberichts ist nicht erforderlich, wenn die Güter in einem gerichtlichen Theilungsverfahren unter Beobachtung der vorgeschriebenen Förmlichkeiten zur Veräußerung kommen.[6])

1. Durch den Abs. 1 dieses Artikels wird bestimmt, von welchem Gerichte die Ermächtigung des Erben zum Verkaufe von solchen Nachlaßgegenständen, welche dem Verderben ausgesetzt sind, oder deren Erhaltung zu kostspielig ist (Art. 796 des code civ.), sowie zum Verkaufe von zu einer Erbschaft gehörigen Mobilien, ehe der Erbe über die Annahme der Erbschaft sich erklärt hat (Art. 986 des code de proc.), zu ertheilen sei. Die dem Einzelngerichte eingeräumte Befugniß rechtfertigt sich durch die dermalige Stellung desselben und durch den Umstand, daß es sich hier öfter um dringende Fälle handelt. (M. 234, R. R. 561.)

2. Da bei den Bezirksgerichten diese Ermächtigung nur von dem Vorstande ertheilt werden kann, so muß consequent dasselbe auch bei den Einzelngerichten gelten, wenn dort ein Gesuch um solche Ermächtigungen eingebracht wird; aus diesem Grunde wurden die Worte: „von jenem" eingeschaltet (A. R. 139, R. R. 562.)

3. Daß gegen die Abweisung solcher Gesuche das Rechtsmittel der Beschwerde zulässig sei, ergibt sich zwar aus Art. 738 Abs. 1 Ziff. 1, es erschien indeß zweckmäßig, die Zulässigkeit dieses Rechtsmittels in einem besonderen Zusatze auszusprechen. (A. R. 139, R. R. 562.)

4. Abs. 2 hatte im Reg.-Entw. folgende Fassung:

„Die in den Art. 987 und 988 der Civilprozeßordnung bezüglich der Veräußerung der zu einer Beneficiarmasse gehörigen Immobilien enthaltenen Bestimmungen bleiben in Kraft."

Die hier in Bezug genommenen Artikel des code de proc. betreffen ohne Zweifel die nichtstreitige Rechtspflege, bestehen also selbstverständlich ohnehin fort, wenn und soweit sie nicht ausdrücklich als aufgehoben erklärt werden. Würden sie unnöthiger Weise ausdrücklich als fortbestehend erklärt, so könnte gerade hieraus gefolgert werden, daß andere ähnliche Bestimmungen, bei denen dieß nicht geschieht, aufgehoben seien. Um dieses Bedenken zu beseitigen, wurde dem Eingange des Abs. 2 eine Fassung gegeben, wodurch correcter ausgedrückt ist, daß die materiellen Vorschriften über die hier vorgesehenen Veräußerungen aufrecht bleiben und außerdem bezüglich des Verfahrens auf die einschlägigen Bestimmungen der neuen Prozeßordnung in einfacherer Weise hingewiesen wird. (R. R. 563, A. P. 495.)

5. Es erscheint der Natur der hier in Betracht kommenden Gegenstände entsprechend, derlei Gesuche nach dem Verfahren bei gerichtlichen Entscheidungen auf einfache Vorstellungen zu behandeln (Hauptst. XXV der neuen Prozeßordnung) und in Gemäßheit dieses Verfahrens nach vorgängiger Vernehmung des Staatsanwaltes die Erkenntnisse auf Abschätznng und Verkauf der betreffenden Immobilien in geheimer Sitzung zu erlassen. (A. R. 140, R. R. 562.)

6. Die Nothwendigkeit für die Aufnahme des beigefügten Schlußsatzes, wonach die im Eingange des Art. 988 des code de proc. vorkommende Bestätigung des Expertenberichts unter gewissen Voraussetzungen in Zukunft aufgehoben ist, ergibt sich aus der Vergleichung des Art. 988 a. a. O. mit den zu dem gegenwärtigen Artikel gegenüber der Fassung des Reg.-Entw. getroffenen Aenderungen. (A. P. 474, R. R. 563.)

Art. 96. (R. E. 98.)

Die in Betreff der Gütertrennungsklagen in der Pfalz dermalen geltenden besondern Vorschriften[1]) bleiben in Kraft.[2]) Die in Art. 1444 des pfälzischen Civilgesetzbuchs festgesetzte vierzehntägige Frist wird jedoch auf dreißig Tage,[3]) jene des Art. 866 der pfälzischen Civilprozeßordnung auf acht Tage[4]) erstreckt.[5])

1. Darunter sind nicht nur die im code civ. Art. 1443 u. f., sondern auch die im code de commerce Art. 65—70 und im code de proc. Art. 865 — 874 enthaltenen Bestimmungen des bezeichneten Betreffes zu verstehen. (A. R. 140, R. R. 564.)

2. Die Aufrechthaltung dieser Vorschriften rechtfertigt sich, da sie theils rein civilrechtlicher Natur sind, theils wenigstens, soweit sie nämlich das Verfahren betreffen, mit den einschlägigen civilrechtlichen Normen in innigem Zusammenhange stehen. (A. R. 140.)

3. „dreißig Tage" — die Verlängerung dieser Frist zum zwangsweisen Vollzuge der Gütertrennung war geboten, da die Erfahrung gezeigt hat, daß es in manchen Fällen unmöglich ist, der Vorschrist des Art. 1444 des code civ. zu genügen. (M. 234, R. R. 564.)

4. „acht Tage" — die Verlängerung der in dem angeführten Art. 866 festgesetzten dreitägigen Frist zur Uebergabe eines Auszugs der Trennungs-

klage an den Gerichtsschreiber behufs Anheftung im Sitzungssaale findet aus dem zu Note 3 angeführten Grunde ihre Rechtfertigung. (A. P. 416, R. R. 564.)

5. „erstreckt" wurde gesetzt anstatt: verlängert", da es sich hier um eine gesetzliche Frist handelt. (A. P. 474, R. R. 564.)

Art. 97. (R. E. 99.)

Zur Ertheilung der in Art. 1558[1]) des pfälzischen Civilgesetzbuchs erwähnten Erlaubniß ist das Bezirksgericht des allgemeinen Gerichtsstands der Eheleute zuständig. Dieselbe ist mittels einfacher Vorstellung nachzusuchen. Das Gericht entscheidet über das Gesuch nach Vernehmung des Staatsanwalts.[2])

1. Art. 1558 des code civ. betrifft die Veräußerung der zum Brautschatze gehörigen Immobilien. (A. R. 140, R. R. 565.)

2. Der im Reg.-Entw. enthaltene Schlußsatz:

„Gegen ein abweisendes Erkenntniß ist Beschwerde nach Maßgabe der Bestimmungen der Art. 688—701 der neuen Prozeßordnung zulässig"

wurde gestrichen, da die Zulässigkeit der Beschwerde im Hinblicke auf Art. 738 Ziff. 1 der neuen Prozeßordnung selbstverständlich ist. (R. R. 565.)

Art. 98. (R. E. 100.)[1])

Die Beschlagnahme von Mobiliargegenständen zur Wahrung des Eigenthumsrechts (Art. 826 der pfälzischen Civilprozeßordnung) ist auch fernerhin zulässig und kommen bezüglich derselben die Bestimmungen des Hauptstücks XXIV der neuen Prozeßordnung zur Anwendung.

1. Durch den gegenwärtigen Artikel werden die Bestimmungen des französischen Rechts über die Beschlagnahme von Mobiliargegenständen behufs der Vindication (sog. saisie-revendication) aufrecht erhalten und nur das Verfahren den neuen Prozeßvorschriften angepaßt, soweit dies ohne Verletzung der Eigenthümlichkeit des französischen Rechtes möglich ist. (M. 234, A. R. 140, R. R. 566.)

Nach dem Reg.-Entw. hatte Art. 100 folgende Fassung:

„Die Bestimmungen der Art. 826—830 der Civilprozeßordnung über die Beschlagnahme von Mobiliargegenständen, an denen Jemand ein

Eigenthumsrecht zu haben behauptet, bleiben im Allgemeinen in Kraft. Soweit sich das Verfahren nach allgemeinen Prozeßvorschriften zu richten hat, kommen jedoch die Bestimmungen der neuen Prozeßordnung zur Anwendung. Die Erlaubniß zur Beschlagnahme kann ohne Rücksicht auf den Werth der mit Beschlag zu belegenden Gegenstände von dem Vorstande des Bezirksgerichts und von dem Landgerichte, und zwar sowohl des Wohnortes des Beklagten, als auch des Ortes, wo die mit Beschlag zu belegenden Gegenstände sich befinden, ertheilt werden.

Die Klage auf Giltigkeitserklärung des angelegten Beschlages gehört, von dem im zweiten Satze des Art. 831 vorgesehenen Falle, bezüglich dessen an dem dermalen geltenden Rechte nichts geändert wird, abgesehen, wenn der Werth der in Beschlag genommenen Gegenstände einhundertfünfzig Gulden nicht übersteigt, vor das Landgericht, andern Falls vor das Bezirksgericht des Wohnortes des Beklagten. Mit der Klage muß das Beschlagnahmeprotokoll abschriftlich zugestellt werden."

Nach dieser Fassung würde die Giltigkeitsklage — abgesehen von dem Falle, in welchem sie mit einer bereits anhängigen Prozeßsache connex ist, und vor das mit dieser Sache befaßte Gericht gebracht wird — in Gemäßheit der in der neuen Prozeßordnung aufgestellten Competenzgrenze, dem Bezirksgerichte, beziehungsweise dem Einzelngerichte zugewiesen, die Zuständigkeit der Handelsgerichte für die in Frage stehenden Fälle aber ausgeschlossen sein. Da nun gerade in Handelssachen dieses Rechtsmittel, welches seiner Natur nach lediglich als eine Vorsichtsverfügung im Sinne der neuen Prozeßordnung sich darstellt, am meisten zur Anwendung kommt, und da kein Grund besteht, es hier auszuschließen, so entschied man sich dahin, das Hauptst. XXIV der neuen Prozeßordnung und die dort für Vorsichtsverfügungen aufgestellten Competenzbestimmungen zur Anwendung zu bringen. Hiedurch ist die Competenz der Handelsgerichte aufrecht erhalten und konnte dem Art. 100 eine einfachere Fassung gegeben werden. (R. R. 568, R. P. 65.)

Art. 99. (R. E. 101.)

Die Bestimmungen des Art. 2102 Ziff. 1 des pfälzischen Civilgesetzbuchs und der Art. 819—821 der pfälzischen Civilprozeßordnung [1]) über die Vorrechte der Eigenthümer und Hauptmiether oder Hauptpächter von Häusern oder Gütern bleiben auch bezüglich des bei Geltendmachung dieser Vorrechte zu beobachtenden Verfahrens in Kraft. Soweit sich dasselbe nach allgemeinen Vorschriften zu richten hat, kommen jedoch die Bestimmungen der neuen Prozeßordnung zur Anwendung.

Die in Art. 819 Abs. 2 der pfälzischen Civilprozeßordnung erwähnte Ermächtigung zur sofortigen Beschlagnahme kann ohne Rücksicht auf die Größe der Forderung sowohl von dem Vorstande des Bezirksgerichts, als auch von dem des Einzelngerichts, in deren Bezirk das vermiethete Haus oder das verpachtete Gut liegen, ertheilt werden. Liegt letzteres in verschiedenen Gerichtsbezirken, so kann jedes Gericht, in dessen Bezirk Theile desselben liegen, die Ermächtigung ertheilen. Sollen Gegenstände mit Beschlag belegt werden, welche sich früher in dem vermietheten Hause oder auf dem verpachteten Gute befunden haben und ohne Einwilligung des Gläubigers weggebracht worden sind, so kann die Ermächtigung auch von dem Vorstande des Bezirksgerichts oder von dem[2]) des Einzelngerichts des Ortes, wo sich die Gegenstände befinden, ertheilt werden.

Gründet sich die Forderung desjenigen, der die Beschlagnahme vornehmen ließ, auf eine vollstreckbare Urkunde, so ist eine Giltigkeitserklärung der Beschlagnahme nicht erforderlich,[3]) sondern der Gläubiger kann sofort die Versteigerung der in Beschlag genommenen Gegenstände nach Maßgabe der Bestimmungen der neuen Prozeßordnung gleichwie bei einer gewöhnlichen Pfändung betreiben. Es muß jedoch die vollstreckbare Urkunde dem Schuldner, wenn sie ihm noch nicht zugestellt worden oder wenn seit der Zustellung ein Jahr verstrichen ist, mit dem Beschlagnahmeprotokoll zugestellt werden.

Gründet sich die Forderung nicht auf eine vollstreckbare Urkunde, so muß der Gläubiger, ehe zur Versteigerung geschritten werden kann, Klage auf Giltigkeitserklärung der Beschlagnahme erheben. Zuständig ist dasjenige Gericht, bei welchem die Forderung, wenn keine Beschlagnahme stattgefunden hätte, nach den Bestimmungen der neuen Prozeßordnung einzuklagen gewesen wäre. Mit der Klage ist das Beschlagnahmeprotokoll zuzustellen.

1. Die im Eingange des Abs. 1 angeführten Bestimmungen wurden wie jene im vorhergehenden Artikel mit den neuen Prozeßvorschriften in Einklang gebracht, insoweit als dies ohne Verletzung der Eigenthümlichkeit des französischen Rechtes möglich ist. (M. 234.)

2. Daß die hier erwähnte Ermächtigung auch von dem Vorstande des Einzelngerichts ertheilt werden kann, ist die Folge des zu Art. 95 (R. E. 97) gefaßten, in Note 2 zu diesem Artikel angeführten Beschlusses. (R. R. 569.)

3. Die hier enthaltene Vorschrift hat in der Natur der vollstreckbaren Urkunde ihre Rechtfertigung. (M. 234, R. R. 570.)

Art. 100. (R. E. 102.)

Art. 822 und 823 der pfälzischen Civilprozeßordnung sind aufgehoben. [1])

1. Die Aufhebung der Art. 822 und 823 des code de proc., wonach dem Gläubiger und zwar selbst, wenn er keinen Titel hat und ohne vorhergegangenen Zahlungsbefehl das Recht zusteht, diejenigen Gegenstände seines auswärtigen Schuldners in Beschlag nehmen zu lassen, welche in der Gemeinde, in der er wohnt, vorgefunden werden (saisie foraine), rechtfertigt sich, da diese Bestimmungen, wenn sich auch nicht verkennen läßt, daß darin dem Gläubiger ein wirksames Mittel zur Sicherung seiner Forderung gegeben ist, und daß davon in der Pfalz vielfach Gebrauch gemacht wurde, daher erklärlicher Weise deren Beibehaltung gewünscht wird, mit den Grundsätzen der neuen Prozeßordnung und mit den jetzigen Rechtsanschauungen im Widerspruche stehen, und da die Bestimmungen des XXIV. Hptst. der neuen Prozeßordnung zur Sicherung der Rechte des Gläubigers vollkommen hinreichen. (M. 234, A. P. 446, R. R. 572.)

Hiebei wurde in beiden Ausschüssen unter Einverständniß des k. Ministerialcommissärs zu Protokoll constatirt, daß aus der ausdrücklichen Aufhebung der hier in Frage stehenden Bestimmungen für die Pfalz nicht gefolgert werden könne, daß ähnliche Bestimmungen in andern Provinzen aufrecht erhalten bleiben, daß vielmehr, da die verschiedenen Rechte, von der Beschlagnahme Gebrauch zu machen, im Einführungsgesetze erschöpfend behandelt seien, nur des Zusammenhanges wegen die ausdrückliche Aufhebung der Artikel 822 und 823 des code de proc. erfolge. (A. P. 446, R. R. 572, R. P. 66.)

Art. 101. [1])

Bei der Veräußerung von Immobilien kann dem Veräußerer vertragsmäßig das Recht eingeräumt werden, im

Falle der Nichtbezahlung des Kaufpreises[2]) die betreffenden Immobilien ohne Beobachtung der für Subhastationen vorgeschriebenen Förmlichkeiten nach Zustellung eines Befriedigungsgebotes und fruchtlosem Ablaufe der darin festgesetzten Frist, die jedoch in keinem Falle unter fünfzehn Tagen[3]) betragen darf, durch einen von ihm gewählten Notar öffentlich versteigern zu lassen.

Diese Vertragsbestimmung ist auch bei den im Subhastations- und Gantverfahren vorkommenden Versteigerungen mit der Wirkung statthaft, daß in diesem Falle die in Abs. 1 bezeichnete Versteigerung durch jeden auf den betreffenden Kaufpreis angewiesenen Gläubiger betrieben werden kann.[4])

Sie ist ferner statthaft bei Veräußerungen zum Zwecke einer Theilung, gleichviel ob Miterben oder fremde Personen erwerben.[5])

In dem Befriedigungsgebote sind die Immobilien, welche der Gläubiger versteigern lassen will, zu bezeichnen und dasselbe hat die Androhung zu enthalten, daß, wenn innerhalb der festgesetzten Frist die Zahlung nicht erfolgt, zur Versteigerung der bezeichneten Immobilien in der in Abs. 1 angegebenen Weise werde geschritten werden.

Sollen Immobilien zur Versteigerung gebracht werden, welche nicht mehr im Eigenthume des Schuldners sind, so ist dem Drittbesitzer Abschrift des Befriedigungsgebotes und der Urkunde, auf welche sich die Forderung des Gläubigers gründet, zustellen zu lassen.[6])

Die Versteigerung ist unter Strafe der Nichtigkeit durch Einrückung in eines der in der Gegend verbreitetsten öffentlichen Blätter wenigstens zweimal, zum Erstenmale mindestens fünfzehn Tage vor der Versteigerung bekannt zu machen. Gleichzeitig mit der ersten Ausschreibung ist dem Schuldner und dem etwaigen Drittbesitzer von dem Versteigerungstage durch Gerichtsvollzieherakt Kenntniß zu geben.[7])

Hat der die Versteigerung betreibende Gläubiger nur

einen Theil des für die betreffenden Immobilien noch geschuldeten Kaufpreises zu fordern, so muß er die übrigen Berechtigten, falls dieselben aus der Urkunde, auf welche sich seine Forderung gründet, oder aus dem Hypothekenbuche ersichtlich oder ihm aus den von ihm selbst abgeschlossenen Verträgen bekannt[8]) sind, von der Versteigerung wenigstens fünfzehn Tage vorher durch Gerichtsvollzieherakt in Kenntniß setzen lassen.

Widersprüche sind bei dem Bezirksgerichte anzubringen, in dessen Sprengel die zu versteigernden Immobilien liegen, wenn dieselben aber in verschiedenen Bezirksgerichtssprengeln gelegen sind, jedoch im Pertinenzverhältnisse zu einander stehen, bei demjenigen Bezirksgerichte, in dessen Sprengel der bedeutendere Theil beziehungsweise, falls das betreffende Gut mit Gebäuden versehen ist, das Hauptgebäude sich befindet.[9])

Die Wirkungen der im gegenwärtigen Artikel zugelassenen Wiederversteigerung[10]) sind allen Berechtigten gegenüber[11]) dieselben, als wenn die Resolution gerichtlich erfolgt wäre.

1. Durch den neu eingeschalteten Art. 101 wird das im Art. 31 des Gesetzes vom 23. Mai 1846, das Executionsverfahren in der Pfalz betreffend, angeordnete Verfahren, (das Recht der sog. conventionellen Zwangsveräußerung) da daselbe einer feststehenden Uebung entspricht und viel wohlfeiler und rascher zum Ziele führt, als das gewöhnliche Zwangsverfahren bei unbeweglichen Sachen beibehalten, und wurden an dem bestehenden Rechte nur einige sich als zweckmäßig darstellende Aenderungen vorgenommen. (A. P. 447, R. R. 575.)

Auf das vom Referenten Abg. v. Neumayr geäußerte Bedenken, ob die Bestimmungen des Art. 101 nicht mit jenen über das Subhastations- und Gantverfahren in Widerspruch stehen, äußerte der k. Ministerialcommissär, ein solcher Widerspruch bestehe nicht, denn das hier den angewiesenen Gläubigern eingeräumte Recht könne erst in Frage kommen, nachdem bereits die Vertheilung und Anweisung stattgefunden. (A. P. 447.)

2. Ein Antrag des Referenten Reichsraths v. Bomhard, nach den Worten: „des Kaufpreises" einzuschalten: „oder einer sonstigen Geldleistung", da in der Pfalz häufig Kaufverträge in andere Formen von Rechtsgeschäften gekleidet werden, wurde als zu weit gehend abgelehnt. (R. R. 577, R. P. 69.)

3. Die hier festgesetzte Minimalfrist von fünfzehn Tagen entspricht der Natur der Sache. (A. P. 447, R. R. 575.)

4. Durch den Abs. 2 wurde das in Frage stehende Verkaufsrecht des Gläubigers auf die im Subhastations- und Gantverfahren vorkommenden Versteigerungen ausgedehnt von der Erwägung ausgehend, daß dieses nach dem Gesetze vom 23. Mai 1846 dem angewiesenen Gläubiger unbedingt eingeräumte Recht der Wiederversteigerung gemäß Art. 1130 der neuen Prozeßordnung nach dem Abschlusse des Vertheilungsplanes ausgeschlossen sei, indem derselbe dann nur noch mittelst der gewöhnlichen Zwangsversteigerung sein Recht geltend machen könne, daß aber aus der Einleitung dieses Verfahrens so viele Kosten entstehen, daß sich bei einzelnen Grundstücken eine Procedur dieser Art nicht durchführen ließe. (A. P. 447, R. R. 575.)

5. Durch den im Reichsraths-Ausschusse neu eingeschalteten Abs. 3 wird das fragliche Zwangsveräußerungsrecht auf Licitationen, Versteigerungen bei Theilungen, ausgedehnt, was bis jetzt streitig war. (R. R. 576, R. P. 67.)

6. Die Abs. 4 und 5 sind den Bestimmungen des französischen Rechtes über das Befriedigungsgebot entsprechend. (A. P. 447, R. R. 575.)

7. Abs. 6 enthält gegenüber dem Art. 31 des Gesetzes vom 23. Mai 1846 die Aenderung, daß mit Rücksicht auf die Wichtigkeit der hier in Frage kommenden Maßregel eine Frist zur Bekanntmachung der Versteigerung bei Strafe der Nichtigkeit festgesetzt wird, und daß mit der Ausschreibung zugleich dem Schuldner und dem etwaigen Drittbesitzer der Versteigerungstag bekannt zu geben ist. (A. P. 447, R. R. 575.) Die Bekanntgabe der Versteigerung an die letztgenannten Personen entspricht der in der Pfalz bestehenden Uebung. (A. P. 447.)

8. „oder ihm aus den von ihm selbst abgeschlossenen Verträgen bekannt" — diese Worte wurden im Reichsraths-Ausschusse eingeschaltet, damit auch derjenige, der nur einen Theil des für die betreffenden Immobilien geschuldeten Kaufpreises zu fordern hat, die übrigen Betheiligten von der Versteigerung vorher in Kenntniß setze. (R. R. 577, R. P. 67.)

Hiebei äußerte der k. Ministerialcommissär im Abgeordneten-Ausschusse, die bisherige Fassung des Abs. 7 (6) finde keine Anwendung, wenn der Verkaufsberechtigte, welcher die im gegenwärtigen Artikel statuirte Procedur einleiten läßt, einen Theil des Kaufpreises an einen Dritten cedirt hat, weil sich dieser nicht aus der Urkunde ergibt, auf welche sich die Forderung des betreibenden Theiles gründet. Um diesen Fall zu decken, empfehle sich die Einschaltung der bezeichneten Worte. (A. P. 495.)

9. Der Abs. 8 entspricht der in der neuen Prozeßordnung hinsichtlich des Verfahrens bei Widersprüchen getroffenen Vorschrift. (A. P. 447, R. R. 576.)

10. Durch den Abs. 9 werden allenfallsige Zweifel darüber, ob die Folge der hier vorgesehenen Zwangsversteigerung die Auflösung oder der Fortbestand des Kaufvertrags sei, beseitigt, indem die Frage im ersteren Sinne entschieden wird und zwar deßhalb, weil sonst die dem Gläubiger eingeräumte Befugniß ihre Bedeutung vollständig verlieren würde. (A. P. 474, R. R. 576.)

Der k. Ministerialcommissär führte in Uebereinstimmung mit dem Abg. Umbscheiben aus: Hat Jemand ein Grundstück um einen bestimmten Preis erworben, diesen nicht bezahlt, das Grundstück aber mit Hypotheken belastet und macht nun der Verkäufer von der Wiederversteigerung Gebrauch, so werde, wenn der ursprüngliche Kaufvertrag nicht als aufgelöst gilt, der neue Erwerber dem Verlangen des Verkäufers auf Zahlung des Kaufpreises mit Recht entgegen halten können, daß er Angesichts der auf dem Grundstücke haftenden Hypotheken mit Sicherheit nicht zahlen könne. Der Resolutionsberechtigte müßte deßhalb, um sicher zu gehen, immer die Resolutionsklage anstellen, damit das Grundstück frei von späteren Hypotheken wieder an ihn gelange. Damit würde das hier dem Verkäufer eingeräumte Recht illusorisch. (A. P. 474.)

Abg. Umbscheiben bemerkte weiter: Sobald die hier getroffene Einrichtung als nützlich anerkannt werde, müsse man auch die Consequenz ziehen, daß es sich hier nur um eine Modalität der Resolution handelt und daß die Wirkungen der Widerversteigerung jenen im Art. 1654 des code civ. gleich sind. (A. P. 475.)

11. „allen Berechtigten gegenüber“ — durch die Einschaltung dieser Worte wurde ausgedrückt, daß die an der Wiederversteigerung geknüpfte Wirkung, wonach nämlich alle Berechtigten nach Verhältniß ihrer Forderung am Kaufpreise Antheil nehmen, auch gegenüber denjenigen eintritt, welche keine Zustellung erhalten haben. (R. R. 577, R. P. 68.)

Art. 102.[1]) (R. E. 103.)

Die Bestimmungen des sechsten, achten und neunten Kapitels des achtzehnten Titels des dritten Buchs des pfälzischen Civilgesetzbuchs, der Staatsrathsgutachten vom 9. Mai (genehmigt am 1. Juni) 1807 und 5. Mai (genehmigt am 8. Mai) 1812[2]) und der Art. 832—838 der pfälzischen Civilprozeßordnung bleiben in Kraft, soweit nicht in den Art. 103—109[3]) des gegenwärtigen Gesetzes etwas Anderes bestimmt ist.

1. Die nun folgenden Art. 102—109 (R. E. 103—110) handeln von den Wirkungen der auf einer unbeweglichen Sache haftenden Hypotheken und Privilegien gegen den Drittbesitzer und von den Mitteln zum Schutze des letzteren gegen die aus jenen Wirkungen für ihn sich ergebenden Nachtheile. Die meisten dieser Bestimmungen gehören dem Gebiete des Civilrechts an und stehen soweit sie prozessualer Natur sind, mit diesem in so innigem Zusammenhange, daß eine aus Anlaß der neuen Prozeßordnung etwa vorgenommene Aenderung in Bezug auf die prozessuale Natur dieser Bestimmungen nothwendig auch

eine Aenderung des Civilrechtes zur Folge hätte. Da nun das Letztere nicht in der Aufgabe des Einführungsgesetzes liegt, so ergibt sich die Nothwendigkeit, im Allgemeinen die hier in Betracht kommenden Bestimmungen aufrecht zu erhalten, und Aenderungen nur soweit vorzunehmen, als es unbeschadet der Eigenthümlichkeiten der pfälzischen Einrichtungen thunlich ist, um die Uebereinstimmung mit den Grundsätzen der neuen Prozeßordnung herzustellen. (M. 235, A. R. 140, R. R. 579.)

2. Die angeführten Gutachten sind abgedruckt in der mit Noten versehenen Ausgabe des code civil. von Pailliet zu Art. 2195.

3. „in den Art. 103—109 des gegenwärtigen Gesetzes" wurde anstatt: „in den nachfolgenden Artikeln" gesetzt, da die in diesem Abschnitte noch weiter vorkommenden Art. 111 u. 112 mit der gegenwärtigen Materie nicht zusammenhängen. (A. R. 141, R. R. 580.)

Art. 103. (R. E. 104.)

An die Stelle der nach Art. 2169[1]) des pfälzischen Civilgesetzbuchs dem Drittbesitzer[2]) zuzustellenden Aufforderung tritt die in Art. 1040 Abs. 1 der neuen Prozeßordnung vorgeschriebene Zustellung einer Abschrift des Befriedigungsgebots und der vollstreckbaren Urkunde. Spätestens binnen dreißig Tagen[3]) von dieser Zustellung an muß der Drittbesitzer die in Art. 2183 des pfälzischen Civilgesetzbuchs angegebene Notification an die Hypothekgläubiger machen lassen.

1. Der Art. 2169 des pfälzischen Civilgesetzbuches gestattet jedem Hypothekgläubiger, wenn der Schuldner und der Drittbesitzer ihren gesetzlichen Verpflichtungen nicht Folge geleistet haben, das Recht, das zur Hypothek gestellte Gut verkaufen zu lassen und zwar dreißig Tage nach Zustellung des Zahlungsgebotes an den ursprünglichen Schuldner und nach Behändigung einer Aufforderung an den Drittbesitzer, entweder die Schuld zu zahlen oder das Gut abzutreten. (R. R. 580.)

2. „Drittbesitzer" wurde gesetzt anstatt: „dritter Besitzer" da der erstere Ausdruck durchgehends in der Prozeßordnung angenommen wurde. (A. R. 141, R. R. 580.)

3. „binnen dreißig Tagen" — dieser Ausdruck schließt sich an die neue Prozeßordnung an, und wurde deßhalb anstatt des im Reg.-Entw. enthaltenen Ausdruckes: „binnen eines Monats" gesetzt. (R. R. 581.)

Art. 104. (R. E. 105.)

Die Vorschrift des Art. 832 der pfälzischen Civilprozeßordnung, wornach die in den Art. 2183 und 2185 des pfälzischen Civilgesetzbuchs erwähnten Zustellungen durch einen von dem Präsidenten des Bezirksgerichts besonders committirten Gerichtsvollzieher gemacht werden müssen, ist aufgehoben.[1])

1. Die Aufhebung dieser Vorschrift erfolgte, da die in der pfälzischen Gesetzgebung mehrfach vorkommende Bestimmung, daß gewisse allerdings besonders wichtige Zustellungen durch von dem Bezirksgerichtsvorstande besonders dazu beauftragte Gerichtsvollzieher gemacht werden müssen, als eine überflüssige Förmlichkeit in die neue Prozeßordnung nicht aufgenommen wurde, also auch hier nicht beibehalten werden konnte. (R. R. 581.)

Art. 105. (R. E. 106.)

Die nach Art. 2185 Ziff. 5 des pfälzischen Civilgesetzbuchs in der dort erwähnten Zustellung anzubietende Sicherheitsleistung[1]) kann auf jede der in Art. 126 Ziff. 1—4 der neuen Prozeßordnung bezeichneten Arten[2]) geschehen.

Soll die Sicherheitsleistung auf andere Weise als durch baare Hinterlegung geschehen, so ist mit der Zustellung Vorladung des neuen Eigenthümers in eine bestimmte Sitzung des Bezirksgerichts zur Verhandlung über die Annahme der angebotenen Sicherheit zu verbinden und es kommen hiebei die Bestimmungen des Art. 127 Abs. 3—5[3]) und Art. 128[4]) der neuen Prozeßordnung in Anwendung. Gegen die über die Zulänglichkeit der angebotenen Sicherheitsmittel ergangenen Urtheile sind selbständige Rechtsmittel zulässig.[5])

Der in Art. 833 der pfälzischen Civilprozeßordnung angegebene Ausspruch[6]) ist auch dann zu erlassen, wenn der Gläubiger, welcher die Wiederversteigerung beantragt hat, die von ihm angebotene Sicherheit in der eintretenden Falls durch das Bezirksgericht festzusetzenden Frist nicht wirklich leistet.

1. Zu dieser Sicherheitsleistung für das Uebergebot muß sich der Gläubiger dem neuen Eigenthümer der unbeweglichen Sache gegenüber erbieten, wenn er auf die von diesem zum Zwecke der Purgation des Gutes von Hypotheken und Privilegien gemachte Zustellung die Wiederversteigerung gegen denselben nach Art. 2185 des pfälzischen Civilgesetzbuches betreiben will. (R. R. 582.)

2. „auf jede der in Art. 126 Ziff. 1—4 der neuen Prozeßordnung bezeichneten Arten" — nämlich durch Hinterlegung einer bestimmten Summe, oder eines Faustpfandes, durch Hypothekbestellung oder Bürgschaftsleistung.

3. Die in Abs. 3—5 des Art. 127 der neuen Prozeßordnung enthaltenen Bestimmungen betreffen die Zustellung der Erklärung des zur Sicherheitsleistung Verpflichteten an die Gegenpartei, die gerichtliche Entscheidung über die Zulänglichkeit der angebotenen Sicherheitsmittel und die allenfallsige Beibringung weiterer Nachweise.

4. Art. 128 der neuen Prozeßordnung bestimmt, daß für den Fall der Zulassung der Stellung eines Bürgen dieser in einer Notariatsurkunde über die einzugehende Verpflichtung sich zu erklären habe und daß ihm weder die Rechtswohlthat der Vorausklagung noch jene der Theilung zustehe.

5. Dieser dem Art. 129 Abs. 1 der neuen Prozeßordnung entsprechende Zusatz wurde zur Vermeidung von Zweifeln über die Zulässigkeit von Rechtsmitteln gegen die in dieser Verhandlung zu erlassenden Erkenntnisse und zur Erzielung einer Uebereinstimmung mit der neuen Prozeßordnung beigefügt. (A. R. 141, R. R. 582.)

6. nämlich des Ausspruchs auf Nichtigerklärung des Uebergebots im Falle der Verwerfung der Sicherheitsleistung. (R. R. 583.)

Art. 106. (R. E. 107.)

Die in dem Staatsrathsgutachten vom 9. Mai 1807[1]) für den dort vorgesehenen Fall vorgeschriebene Bekanntmachung hat in einem der in der Gegend verbreitetsten[2]) öffentlichen Blätter zu geschehen. Zum Beweise der Einrückung ist ein Exemplar des Blattes den Akten beizufügen.

1. Vgl. Note 2 zu Art. 102. (R. E. 103.)

2. Statt des im Reg.-Entw. in Bezug genommenen Art. 933 Abs. 1, welcher nunmehr dem Art. 1062 Abs. 1 der neuen Prozeßordnung entspricht, wurde der Inhalt dieses Absatzes, soweit er hieher Bezug hat, eingesetzt. (A. R. 141, R. R. 584.)

Art. 107. (R. E. 108.)[1])

Bei der Wiederversteigerung kommen die Vorschriften der neuen Prozeßordnung über das Verfahren bei der Zwangsversteigerung unbeweglicher Güter mit nachstehenden Abweichungen zur Anwendung:

1) Das Gesuch um Ernennung eines Versteigerungsbeamten[2]) kann eingereicht werden, sobald der Gläubiger, welcher die Wiederversteigerung verlangte, die Sicherheit wirklich geleistet hat. Eine Frist zur Einreichung des Gesuches besteht in diesem Falle nicht. Dem Gesuche sind die gegenseitig geschehenen Zustellungen beizulegen. Wenn sowohl der neue Eigenthümer als auch der Gläubiger, welcher die Wiederversteigerung verlangt hat, ein Gesuch um Ernennung eines Versteigerungsbeamten einreicht, so steht die Betreibung des Verfahrens demjenigen zu, dessen Gesuch zuerst auf der Gerichtsschreiberei übergeben wurde.
2) Dem Gesuche an den Versteigerungsbeamten um Festsetzung der Versteigerung ist nebst dem Ernennungsbeschlusse die frühere Veräußerungsurkunde oder der aus derselben gefertigte und zugestellte Auszug beizulegen.
3) Im Anschlagzettel ist statt des Beschlagnahmeprotokolls und der Urkunde, in Folge welcher das Verfahren stattfindet, die frühere Veräußerungsurkunde und die Zustellung, durch welche der Gläubiger die neue Versteigerung beantragt hat, zu erwähnen.[3]) Der Preis, den der Gläubiger nach Artikel 2185 Ziff. 2 des pfälzischen Civilgesetzbuchs zu bieten oder zu erzielen sich angeboten hat, bildet das erste Gebot.
4) Die in Art. 1057 Ziff. 5 der neuen Prozeßordnung angegebene stillschweigende Versteigerungsbedingung ist im Anschlagzettel ausdrücklich dahin abzuändern, daß der Ansteigerer[4]) nicht blos die Kosten des Versteigerungsprotokolls, einschließlich der die Versteigerung betreffenden Gebühren des Versteigerungsbeamten[4]), son-

dern auch die in Art. 2188 des pfälzischen Civilgesetzbuchs angegebenen Kosten[5]) außer dem Kaufpreise[4]) zu berichtigen hat. Zahlungsfristen können nur mit Zustimmung aller Betheiligten festgesetzt werden.

5) Hat der neue Eigenthümer mehrere zur Wiederversteigerung kommende Grundstücke mit einander um einen Gesammtpreis erworben, so kann der Gläubiger demungeachtet verlangen, daß die Versteigerung im Einzelnen vorgenommen werde.[6]) Ist nach Vorschrift des Art. 2192 des pfälzischen Civilgesetzbuchs eine Ausscheidung des angebotenen Preises auf die einzelnen zu versteigernden Grundstücke vorhergegangen, so hat diese der Wiederversteigerung zur Grundlage zu dienen.[7]) Ist dies aber nicht der Fall, so hat der Gläubiger[8]) in der nach Art. 2185 zu machenden Zustellung zugleich zu erklären, in welcher Weise der angebotene Kaufpreis auf die einzelnen Versteigerungsgegenstände zu vertheilen sei.

1. Dieser Artikel behandelt den Fall, wenn es in Folge des von dem Drittbesitzer eingeleiteten Purgationsverfahrens zur Wiederversteigerung des mit Hypotheken oder Privilegien belasteten Gutes kommt. (R. R. 584.)

2. „Versteigerungsbeamter" — dieser an die neue Prozeßordnung sich anschließende Ausdruck wurde anstatt: „Versteigerungscommissär" sowohl hier als in der Ziff. 2 des gegenwärtigen Artikels gewählt. (A. R. 141, R. R. 585.)

3. Die hier im Reg.-Entw. enthaltenen Worte: „Eine Angabe des Steuercapitals ist nicht erforderlich" wurden gestrichen, nachdem die Vorschriften der neuen Prozeßordnung über den Inhalt des Anschlagzettels (Art. 1060) eine solche Angabe nicht fordern. (A. R. 141, R. R. 585.)

4. „Ansteigerer" — „Versteigerungsbeamte" — „Kaufpreise" — diese Ausdrücke wurden zur Erzielung einer gleichförmigen Redaction mit der neuen Prozeßordnung anstatt der im Reg.-Entw. enthaltenen Ausdrücke: „Steigerer", „Commissär", „Steigpreise" gesetzt. (A. R. 141, R. R. 586.)

5. „die in Art. 2188 des pfälzischen Civilgesetzbuches angegebenen Kosten" — darunter sind jene für den Vertrag, für die Transscription in das Register des Hypothekenbewahrers, die der Zustellung und überhaupt alle aus Anlaß des neuen Verkaufes verursachten Kosten außer dem Kaufpreise verstanden. (R. R. 585.)

6. Die Ziff. 5 entspricht der Ziff. 4 Abs. 2 des Reg.-Entw., welcher lautete:

„Hat der neue Eigenthümer mehrere Grundstücke, welche nunmehr in der Wiederversteigerung begriffen sind, mit einander um einen Gesammtpreis erworben, so müssen dieselben miteinander als ein Ganzes versteigert werden, es sei denn, daß sämmtliche Betheiligte sich über eine andere Versteigerungsart und die Vertheilung des angebotenen Preises auf die einzeln zur Versteigerung zu bringenden Grundstücke verständigen."

Nach dieser Fassung des Reg.-Entw. sollten, wenn der neue Eigenthümer, gegen welchen die Wiederversteigerung stattfindet, mehrere Grundstücke miteinander um einen Gesammtpreis erworben hatte, diese Grundstücke als Ganzes zur Versteigerung kommen, sofern nicht die sämmtlichen Betheiligten über eine andere Versteigerungsart sich vereinigen würden.

Hiegegen wurde in Betracht gezogen, daß durch die Nothwendigkeit, die mit einander um einen Gesammtpreis erworbenen Grundstücke wieder als Ganzes versteigern zu müssen, das Recht ein Mehrgebot zu bieten erschwert wird und die Gläubiger benachtheiligt werden, indem erfahrungsgemäß bei Versteigerungen im Einzelnen ein höherer Erlös erzielt wird und daß es deßhalb dem betreibenden Gläubiger unbenommen bleiben müsse, die Versteigerung im Einzelnen vorzunehmen.

Auf diesem Gedanken beruht die neue Fassung der Ziff. 5, welche es im Interesse des neuen Erwerbers bei der Versteigerung im Ganzen beläßt, andererseits aber auch das Interesse der Gläubiger berücksichtigt, indem sie die Versteigerung im Einzelnen gestattet. (A. P. 446, 475, R. R. 586.)

7. Die Ausführung des in Note 5 bezeichneten Gedankens in der letzten Richtung machte die Einschaltung der in der Ziff. 5 weiter enthaltenen Bestimmungen nothwendig. Der Art. 2192 des cod. civ. schreibt nemlich zur Gewinnung einer gesetzlichen Grundlage für das Mehrgebot vor, daß der Drittbesitzer, wenn sein Erwerbstitel mehrere Liegenschaften umfaßt und diese Liegenschaften entweder nicht alle, oder nicht mit denselben Hypothekarinscriptionen beschwert sind, sondern mit besonderen und verschiedenen, in seinen Notificationen an die Gläubiger den Preis derjenigen Liegenschaften, welche allein verpfändet sind, und den Preis einer jeden einzelnen Liegenschaft, welche mit besonderen und verschiedenen Einschreibungen belastet ist, entweder nach dem in dem Erwerbstitel schon enthaltenen Ansatze, wenn ein solcher im Erwerbstitel ausgeschieden wurde, oder nach einem vorläufigen Anschlage zu bestimmen hat. Nun deckt aber die Vorschrift des Art. 2192 des cod. civ. nicht alle Fälle. Es kann nämlich vorkommen, entweder daß die hypothekarische Belastung mehrerer Grundstücke eine verschiedene ist, oder daß alle zur Versteigerung kommenden Grundstücke in gleicher Weise mit Hypotheken belastet sind. Im ersteren Falle (Art. 2192 des cod. civ.) hat der Drittbesitzer den angebotenen Preis auf die einzelnen zu versteigernden Grundstücke auszuscheiden, und diese Ausscheidung („Ventilation") gilt als gesetzliche Grundlage bei der Wiederversteigerung. Für den letzten Fall trifft der Schlußsatz der Ziff. 5

Vorsorge, indem er auch für diesen das Erforderniß der Ventilation statuirt. (A. P. 475, R. R. 587.)

8. In dem Falle, wenn die zur Versteigerung kommenden Grundstücke in gleicher Weise mit Hypotheken belastet sind, für welchen der in Note 6 angeführte Art. 2192 keine Bestimmung getroffen hat, kann man dem Drittbesitzer nicht zumuthen, die Ausscheidung der Kaufpreise vorzunehmen, sondern es muß diese durch den betreibenden Gläubiger selbst geschehen, indem er erklärt, in welcher Weise der angebotene Preis auf die einzelnen Versteigerungsgegenstände zu vertheilen sei, und diese Erklärung wird zweckmäßiger Weise mit der nach Art. 2185 des cod. civ. zu machenden Zustellung verbunden. (A. P. 475, R. R. 587.)

In Ziff. 5 ist zugleich ausgesprochen, daß das Mehrgebot sich auf das Ganze erstrecken muß, weil es nicht zulässig wäre, daß der betreibende Gläubiger schon zum Zwecke des Mehrgebotes eine Ausscheidung in der Weise treffe, daß er dasselbe nur auf den Preis eines Grundstückes lege, vielmehr das Mehrgebot von ein Zehntel auf die Gesammtsumme zu schlagen ist. (A. P. 475, R. R. 588.)

Art. 108. (R. E. 109.)

Die in Art. 1061 der neuen Prozeßordnung vorgeschriebene Zustellung[1]) muß nicht nur an die am Tage der Transscription der Veräußerungsurkunde eingetragenen, sondern auch an diejenigen Hypothekgläubiger geschehen, deren Forderungen innerhalb der in Art. 834 der pfälzischen Civilprozeßordnung, Art. 2194 des pfälzischen Civilgesetzbuchs und den Staatsrathsgutachten vom 9. Mai 1807 und 5. Mai 1812[2]) festgesetzten Fristen eingetragen worden sind.

1. „Zustellung" — darunter ist die Zustellung des Anschlagzettels über die zu versteigernde unbewegliche Sache verstanden. (R. R. 590.)

2. vgl. Note 2 zu Art. 102. (R. E. 103.)

Art. 109. (R. E. 110.)

Ist auf die Zustellungen, welche der neue Eigenthümer in Gemäßheit der in Art. 102 des gegenwärtigen Gesetzes[1]) angeführten gesetzlichen Bestimmungen machen ließ, die Wiederversteigerung nicht beantragt worden, so können, wenn über die Vertheilung des Kaufpreises zwischen mehr als drei Gläubigern Streit besteht, der neue Erwerber, jeder Hypothekgläubiger und der Schuldner das Vertheilungsverfahren[2]) in der in Art. 1094 der neuen Prozeßordnung bestimmten Form einleiten. Hiebei kommen die Vorschriften der neuen Prozeßordnung zur Anwendung. Die in Art. 1098 der neuen Prozeßordnung vorgeschriebene Aufforderung[3]) muß an die in Art. 108 des gegenwärtigen Gesetzes angegebenen Gläubiger geschehen.

1. „in Art. 102 des gegenwärtigen Gesetzes" wurde entsprechend der nunmehrigen Reihenfolge des hier allegirten Artikels beziehungsweise in Conformität der gewählten Terminologie anstatt „im vorhergehenden Artikel" gesetzt. (R. R. 591.)

2. „Vertheilungsverfahren" wurde in Uebereinstimmung mit der in der neuen Prozeßordnung gebrauchten Ausdrucksweise anstatt des im Reg.-Entw. enthaltenen Wortes: „Rangordnungs-Verfahren" gesetzt. (R. R. 591.)

3. d. i. die Aufforderung an die betreffenden Rentämter, Gemeindeverwaltungen u. s. w. behufs Anmeldung ihrer Forderungen. (R. R. 591.)

Art. 110.

Die Bestimmungen der Art. 2157—2165 des pfälzischen Civilgesetzbuchs bleiben auch insoweit, als sie die streitige Rechtspflege berühren, in Kraft.[1])

1. Die Bestimmungen der Art. 2157—2165 des cod. civ. („Von der Löschung und Reduktion der Eintragungen") berühren namentlich rücksichtlich der Zuständigkeit (vgl. Art. 2159) die streitige Rechtspflege und hängen mit den in der Pfalz geltenden Hypothekengesetzen zusammen. Die Aufrechterhaltung derselben rechtfertigt sich, da sie außerdem in Gemäßheit des in Art. 2 des gegenwärtigen Gesetzes aufgestellten Grundsatzes außer Wirksamkeit treten würden. Es erschien daher zweckmäßig, die Aufrechterhaltung dieser Bestimmungen ausdrücklich auszusprechen. (R. R. 592, R. P. 72, A. P. 495.)

Art. 111. (R. E. 111.)

Für diejenigen Fälle, in welchen durch die in der Pfalz in Wirksamkeit verbleibenden gesetzlichen Bestimmungen die provisorische Entscheidung von Streitigkeiten oder sonstigen sich ergebenden Anständen dem Präsidenten des

Bezirksgerichts übertragen ist, bleiben die Vorschriften der Art. 806—811 [1]) der pfälz. Civilprozeßordnung in Kraft. Im Falle des Art. 808 bedarf jedoch der Gerichtsvollzieher zur Zustellung der Vorladung keines besonderen Commissoriums. [2])

1. Diese Artikel handeln von dem sog. Referéverfahren, welches in allen dringenden Fällen, oder wo es darauf ankommt, daß über Schwierigkeiten, die sich auf die Vollstreckung eines executorischen Titels oder eines Urtheils beziehen, provisorisch entschieden werde stattfindet. (R. R. 593.)

2. Von einem besonderen Commissorium für die Gerichtsvollzieher wurde abgesehen, da die Förmlichkeit eines besonderen richterlichen Auftrages in die neue Prozeßordnung nicht aufgenommen wurde. Die im Art. 808 des code de proc. bezeichnete Vorladung zur Audienz in Fällen, welche Beschleunigung erfordern, geschieht daher durch gewöhnlichen Gerichtsvollzieheract. (M. 235, R. R. 593.)

Art. 112. (R. E. 112.)

Die Bestimmungen der Art. 1 und 3 des Gesetzes vom 2. Vendémiaire VIII über Entscheidung der beim Gemeindeoctroi entstehenden Streitigkeiten bleiben in Kraft.[1]) Verfahren und Berufungssumme richten sich nach den Vorschriften der neuen Prozeßordnung. [2])

1. Nach Art. 1 des Gesetzes vom 2. Vendémiaire VIII gehören die Civilstreitigkeiten, die sich bei den Octrois über die Anwendung des Tarifs oder die Größe der Gebühren ergeben, ohne Rücksicht auf die Größe des streitigen Betrags zur Zuständigkeit der Friedensgerichte, welche je nach Belauf der Summe entweder in letzter Instanz oder vorbehaltlich der Berufung entscheiden. Nach Art. 3 sind die Träger und Führer von im Tarife begriffenen Gegenständen, wenn über Anwendung des Tarifs oder die Größe der Gebühr Streit entsteht, gehalten, die geforderte Gebühr bei dem Einnehmer zu hinterlegen und der Friedensrichter darf sie mit ihrer Klage nur dann hören, wenn sie durch die Quittung darthun, daß sie dieser Verpflichtung nachgekommen sind. (Vgl. Siebenpfeiffer, Handbuch der Verfassung, Gerichtsordnung und gesammten Verwaltung Rheinbayerns, Bd. II S. 320.) Die Aufrechthaltung dieser Bestimmungen rechtfertigt sich, da kein Grund besteht, hieran eine Aenderung vorzunehmen. (M. 235, R. R. 593.).

2. Ueber das Verfahren und die Berufungssumme enthält das angeführte Gesetz keine besonderen Bestimmungen, daher in dieser Beziehung die neue Prozeßordnung zur Anwendung kommt. (M. 235.)

VI. Einige die Gerichtsverfassung betreffende Bestimmungen.

In diesem Abschnitte sind diejenigen Aenderungen zusammengestellt, welche durch das Inslebentreten der neuen Prozeßordnung an der jetzt geltenden Gerichtsverfassung nothwendig geworden sind. Dieselben beziehen sich nur auf solche Einrichtungen, deren Grundlage auf Gesetzen beruht, während alle durch Verordnung, Dekrete oder in ähnlicher Weise erlassenen Vorschriften ihre Aenderung im Verordnungswege zu finden haben. Vorzugsweise kommen hier solche Einrichtungen in Betracht, bezüglich deren in den Landestheilen diesseits des Rheins und der Pfalz zur Zeit noch eine Verschiedenheit besteht. Mit Einführung einer neuen das ganze Königreich umfassenden Civilprozeßordnung soll auch für die mit dieser in vielen Punkten unzertrennlich zusammenhängende Gerichtsverfassung die möglichste Einheit zwischen den Landestheilen diesseits und jenseits des Rheins geschaffen werden und die noch bestehende Verschiedenheit der Gesetzgebung, soweit kein Grund für deren Fortbestehen vorhanden ist, aufhören, womit der verfassungsmäßige Grundsatz der gemeinsamen Gesetzgebung für das ganze Königreich auch in Bezug auf die Gerichtsverfassung seinen Ausdruck findet. (M. 235, R. R. 594.)

Vor Verhandlung über die einzelnen Artikel dieses Abschnitts wurden vom Referenten Abg. v. Neumayr folgende Punkte in Anregung gebracht:

a) Die bei Berathung des XXVI. Hauptstücks der neuen Prozeßordnung (Verfahren bei den protestantischen Ehegerichten in den Landestheilen diesseits des Rheins) angeregte Frage, ob nicht eine Abänderung des dermalen bestehenden Gerichtsverfassungsgesetzes vom 10. Novbr. 1861 (Art. 74 Abs. 2 u. 3) dahin einzuführen sei, daß künftig die sämmtlichen Bezirksgerichte der genannten Landestheile mit der Zuständigkeit als protestantische Ehegerichte betraut werden sollen. (A. P. II. S. 391.) Von der Aufnahme einer hierauf bezüglichen Bestimmung wurde Umgang genommen, weil es, wenn alle Bezirksgerichte als protestantische Ehegerichte erklärt würden, nicht möglich wäre, alle Ehesenate mit Protestanten zu besetzen. Wollte man außer den bisher bestandenen Ehegerichten zu Ansbach und Bayreuth noch weitere errichten, so kann dies von Seite der k. Staatsregierung jederzeit verfügt werden. (A. R. 142, A. P. 425.)

b) Die Frage über die Aufnahme allenfallsiger Bestimmungen bezüglich der Umbildung der Handelsgerichte, worüber im Abgeordneten-Ausschusse bei Berathung der neuen Prozeßordnung ausführliche Verhandlungen gepflogen wurden (A. P. IV. S. 7 ff.), konnte bei dem z. Z. der Berathung des Einführungsgesetzes bestehenden Drange der Landtagsarbeiten keine Erledigung mehr finden. (A. R. 142, 144, A. P. 427.)

c) Ein dritter Punkt betrifft die in Art. 64 Abs. 2 des ursprünglichen Entwurfs der Prozeßordnung enthaltene Bestimmung, ob und in wie weit Staatsbeamte zur Uebernahme und Führung gerichtlicher Vertretungen der Erlaubniß der vorgesetzten Stelle bedürfen — eine Bestimmung, welche von den Ausschüssen gestrichen wurde, jedoch unter Vorbehalt der Reproduktion im Einführungsgesetze. (A. P. I. 113.) — Es wurde hervorgehoben, eine gesetzliche Bestimmung dieser Art erschiene nicht nothwendig, vielmehr sei die Staatsregierung befugt, diesen Gegenstand im Verordnungswege zu regeln, und könne ein Vorgehen auf diesem Wege um so weniger einem Bedenken unterliegen, als hiefür durch § 21 Abs. 3 der IX. Verf.-Beil. eine vollkommen ausreichende gesetzliche Basis gegeben ist, wie denn auch die Sache wirklich durch Verordnung vom 10. März 1868 (Reg.-Bl. S. 449) ihre Regelung und zwar im Wesentlichen dahin gefunden hat, daß den Staatsbeamten die Uebernahme von Funktionen der fraglichen Art in der Regel freigegeben und nur die Verpflichtung zur Anzeigeerstattung bei der vorgesetzten Stelle auferlegt ist. Gegen diese Auffassung des Referenten wurde im Abgeordneten-Ausschusse keine Erinnerung erhoben. (A. R. 142, A. P. 426.)

d) Die Anregung, eine Vorschrift über das Richteramt und den Richteramtseid aufzunehmen (A. R. 142), hat in dem folgenden Art. 113 ihre Erledigung gefunden.

Bemerkt wird, daß die k. Staatsregierung zu mehreren Artikeln des VI. Abschnittes veränderte Fassungen, welche anstatt jener des Reg.-Entw. bei der Berathung zu Grunde gelegt wurden, sowie ferner die Einstellung neuer Artikel in Vorschlag gebracht hatte. (Vgl. Beil. II z. A. R. 147 ff.)

Art. 113.

Das Richteramt kann nur derjenige ausüben, welcher vom Könige dazu ernannt ist und den Amtseid dahin geleistet hat, die ihm obliegenden Richteramtspflichten nach bestem Wissen und Gewissen, mit Fleiß und Sorgfalt zu erfüllen, keine Partei zu begünstigen, keiner mit Rath zu dienen, von keiner ein Geschenk oder Versprechen, weder mittelbar noch unmittelbar anzunehmen, nirgends aus Haß, Gunst, Furcht, Rücksicht auf die Person oder aus ähnlichen Ursachen zu handeln, sondern bei allen Richteramtshandlungen nur Gott, die Gesetze, die Gerechtigkeit und Wahrheit vor Augen zu haben.[1])

Die Vorstände[2]) der Einzelngerichte haben diesen Eid bei dem vorgesetzten Bezirksgerichte, die übrigen Richter bei dem Gerichte, an welchem sie angestellt sind, in öffentlicher[3]) Sitzung zu leisten.

Der von Richtern, welche als solche schon vor dem 1. Juli 1870 angestellt und eidlich verpflichtet waren, in der bisher vorgeschriebenen Weise geleistete Diensteid wird dem vorbezeichneten Eide gleichgeachtet und es hat eine nochmalige eidliche Verpflichtung dieser Richter, und zwar auch dann, wenn sie zu einer andern Richterstelle berufen werden, nicht stattzufinden. [4])

1. Der Abs. 1 dieses neu eingeschalteten Artikels entspricht dem Art. 34 des ursprünglichen Entwurfs der Prozeßordnung, bei deren Berathung (A. P. I 73, 81) beschlossen wurde, da der Richteramtseid sich nicht bloß auf Civil-, sondern auch auf Strafsachen bezieht, den Art. 34 nicht in die neue Prozeßordnung, sondern in das Einführungsgesetz aufzunehmen.

Der Art. 113 ist bestimmt, an die Stelle der Vorschrift der Gerichtsordnung Cap. II § 2, wo von dem Eide und dem Amte des Richters die Rede ist, zu treten. (A. R. 142, R. R. 594.)

2. Nach der jetzigen Einrichtung in der Pfalz wird die Beeidigung der Richter bei der vorgesetzten Stelle vorgenommen; dies wurde als sehr umständlich erachtet, daher nur bezüglich der Vorstände der Einzelngerichte die Eidesleistung bei dem vorgesetzten Bezirksgerichte angeordnet. (R. P. 474, A. P. 496.)

3. Die Ableistung dieser Eide in öffentlicher Sitzung erschien höchst wünschenswerth; es entspricht dies dem Principe der Oeffentlichkeit des Verfahrens, in welchem die Richter thätig zu sein haben, und prägt der Eidesleistung eine gewisse Würde und Feierlichkeit auf, die nur wohlthätig wirken kann. (R. R. 596, R. P. 74.)

4. Der Abs. 3 — der auch auf die Pfalz unbedingt Anwendung findet (A. P. 496) — war nothwendig, weil sonst aus der ganz allgemeinen Fassung des Eingangs zu Art. 113 gefolgert werden könnte, daß alle, also auch die jetzt schon angestellten Richter, neu beeidigt werden müssen, während es doch in der Absicht dieses Artikels liegt, daß ein Richter, welcher einmal den Richtereid geleistet hat, nicht nochmal beeidigt zu werden braucht. (R. R. 596, R. P. 73.)

In der Pfalz kennt man einen solchen Richtereid bis jetzt nicht, es gibt dort bloß einen Diensteid auf das spezielle Amt. Diese Einrichtung ist durch die Fassung des Abs. 3 in Zukunft beseitigt. (R. P. 74.)

Bei Art. 113 wurde im Ausschusse der Kammer der Reichsräthe auf Antrag des k. Ministerialcommissärs zu Protokoll constatirt, daß derselbe nur auf die ordentlichen Gerichte Anwendung finde, nicht auch auf die außerordentlichen, z. B. nicht auf die katholischen Ehegerichte. (R. P. 76.)

Art. 114.

Der Gerichtsschreiber [1]) hat bei dem Gerichte, an welchem er angestellt ist, in öffentlicher Sitzung [2]) den Amtseid dahin zu leisten, die ihm obliegenden Amtspflichten nach den bestehenden Gesetzen und Verordnungen treu zu erfüllen, den dienstlichen Aufträgen seiner Vorgesetzten pünktlich nachzukommen und das Amtsgeheimniß sorgfältig zu bewahren.

Bei Gerichtsschreibern, welche als solche oder als Gerichtssecretäre [3]) schon vor dem 1. Juli 1870 angestellt und eidlich verpflichtet waren, vertritt der in der bisher vorgeschriebenen Weise geleistete Diensteid den in Abs. 1 bezeichneten Amtseid, gleichviel ob sie an dem nämlichen oder an einem andern Gerichte angestellt waren.

1. Die Aufnahme des Abs. 1 dieses ebenfalls neu eingeschalteten Art. 114 erschien zweckmäßig mit Rücksicht auf die Bestimmung der Gerichtsordnung Cap. II § 3 über die Pflicht und das Amt des Gerichtsschreibers, welche Bestimmung nunmehr aufgehoben ist. (A. P. 426, R. R. 596.)

2. „bei dem Gerichte, an welchem er angestellt ist, in öffentlicher Sitzung“ — in der Einschaltung dieser Worte liegt eine Abweichung von der jetzigen Einrichtung, wonach die Gerichtsschreiber bloß dem Amtsvorstande den Eid zu leisten haben. (R. P. 76.)

Ueber die Eidesleistung in öffentlicher Sitzung vgl. Note 3 zu Art. 113.

3. Der von den Sekretären und von den Gerichtsschreibern bisher zu leistende Eid war zwar nicht gleich, im Wesentlichen aber besteht kein Unterschied, daher der Eid der Ersteren als Gerichtsschreibereid gelten soll. (R. P. 76, A. P. 496.)

Art. 115. (R. E. 113.)

Vom 1. Juli 1870 an ist der Cassationshof für die Pfalz aufgehoben [1]) und gehen alle demselben bisher zugewiesenen Gegenstände [2]) an den obersten Gerichtshof über.

1. Die Aufhebung des Cassationshofes für die Pfalz rechtfertigt sich, da für das fernere Fortbestehen desselben mit Einführung des für beide Landestheile gemeinsamen Civilprozesses keine Veranlassung mehr vorhanden ist. Dem Bedürfnisse ist dadurch genügt, daß für die Zeit, während welcher in der

Pfalz ein von dem dießseitigen Bayern abweichendes Civilgesetzbuch noch besteht, die Entscheidung der Nichtigkeitsbeschwerden gegen Urtheile der pfälzischen Civilgerichte einem außerordentlichen Senate des obersten Gerichtshofs überwiesen wird, wie dies durch den Art. 116 Abs. 3 Ziff. 1 (R. E. 114) geschieht. (M. 235, R. R. 597.)

2. Darunter fallen auch die Disciplinarsachen gegen die pfälzischen Justizbeamten, soweit sie zur Zuständigkeit des Cassationshofes gehören. (M. 235.)

Art. 116. (R. E. 114.)

Am obersten Gerichtshofe werden zur Entscheidung aller nicht in eine Plenarsitzung gehörigen Sachen am Beginne eines jeden Gerichtsjahres durch das Direktorium ordentliche[1]) und außerordentliche Senate gebildet, welche ohne dringende Veranlassung während des Jahres nicht geändert werden dürfen. Im Falle vorübergehender Verhinderung oder sonstiger Unzulänglichkeit der für einen Senat bezeichneten Mitglieder ist der Präsident befugt, andere Gerichtsmitglieder zur Ergänzung des betreffenden Senats abzuordnen.

Es[2]) sind wenigstens drei ordentliche Senate zu bilden. Dem ersten sind vorzugsweise die Civilsachen, dem zweiten die Handelssachen, dem dritten die Strafsachen zuzuweisen. Ist ein Senat außer Stande, die anfallenden Geschäfte vollständig zu erledigen, so kann der Präsident einzelne Sachen auch einem andern weniger belasteten Senate zutheilen.[3])

Außerordentliche Senate sind zu bilden:

1) für die aus der Pfalz einlaufenden Civilsachen;[4])
2) für diejenigen Sachen, welche in den Landestheilen diesseits des Rheins den protestantischen Ehegerichten und den in Gemäßheit des Art. 17 des Gesetzes über Schließung und Trennung der Ehen der keiner anerkannten Religionsgesellschaft angehörenden Personen vom 2. Mai 1868 für Ehestreitigkeiten gegen Dissidenten bezeichneten Ehegerichten zugewiesen sind.[5])

In Disciplinarsachen hat, wenn die Einschreitung durch einen Vorfall veranlaßt wurde, der in einer Sitzung des obersten Gerichtshofs vorgekommen ist oder mit einer einem Senate desselben zugetheilten Sache zusammemhängt, der betreffende Senat, andernfalls derjenige Senat, dessen Vorstand der Präsident ist, zu entscheiden.

1. Dermalen bestehen ständige Senate nur bei dem Oberappellationsgerichte und bei dem Appellationsgerichte der Pfalz. Mit der Einführung eines gleichen Civilprozeßgesetzbuches für das ganze Königreich kann auch in dieser Beziehung nicht wohl eine verschiedene Einrichtung bei den Appellationsgerichten bestehen. Entweder mußten auch bei den diesseitigen Appellationsgerichten ständige Senate eingeführt, oder dieselben bei dem Appellationsgerichte der Pfalz abgeschafft und dort dem Appellationsgerichtspräsidenten überlassen werden, die Senate für jede einzelne Sitzung besonders festzusetzen. Gegen letztere Einrichtung bestehen die Bedenken, daß schon bei dem Prozeßgange, namentlich bei dem Verfahren, das jetzt eingeführt werden soll, ständige Senate mit Einräumung der entsprechenden Befugnisse an den Senatsvorstand, wie die Erfahrung lehrt, sehr förderlich sind. Außerdem gibt die dem Präsidenten eingeräumte Befugniß, für jede einzelne Sache den entscheidenden Senat beliebig aus der Gesammtzahl der Gerichtsmitglieder zu bilden, dem Ersteren einen sehr bedenklichen und deßhalb auch schon vielfach beanstandeten Einfluß auf die Rechtsprechung.

Aus diesen Gründen und da auch zu sehr vielen Bestimmungen der neuen Prozeßordnung das Vorhandensein beziehungsweise die Einführung ständiger ordentlicher Senate vorausgesetzt ist, wurde sowohl bei dem obersten Gerichtshofe, als bei den sämmtlichen Appellationsgerichten — vgl. Art. 120 (Reg.-Entw. 117) — die Einführung einer solchen Senatseintheilung bestimmt. (M. 235, A. R. 143.)

2. Für die Abs. 2 u. 3 dieses Art. 116 hatte die k. Staatsregierung die folgende Fassung vorgeschlagen:

„Es sind wenigstens drei ordentliche Senate zu bilden. Dem ersten sind vorzugsweise die aus den Landestheilen diesseits des Rheins einlaufenden Civilsachen, dem zweiten die aus dem ganzen Königreiche einlaufenden Handelssachen und dem dritten die aus dem ganzen Königreiche einlaufenden Strafsachen zuzuweisen. Ist ein Senat außer Stande, die anfallenden Geschäfte vollständig zu erledigen, so kann der Präsident des obersten Gerichtshofes einzelne Sachen auch einem anderen, durch die vorzugsweise von ihm zu erledigenden Gegenstände nicht vollständig beschäftigten Senate zutheilen.

Außerordentliche Senate sind zu bilden:

1) für die aus der Pfalz einlaufenden Civilsachen;

2) für diejenigen Sachen, welche in den Landestheilen diesseits des Rheins den protestantischen Ehegerichten und den in Gemäßheit des Art. 17 des Gesetzes über Schließung und Trennung der Ehen der keiner anerkannten Religionsgesellschaft angehörenden Personen vom 2. Mai 1868 für Ehestreitigkeiten gegen Dissidenten bezeichneten Ehegerichten zugewiesen sind;

3) für Bergrechtsstreitigkeiten in den Landestheilen diesseits des Rheins." (vgl. A. R. 147.)

3. Diese im Interesse der raschen Geschäftserledigung dem Präsidenten des obersten Gerichtshofes eingeräumte Befugniß hat darin ihren Grund, daß sich der Umfang der Geschäfte und das Verhältniß, in welchem dieselben anfallen werden, im Voraus nicht genau bemessen läßt. Der Wortlaut des Gesetzes gibt dem Präsidenten dieses Recht aber nur so weit, als das Interesse des Dienstes es verlangt. Er kann z. B. dem Strafsenate auch Civilsachen zutheilen, wenn der Civilsenat außer Stande ist, alle einlaufenden Civilsachen rasch zu erledigen und zugleich der Strafsenat durch die einlaufenden Strafsachen nicht vollständig beschäftigt ist. Er kann aber in diesem Falle nicht Strafsachen dem Civil- oder dem für Handelssachen vorzugsweise bestimmten Senate zuweisen. (M. 236.)

4. Von der Bildung eines außerordentlichen Senates für die aus der Pfalz einlaufenden Civilsachen konnte — abgesehen von der bereits oben Note 1 zu Art. 115 (Reg.-Entw. 113) bemerkten in vielfacher Beziehung abweichenden Gesetzgebung — mit Rücksicht auf das Vertrauen, welches die Entscheidungen des Kassationshofes in der Pfalz genießen sollen, ferner mit Rücksicht darauf, daß der oberste Gerichtshof nur eine geringe Anzahl von Mitgliedern, die mit den pfälzischen Gesetzen vertraut sind, zählt, und daß es für die diesseitigen Juristen nicht geringe Schwierigkeiten bieten würde, ein ihnen bisher wenn auch noch so gründlich theoretisch bekannt gewordenes, bennoch aber praktisch fremd gebliebenes Civilrecht praktisch anzuwenden, nicht Umgang genommen werden. (A. R. 143, A. P. 426, R. R. 599.)

5. Für die in Ziff. 2 aufgeführten Sachen war im Hinblicke auf die hier in Frage kommenden confessionellen Beziehungen die Bildung eines außerordentlichen Senates gerechtfertigt. (A. R. 143.)

Die in der modifizirten Fassung der k. Staatsregierung enthaltene Ziff. 3 hatte in Folge des Berggesetzes v. 20. März 1869 wegzufallen. (A. P. 426, R. R. 599.)

Art. 117. (R. E. 115.)

Jedem Senate des obersten Gerichtshofs sind einschließlich des Vorstandes wenigstens acht Mitglieder zuzuweisen.[1]) Jedem Senate, dessen Vorstand nicht der Präsident ist, ist wenn möglich ein Direktor als Vorstand zuzutheilen. Dem Senate, dessen Vorstand der Präsident ist, kann ein Direktor als Mitglied zugetheilt werden. Gleiches kann auch bei andern Senaten geschehen, wenn es wegen der Zahl der vorhandenen Direktoren nothwendig ist oder aus sonstigen Gründen zweckmäßig erscheint.[2]) Besteht ein Senat ausnahmsweise nur aus Räthen, so ist der im Dienste älteste Rath Vorstand desselben. Ist der Vorstand eines Senats verhindert, so kommen dessen Befugnisse dem im Range[3]) nächstfolgenden Senatsmitgliede zu.

Jedes Mitglied des Gerichtshofs muß einem ordentlichen Senate zugetheilt werden.

Die außerordentlichen Senate werden aus Mitgliedern der ordentlichen Senate zusammengesetzt. Ein Gerichtsmitglied kann nicht zu gleicher Zeit mehreren ordentlichen Senaten angehören. Der für die im vorhergehenden Art. 116 Abs. 3 Ziff. 2 erwähnten Sachen zu bildende außerordentliche Senat ist, wenn nicht besondere Hindernisse entgegenstehen, aus solchen Gerichtsmitgliedern zusammenzusetzen, welche der protestantischen Confession angehören.

Bei Zusammensetzung der ordentlichen Senate ist möglichst darauf zu achten, daß jedes Jahr wenigstens einige Mitglieder aus einem Senate in einen andern übertreten.

Der Präsident ist befugt, in jedem Senate, so oft er es für angemessen erachtet, den Vorsitz zu führen.

1. Die Fassung des Eingangssatzes wurde anstatt der im Reg.-Entw. enthaltenen:

„Jeder Senat muß einschließlich des rc. bestehen"

gewählt, um schärfer hervorzuheben, daß hier nur von der Zahl der dem Senate im Allgemeinen zuzutheilenden, nicht von der Zahl der zur Entscheidung der einzelnen Fälle in den Senat zu berufenden Mitglieder (vgl. Art. 125 R. E. 121 Abs. 1) die Rede ist. (R. A. 143, R. R. 601.)

2. Die Einschaltung des Satzes: „Gleiches kann auch — zweckmäßig erscheint" erfolgte auf Vorschlag der k. Staatsregierung, welche

auch für Abs. 2 und 4 dieses Artikels eine modifizirte, mit der nunmehrigen im Wesentlichen übereinstimmende Fassung (A. R. 118) vorgelegt hatte.

3. Nach den Worten: „im Range" war im Reg.-Entw. eingeschaltet: „oder Dienstesalter." Diese Worte wurden gestrichen; dieselben würden nämlich in Collisionsfällen zwischen Rang und Dienstesalter, wie dies in dem in Abs. 1 bezeichneten Senate, welchem der Präsident oder ein Direktor als Vorstand, und ein Direktor als Mitglied angehört, vorkommen kann, keine Bedeutung haben. In dem hier vorgesehenen Verhinderungsfalle bildet lediglich der Rang des betreffenden Beamten das entscheidende Moment, da auch bei Beamten gleicher Kategorie der im Dienstesalter Aeltere den Rang vor dem Jüngeren hat. (A. R. 143, R. R. 601.)

Art. 118[1])

Hinsichtlich der Bildung der Senate zur Entscheidung der Competenzconflikte zwischen Gerichts- und Verwaltungsbehörden, sowie zwischen Civil- und Militärgerichten verbleibt es[2]) bei den bezüglichen Bestimmungen des Gesetzes vom 28. Mai 1850 „die Competenzconflikte betr."

Die übrigen an den obersten Gerichtshof gelangenden Competenzconflikte sind von dem nach Art. 116 des gegenwärtigen Gesetzes in der Hauptsache zuständigen ordentlichen oder außerordentlichen Senate, in dem Falle aber, daß es erst von der Entscheidung des Competenzconfliktes abhängt, welcher Senat für die Hauptsache, wenn diese an den obersten Gerichtshof gelangen würde, zuständig wäre, von einem besondern Senate zu entscheiden, der aus dem Präsidenten als Vorstand und aus von diesem zu bezeichnenden sechs weitern Mitgliedern der verschiedenen Senate, welche je nach der Entscheidung des Competenzconfliktes in der Hauptsache zuständig werden können, und zwar aus jedem dieser Senate zu gleicher Zahl zu bestehen hat.

1. Dieser von den beiden Ausschüssen neu eingeschaltete Artikel ist veranlaßt durch die veränderte Eintheilung des obersten Gerichtshofes in ordentliche und außerordentliche Senate und soll allenfallsigen Zweifeln über die Frage, ob und wiefern diese Eintheilung auf die Bildung der Senate zur Entscheid-

ung der an den obersten Gerichtshof gelangenden Competenzconflikte zu gelten habe, vorbeugen, und darüber die nöthigen Vorschriften theils durch Aufrechterhaltung früherer, theils durch Aufstellung neuer Bestimmungen an die Hand geben. (R. R. 602.)

2. Die Bildung der Senate für diese Arten von Competenzconflikten richtet sich also wie bisher nach Art. 1 und 14 Abs. 2 des Competenzconfliktgesetzes v. 28. Mai 1850. (R. R. 603.)

Art. 119. (R. E. 116.)

Die Anberaumung der Sitzungen, die Ernennung der Referenten und die Bezeichnung der Senatsmitglieder, welche den einzelnen Sitzungen beizuwohnen haben, ist, vorbehaltlich des dem Präsidenten zustehenden Aufsichtsrechtes, Sache des Senatsvorstands.[1])

1. Der Inhalt dieses Artikels ist durch verschiedene Bestimmungen der neuen Prozeßordnung als bereits bestehend vorausgesetzt. (A. R. 144.)

Art. 120.[1]) (R. E. 117.)

Die Appellationsgerichte theilen sich in ordentliche Senate. Neben denselben ist bei dem als protestantisches Ehegericht zweiter Instanz und als Ehegericht zweiter Instanz für die Ehestreitigkeiten der Dissidenten bezeichneten Appellationsgerichte ein außerordentlicher Senat für diese Ehesachen[2]) zu bilden.

Bei jedem Appellationsgerichte sind wenigstens zwei ordentliche Senate zu bilden. Der erste hat vorzugsweise über Civilsachen,[3]) der zweite über die in öffentlicher Sitzung zu erledigenden Strafsachen zu entscheiden. Wo es nach der Besetzung des Gerichts möglich ist, muß ein dritter Senat gebildet werden, der sich vorzugsweise mit den in geheimer Sitzung zu erledigenden Gegenständen der Strafrechtspflege zu beschäftigen hat und außerdem den zweiten Civilsenat bildet. Kann ein dritter Senat nicht gebildet werden, so trifft der Präsident behufs Erledigung der eben erwähnten Gegenstände der Strafrechtspflege die geeigneten Anordnungen.

Jedem Senate sind einschließlich des Vorstands wenigstens fünf Mitglieder zuzutheilen.[4])

Im Uebrigen finden die Bestimmungen des Art. 116, 117 und 119 des gegenwärtigen Gesetzes auch bei den Appellationsgerichten Anwendung.

1. Durch den Art. 120 werden die ständigen Senate auch bei den Appellationsgerichten diesseits des Rheins eingeführt, nachdem diese Einrichtung wie oben Note 1 zu Art. 116 (R. E. 114) hervorgehoben, an jenen Gerichtshöfen, wo sie bisher bestanden, sich bewährt hat und erfahrungsgemäß einen den Prozeßgang und die Unabhängigkeit der Rechtsprechung fördernden Einfluß nicht verkennen läßt. (R. R. 604.)

2. Nach den Worten: „für diese Ehesachen" waren in der mobifizirten Fassung der k. Staatsregierung (A. R. 148) die Worte eingeschaltet:

„sowie bei jenen Appellationsgerichten, bei welchen ein Bedürfniß hiefür besteht, ein außerordentlicher Senat für Bergrechtsstreitigkeiten."

Diese Worte wurden in Folge des Berggesetzes vom 20. März 1869 gestrichen. (R. R. 604.)

3. „über Civilsachen" wurde anstatt des im Reg.-Entw. enthaltenen Ausdrucks: „über die in Civilsachen einlaufenden Berufungen und Beschwerden" gesetzt, weil der letztere Ausdruck nicht das ganze Gebiet der in die Zuständigkeit des Appellationsgerichts (vgl. Art. 34, 46, 54 der neuen Prozeßordnung) fallenden Entscheidungen umfassen würde. (A. R. 144, R. R. 604.)

4. Abs. 3 wurde mit dem Eingangssatze des Art. 117 (R. E. 115) — vgl. Note 1 zu diesem Artikel — in Einklang gebracht. (A. R. 144, R. R. 604.)

Art. 121. (R. E. 118.)

Die nähern Bestimmungen über die Bildung der Senate bei dem obersten Gerichtshofe und bei den Appellationsgerichten, über die Vertheilung der Geschäfte an die einzelnen Senate und über den innern Geschäftsgang überhaupt werden, soweit das Gesetz Vorschriften nicht enthält, im Verordnungswege[1]) getroffen.

1. Die Verweisung der in diesem Artikel enthaltenen Bestimmungen auf den Verordnungsweg rechtfertigt sich, da hierüber allgemeine gesetzliche Vorschriften nicht gegeben werden können. (M. 236, R. R. 605.)

Art. 122.[1]) (R. E. 119.)

Ob und in wie weit an den Handelsappellations-, den Bezirks- und Handelsgerichten oder an einzelnen derselben ständige Senate zu bilden sind, wird durch Verordnung bestimmt.[2]) Die eintretenden Falls in dieser Beziehung nöthigen Bestimmungen, sowie die Vorschriften über den innern Geschäftsgang bei diesen Gerichten im Allgemeinen, soweit letzterer nicht gesetzlich bestimmt ist, werden im Verordnungswege erlassen.

1. Die von der k. Staatsregierung in Vorschlag gebrachte veränderte Fassung (vgl. A. R. 148) entspricht der nunmehrigen Fassung dieses Artikels.

2. Die Frage über die Einrichtung ständiger Senate bei den Bezirksgerichten hängt von der Zahl der Mitglieder ab, mit welchen dieselben besetzt sind. Bei stark besetzten Bezirksgerichten ist die Einführung ständiger Senate wohl thunlich, nicht aber bei gering besetzten. Mit Rücksicht auf diese verschiedenen Verhältnisse, wie sie in ganz ähnlicher Weise auch bei den Handelsappellations- und bei den Handelsgerichten obwalten, erschien es zweckmäßig, die Frage über die Einführung ständiger Senate bei den genannten Gerichten dem Verordnungswege vorzubehalten. (M. 235, R. R. 606.)

Art. 123.[1])

Bei den Gerichten, welche nicht in ständige Senate eingetheilt sind, gilt dasjenige, was die neue Prozeßordnung über die amtliche Thätigkeit und die Obliegenheiten des Senatsvorstands bestimmt, von dem Gerichtsvorstande.

1. Dieser auf Vorschlag der kgl. Staatsregierung neu eingeschaltete Artikel entspricht einem bei Art. 537 der neuen Prozeßordnung (A. P. II 353) gemachten Vorbehalte.

Was die nunmehrige Fassung des Art. 123 gegenüber jener in den modifizirten Vorschlägen der k. Staatsregierung betrifft, so wurde eine allgemeinere Fassung gewählt, um auszudrücken, daß die Senatsvorstände nicht blos Befugnisse, sondern auch Pflichten haben. (A. R. 144, R. R. 607.)

Art. 124. (R. E. 120.)

Alle den Vorschriften der vorstehenden Art. 116 — 123 entgegenstehenden Bestimmungen, insbesondere die in diesen Beziehungen dermalen in der Pfalz geltenden abweichenden Vorschriften, sowie Art. 123 Abs. 2[1]) des Gesetzes vom 10. November 1861, die Einführung des Strafgesetzbuchs und des Polizeistrafgesetzbuchs für das Königreich Bayern betreffend, sind aufgehoben.

1. Der hier angeführte Art. 123 Abs. 2 handelt von der Bildung des Senates bei dem Oberappellationsgerichte zur Entscheidung der Nichtigkeitsbeschwerden und der Beschwerden zur Wahrung des Gesetzes sowie von der Ergänzung dieses Senates im Falle der Verhinderung einzelner Mitglieder desselben.

Art. 125. (R. E. 121.)

Soweit nicht für einzelne Fälle gesetzlich anders bestimmt ist, entscheidet der oberste Gerichtshof in Senaten von sieben, die Appellationsgerichte entscheiden in solchen von fünf und die Bezirksgerichte in solchen von drei Mitgliedern.[1])

Die in der Pfalz geltende Bestimmung, wonach eine größere als die vorgeschriebene Zahl von Richtern zur Entscheidung mitwirken kann, ist aufgehoben.[2])

1. Die Vorschrift des Abs. 1 entspricht den in den Landestheilen diesseits des Rheins dermalen geltenden Bestimmungen der Art. 51, 44 und 36 des Gerichts-Verfassungsgesetzes vom 10. Novbr. 1861. (M. 236, R. R. 608.)

2. Die Aufhebung der hier bezeichneten Bestimmung rechtfertigt sich, da kein genügender Grund vorhanden ist, in dieser Beziehung verschiedene Einrichtungen in den beiden Landestheilen fortbestehen zu lassen. (M. 236, R. R. 608.)

Art. 126.[1]) (R. E. 122.)

Die Bestimmungen der Art. 56—60 des Gesetzes vom 10. November 1861, die Einführung des allgemeinen deutschen Handelsgesetzbuches betreffend[2]), gelten auch für die Pfalz.

1. Der Art. 126 bezweckt die gegenwärtig im diesseitigen Bayern bestehende Organisation der Handelsgerichte künftighin auch für die Pfalz, wo bisher

eigene Handelsgerichte nicht bestanden, indem die dortigen Bezirksgerichte, das Appellationsgericht und der Cassationshof ohne Mitwirkung von Beisitzern aus dem Handelsstande über Handelssachen entschieden, zur Geltung zu bringen, was dadurch bewirkt wird, daß die für die Landestheile diesseits des Rheins bestehenden Bestimmungen des Einführungsgesetzes zum allgemeinen deutschen Handelsgesetzbuche, nämlich die Art. 56—60 über die Errichtung besonderer Handelsgerichte und Handelsappellationsgerichte mit Beisitzern aus dem Kaufmannsstande, und deren Mitwirkung bei der Rechtsprechung in Handelssachen auch auf die Pfalz ausgedehnt werden.

Mit dem Inslebentreten einer gleichen Prozeßordnung für beide Landestheile besteht kein Grund mehr, in Bezug auf die Einrichtung der Handelsgerichte eine Verschiedenheit fortbestehen zu lassen, um so weniger, als durch den Art. 126 einem wiederholt geäußerten Wunsche des Handelsstandes und der Handelskammer der Pfalz Rechnung getragen wird. (R. R. 609.)

2. Die im Reg.-Entw. hier enthaltenen Worte:

> „unter Aufhebung der die Organisation der Handelsgerichte betreffenden Bestimmungen des code de comm. und des Art. 78 des angeführten Gesetzes vom 10. November 1861“

wurden gestrichen, da die Aufhebung dieser Bestimmungen bereits in Art. 3 Ziff. 4 und 9 des gegenwärtigen Gesetzes ausgesprochen ist. (A. R. 119, 145, R. R. 610.)

Ueber die Frage wegen Umbildung der Handelsgerichte vgl. oben die allgemeinen Bemerkungen zum Abschnitte VI unter lit b; über die Wünsche auf Verkleinerung der Handelsgerichtssprengel, beziehungsweise auf eine Zusammenlegung derselben mit den Bezirksgerichtssprengeln vgl. A. R. 145, A. P. 427.

Art. 127.[1])

Als Beisitzer bei den Handelsappellations- und Handelsgerichten können außer den an dem Gerichtssitze wohnenden Kaufleuten ernannt werden:

1) am Gerichtssitze wohnende Procuristen, Handlungsbevollmächtigte und kaufmännisch gebildete Beamte von Handelsgesellschaften;
2) am Gerichtssitze wohnende ehemalige Kaufleute, welche sich von den Geschäften zurückgezogen haben;
3) Kaufleute und Personen der in Ziff. 1 und 2 bezeichneten Art, die zwar nicht am Gerichtssitze, aber doch in solcher Nähe wohnen, daß eine Störung nicht zu befürchten ist.[2])

1. Nach den bisherigen Bestimmungen konnten nur am Gerichtssitze wohnhafte, selbstständige Kaufleute zu Beisitzern ernannt werden. Durch die Zuziehung der in Ziff. 1—3 des auf Vorschlag der k. Staatsregierung neu eingeschalteten Art. 127 genannten Personen ist die Zahl der als kaufmännische Beisitzer zu ernennenden Personen erweitert. Es wird dadurch der k. Staatsregierung möglich gemacht, auch am Gerichtssitze nicht wohnhafte befähigte Personen zu diesen Stellen beizuziehen und öfter hervorgetretenen Klagen über die Art der Organisation der Handelsgerichte, nämlich daß solche an Orten bestehen, wo sich keine zur Verwendung als technische Beisitzer geeigneten Kräfte befinden, wenigstens einigermaßen abgeholfen. (A. R. 145, A. P. 427, R. R. 611.)

2. Nach dem Vorschlage der k. Staatsregierung lautete die Ziff. 3:

„. . . in solcher Nähe wohnen, daß wegen ihres Wohnorts eine Störung der gerichtlichen Verhandlungen nicht zu befürchten ist.“

Die Worte: „wegen ihres Wohnortes“ und: „der gerichtlichen Verhandlungen“ wurden gestrichen, um auszudrücken, daß die dort bezeichneten Personen nicht so weit vom Gerichtssitze entfernt wohnen dürfen, daß ihre rechtzeitige Einberufung unmöglich und dadurch die Abhaltung der anberaumten Sitzung vereitelt wird. (A. P. 427, R. R. 611.)

Art. 128.[1])

Ist ein Einzelnrichter durch Unwohlsein am Ausgehen verhindert,[2]) so kann er bei besonderer Veranlassung[3]) in seiner am Gerichtssitze befindlichen Wohnung bei unverschlossenen Thüren öffentliche Gerichtsverhandlungen vornehmen, hat dieses aber durch Anschlag an der Thür des gewöhnlichen Sitzungssaales und am Eingange seiner Wohnung vorher bekannt zu machen.

Der Anschlag darf erst nach Beendigung der also gepflogenen Verhandlungen wieder abgenommen werden.

1. Dieser ebenfalls neu eingeschaltete Artikel gründet sich auf die Bestimmung des Art. 8 Abs. 2 des code de proc., welche sich in der Pfalz in Uebung erhalten und bewährt hat. (A. P. 427, R. R. 612.)

2. Die hier im Vorschlage des Antragstellers Abg. Dingler eingeschalteten Worte: „und ein Stellvertreter nicht anwesend“ wurden gestrichen, um auszudrücken, daß diese Bestimmung nicht auf den Fall beschränkt sei, wenn kein Stellvertreter anwesend ist, sondern daß sie auch dann gelte, wenn eine Stellvertretung nicht zulässig erscheint, z. B. für den Fall der Verkündigung

eines Urtheils, welches nur durch denjenigen Richter des Einzelngerichtes erlassen und verkündigt werden kann, vor welchem die Verhandlung der Sache stattgefunden hat, nicht aber durch einen Stellvertreter. (A. P. 427, R. R. 612.)

3. „bei besonderer Veranlassung" — wurde anstatt: „in dringenden Fällen" gesetzt, um anzudeuten, daß hier nicht bloß dringende Fälle besonders in's Auge zu fassen seien, die maßgebende Rücksicht vielmehr darin bestehe, daß die Anwendung dieser Bestimmung nicht zur Regel werden soll, sondern nur ausnahmsweise in besonders hiezu geeigneten Fällen Platz zu greifen hat. Seitens des Abg. Umbscheiden wurde hervorgehoben, der in Note 2 angeführte Fall der Urtheilsverkündung lasse sich nicht unter die dringlichen Fälle subsumiren, es könnten sich aber auch noch andere Fälle ergeben, wie z. B. ein Zeugenverhör, welches fixirt ist, Fälle, in welchen Kosten erwachsen, wenn vertagt werden muß. (A. P. 427, R. R. 612.)

Art. 129 (R. E. 123 Abs. 1, 2 u. thlw. Abs. 3.)[1]

Am obersten Gerichtshofe, an jedem Appellationsgerichte und an jedem Bezirksgerichte ist ein Obergerichtsschreiber, an jedem Einzelngerichte ein Gerichtsschreiber anzustellen.

An den Handelsappellations- und Handelsgerichten wird gleichfalls ein Obergerichtsschreiber angestellt. Doch können bei den mit einem Appellationsgerichte verbundenen Handelsappellationsgerichten, sowie bei den mit einem Bezirksgerichte verbundenen Handelsgerichten die Funktionen des Obergerichtsschreibers dem Obergerichtsschreiber des betreffenden Appellations- oder Bezirksgerichts mit übertragen werden.

Neben den bisher erwähnten Gerichtsschreibern können Untergerichtsschreiber in der nach dem Umfange der Geschäfte erforderlichen Zahl angestellt werden.

1. Art. 123 des Reg.-Entw. — dessen Inhalt der größeren Uebersichtlichkeit halber in vier Artikel zerlegt wurde, wovon der erste (Art 129) den ersten und zweiten Absatz und den ersten Satz des dritten Absatzes des Entw., der zweite (Art. 130) den übrigen Inhalt des dritten Absatzes, der dritte (Art. 131) den vierten und fünften Absatz und der vierte (Art. 132) den sechsten Absatz des Entw. enthält, vgl. A. P. 476 — ist zum Theil durch die einschlägigen Bestimmungen der neuen Prozeßordnung, daß sich an allen Gerichten Gerichtsschreibereien befinden, als nothwendig vorausgesetzt.

Das Institut der Gerichtsschreibereien zur Besorgung der gerichtlichen Nebengeschäfte bestand bisher nur bei den Stadt- und Landgerichten, nicht auch bei den Collegialgerichten (Art 3—6 des Gesetzes vom 10. Novbr. 1861, die Gerichtsverfassung betr.) und soll künftighin bei allen Gerichten, wie dies gegenwärtig in der Pfalz schon der Fall ist, eingerichtet werden.

Zur Ausführung dieser Einrichtung, soweit sie sich zur gesetzlichen Regelung eignet — vgl. Art. 132 (Reg.-Entw. 123 Abs. 6) — enthält der Art. 123 des Reg.-Entw. die nöthigen Vorschriften, welche sich in der Hauptsache den in der Pfalz bestehenden Einrichtungen, nachdem diese dort sich bewährt haben, anschließen, zugleich aber die in den Landestheilen diesseits des Rheins bestehenden, sowie diejenigen Verhältnisse berücksichtigen, welche durch die neue Gesetzgebung geschaffen werden. (M. 236, A. R. 145, R. R. 612.)

Art. 130. (R. E. 123, thlw. Abs. 3.)

Den Obergerichtsschreibern und den Gerichtsschreibern an den Einzelngerichten steht unter der Aufsicht des Gerichtsvorstandes und, soweit dies in den Gesetzen und den auf Grund der Gesetze erlassenen Dienstesvorschriften[1]) begründet ist, des Staatsanwalts die Leitung aller eigentlichen Gerichtsschreiberei-, Kanzlei-, Registratur- und Expeditionsgeschäfte nach Maßgabe der einschlägigen Gesetze und Dienstesvorschriften zu. Sie vertheilen die Geschäfte nach Maßgabe der Dienstesvorschriften unter die ihnen dienstlich untergebenen Untergerichtsschreiber. Sie haben jedoch, vorbehaltlich der Beschwerde an das vorgesetzte Gericht und an das Staatsministerium der Justiz, allen Anordnungen, welche der Gerichtsvorstand im Interesse des Dienstes von Amtswegen oder auf Beschwerde der Betheiligten trifft, sofort zu entsprechen.

1. „den auf Grund der Gesetze erlassenen" wurde eingeschaltet, um zu verhindern, daß nicht etwa auf dem Wege der Dienstesvorschriften die Befugniß der Staatsanwälte erweitert werde. (A. P. 476, R. R. 613.)

Art. 131. (R. E. 123 Abs. 4 u. 5.)

Die Disciplinargewalt über die Gerichtsschreiber und Untergerichtsschreiber der Einzelngerichte, dann über die Ober- und Untergerichtsschreiber der Bezirksgerichte steht den Bezirksgerichten, jene über die Ober- und Untergerichtsschreiber der Appellationsgerichte und des obersten Gerichtshofs dem betreffenden Appellationsgerichte beziehungsweise dem obersten Gerichtshofe, jene über die an Handelsappellations- oder Handelsgerichten angestellten besondern Ober- und Untergerichtsschreiber dem betreffenden Handelsappellations- oder Handelsgerichte zu. Den Staatsanwälten steht eine Disciplinargewalt über die Gerichtsschreiber, was immer für einer Kategorie diese angehören mögen, nicht zu. Sie können zwar, wenn sie Mißstände wahrnehmen, darauf aufmerksam machen, sind jedoch, wenn ihren Bemerkungen keine Folge gegeben wird, nur befugt, dem Gerichte oder Gerichtsvorstande und eintretenden Falles ihrer vorgesetzten Behörde Anzeige zu machen.

Im Uebrigen kommen bezüglich der Disciplin über die Gerichtsschreiber die Vorschriften des Staatsdiener-Edikts zur Anwendung.

Art. 132. (R. E. 123 Abs. 6.)

Die nähern Bestimmungen über die Einrichtung der Gerichtsschreibereien, die Kanzlei-, Registratur- und Expeditionsgeschäfte bleiben den auf dem Verordnungswege zu erlassenden Dienstesvorschriften und den zur Durchführung derselben vom Staatsministerium der Justiz zu erlassenden Anordnungen vorbehalten.

Die Secretäre an dem obersten Gerichtshofe, sowie an den Appellations- und den Bezirksgerichten der Landestheile diesseits des Rheins fallen weg.

Art. 133.[1]) (R. E. 124.)

In den Fällen der Art. 54,[2]) 815 Abs. 3 und 4 und Art. 820 Abs. 3 der neuen Prozeßordnung, sowie in jenen der Art. 138, 139 und 140 des Gesetzes vom 10. November 1861, die Einführung des Strafgesetzbuchs und des Polizeistrafgesetzbuchs für das Königreich Bayern betreffend, kann weder die Verweisung einer zur Zuständigkeit der diesseitigen Gerichte gehörigen Civil- oder Strafsache an ein pfälzisches Gericht, noch die Verweisung einer zur Zuständigkeit der pfälzischen Gerichte gehörigen Civil- oder Strafsache an ein diesseitiges Gericht stattfinden, es sei denn, daß eine Verweisung der in Art. 54 der neuen Prozeßordnung bezeichneten Art von dem Appellationsgerichte der Pfalz an ein anderes Appellationsgericht geboten erscheint.[3])

Handelt es sich um eine Verweisung auf Grund des Art. 820 Abs. 3 der neuen Prozeßordnung oder des Art. 140 Abs. 3 des obengenannten Einführungsgesetzes und war das vernichtete Urtheil von dem Appellationsgerichte der Pfalz ausgegangen, so hat ausnahmsweise die Zurückweisung nicht an ein anderes Appellationsgericht, sondern an einen andern Senat des nämlichen Appellationsgerichts, vorbehaltlich dessen, was im nachstehenden Art. 134 bestimmt ist, zu geschehen.[4])

Handelssachen können in den Fällen des Art. 815 Abs. 3 und 4 und Art. 820 Abs. 3 der neuen Prozeßordnung, wenn sie auch zur Zuständigkeit eines pfälzischen Gerichts gehören, an ein diesseitiges und, wenn sie zur Zuständigkeit eines diesseitigen Gerichts gehören, an ein pfälzisches Gericht verwiesen werden.[5])

1. Durch diesen Artikel wird das im Art. 142 des Gesetzes vom 10. Nov. 1861, die Einführung des Straf- und Polizeistrafgesetzbuches für die dort bezeichneten Fälle enthaltene Verbot der Verweisung einer zur Zuständigkeit der pfälzischen Gerichte gehörigen Sache an ein Gericht des diesseitigen Bayerns auf das Gebiet des Civilprozesses ausgedehnt.

Die Ausdehnung dieses Verbotes ist durch die Verschiedenheit des Civilrechts in den Landestheilen diesseits und jenseits des Rheins nothwendig geworden, dabei wurden aber die Handelssachen ausgenommen (vgl. Abs. 3 des gegenwärtigen Artikels), weil bei diesen vollständige Gleichheit der Gesetzgebung im ganzen Königreiche besteht. Veranlaßt war dieser Artikel durch die Aufnahme des Rechtsmittels der Nichtigkeitsbeschwerde in das System des neuen Verfahrens, womit die dem Cassationshofe zugewiesene Aufgabe — durch Vernichtung der Civil- und Strafurtheile, welche eine Verletzung oder falsche

Auslegung, oder unrichtige Anwendung der Gesetze enthalten, die Einheit der Rechtssprechung im Königreiche zu vermitteln — zur Verwirklichung gelangt. (M. 236, R. R. 618.)

2. Außer den im Art. 124 des Reg.-Entw. aufgeführten Verweisungsfällen der Art. 757 u. 758 des ursprünglichen Entw. der Prozeßordnung, welche nunmehr den Art. 815 Abs. 3 u. 4 und 820 Abs. 3 entsprechen, kommt auch der Fall des Art. 54 der neuen Prozeßordnung in Betracht, wenn nämlich wegen nicht vorschriftsmäßiger Besetzung des Gerichts oder weil die Verhandlung der Sache aus anderen Gründen unmöglich geworden ist, Verweisung der Sache an ein anderes Gericht gleicher Ordnung einzutreten hat. (A. R. 145, R. R. 619.)

3. Der im Reg.-Entw. nicht enthaltene Schlußsatz: „es sei denn, daß eine Verweisung ꝛc. geboten erscheint," war nothwendig, um auch den in Note 2 bezeichneten Fall, wenn es sich um Verweisung der in Art. 54 der neuen Prozeßordnung bezeichneten Artikel handelt und diese Verweisung von dem Appellationsgerichte der Pfalz an ein anderes Gericht „gleicher Ordnung" geschehen soll, zu treffen. In diesem wohl nur äußerst selten vorkommenden Falle könnte weder die Verweisung der Sache an ein Gericht „gleicher Ordnung" erfolgen, weil ein weiteres pfälzisches Appellationsgericht nicht vorhanden ist, noch die Verweisung an ein diesseitiges Gericht, weil dies dem im gegenwärtigen Artikel aufgestellten Verweisungsverbote widerstreiten würde. Es blieb daher nur der Ausweg übrig, hier ausnahmsweise die Verweisung an ein Appellationsgericht der diesseitigen Landestheile zuzulassen. (A. R. 146, R. R. 619.)

4. In den in Abs. 2 behandelten Verweisungsfällen würde die bloß negative Fassung des ersten Satzes des gegenwärtigen Artikels nicht ausreichen, es würde dem obersten Gerichtshofe ein Gericht, an das er zurückweisen könnte, gar nicht zu Gebote stehen, weil einerseits durch die vorerwähnten Gesetzesstellen die Zurückverweisung an das nämliche und andrerseits durch den gegenwärtigen Artikel die Zurückverweisung an ein anderes Appellationsgericht verboten wäre. Bei dieser Sachlage war es geboten, ähnlich wie in dem zu Note 3 erwähnten Falle, durch Aufnahme einer besondern Bestimmung ausnahmsweise die Zurückverweisung nicht an ein anderes, sondern an einen andern Senat des nämlichen Appellationsgerichts zuzulassen. Sollte die Bildung eines andern Senats aus den Gerichtsmitgliedern nicht mehr möglich sein, so wird durch den Art. 134 Abs. 1 (R. E. 125) das erforderliche Auskunftsmittel gewährt. (A. R. 145, R. R. 619.)

5. In Bezug auf Handelssachen besteht, wie oben zu Note 1 hervorgehoben, kein Grund, hier die Verweisung von einem pfälzischen an ein diesseitiges Gericht und umgekehrt auszuschließen. (R. R. 620.)

Art. 134.[1]) (R. E. 125.)

Ist in einzelnen Fällen bei einem Appellationsgerichte die zur Entscheidung erforderliche Zahl von Gerichtsmitgliedern nicht vorhanden, so kann der Präsident den Senat durch von ihm einzuberufende Mitglieder nicht betheiligter Bezirksgerichte des Appellationsgerichtssprengels ergänzen.

Tritt ein solcher Fall bei einem Schwurgerichte oder einem Bezirksgerichte ein, so können durch den Schwurgerichtspräsidenten beziehungsweise den Vorstand des Bezirksgerichts Mitglieder der am Gerichtssitze befindlichen oder benachbarten Einzelngerichte zur Ergänzung zugezogen werden.

1. Die Art. 134—137 (R. E. 125—128) enthalten die nöthigen Vorschriften darüber, wie bei eintretenden Verhinderungsfällen die zur Entscheidung der betreffenden Sachen erforderliche Zahl von Gerichtsmitgliedern je nach den verschiedenen Gerichten, bei welchen solche Fälle eintreten, zu ergänzen ist. Die meisten dieser Vorschriften schließen sich unter Berücksichtigung bestehender Verhältnisse an die durch das Gerichtsverfassungsgesetz vom 10. November 1861 geschaffenen Einrichtungen an, neu sind nur diejenigen Vorschriften, deren Aufnahme durch die in einzelnen Punkten geänderte Gerichtsverfassung geboten war. (M. 236, R. R. 621.)

Die Bestimmungen des Art. 134 waren unentbehrlich, um die Durchführung der im vorhergehenden Artikel aufgestellten Vorschriften zu ermöglichen. (A. R. 146.)

Art. 135. (R. E. 126.)

Tritt der im vorhergehenden Art. 134 Abs. 1 vorgesehene Fall bei einem mit einem Appellationsgerichte verbundenen Handelsappellationsgerichte oder bei einem mit einem Bezirksgerichte verbundenen Handelsgerichte bezüglich eines rechtskundigen Mitglieds[1]) ein, so hat der Präsident des Appellationsgerichts beziehungsweise der Vorstand des Bezirksgerichts den Senat aus andern Mitgliedern des Appellations- beziehungsweise Bezirksgerichts zu ergänzen.

Tritt der gleiche Fall bei einem ausschließlich für Handelssachen errichteten Handelsappellationsgerichte oder Handelsgerichte bezüglich eines rechtskundigen Mitgliedes[1]) ein, so ist dies dem Vorstande des am Gerichtssitze befindlichen Bezirksgerichts mitzutheilen und hat letzteres sofort die erforderliche Ergänzung aus Mitgliedern des Bezirksgerichts anzuordnen.

1. „bezüglich eines rechtskundigen Mitgliedes" — diese Worte wurden hier und in Abs. 2 eingeschaltet, weil nur ein solches Mitglied in den hier vorgesehenen Fällen gemeint ist. (A. P. 476, R. R. 622.)

Art. 136. (R. E. 127.)

Für diejenigen Einzelngerichte, an welchen kein Assessor angestellt ist, wird vom Bezirksgerichte nach Vernehmung des Staatsanwalts ein Richter eines benachbarten Einzelngerichts oder des Bezirksgerichts ständig mit der Stellvertretung des Einzelnrichters beauftragt und dies im Amtsblatte des Kreises veröffentlicht.

Wird in einzelnen Fällen die Anordnung einer weitern Stellvertretung an einem Einzelngerichte nöthig, so stellt das Bezirksgericht nach Vernehmung des Staatsanwalts einen Richter eines benachbarten Einzelngerichts oder des Bezirksgerichts als Stellvertreter auf.

Art. 137. (R. E. 128.)

Alle den Vorschriften der Art. 134—136 des gegenwärtigen Gesetzes entgegenstehenden Bestimmungen, insbesondere die in der Pfalz geltende Bestimmung, wonach Advokaten und Anwälte zur Ergänzung der Gerichte zugezogen werden können,[1]) sind aufgehoben.

Die Bestimmungen des Art. 21 Abs. 2[2]) des Gesetzes vom 10. November 1861, die Gerichtsverfassung betr., bleibt für die Landestheile diesseits des Rheins in Kraft.

1. Bei Erwägung der Frage, ob die in der Pfalz bestehende Einrichtung bezüglich der Beiziehung der Advokaten und Anwälte zur Ergänzung der Gerichte etwa auf die Landestheile diesseits des Rheins ausgedehnt werden solle, wurde in Betracht gezogen, daß die erwähnte Einrichtung der verfassungsmässigen Stellung der Gerichte nicht entspricht und außerdem unverkennbare Mißstände

im Gefolge hat. Es erschien vielmehr angemessen, an dem Systeme, daß zur Stellvertretung verhinderter Richter und zur Ergänzung von Gerichten nur wirkliche Richter berufen werden können, festzuhalten, wobei es sich übrigens von selbst versteht, daß der k. Staatsregierung die Befugniß nicht entzogen ist, bei länger dauernden Verhinderungen auch durch Aufstellung von Richtern außer dem Status Abhilfe zu gewähren. (M. 236, R. R. 621.)

2. Art. 21 Abs. 2 des hier bezeichneten Gesetzes bestimmt, daß bei länger dauernder Verhinderung des Landrichters das Bezirksgericht einen geprüften Rechtspraktikanten aufstellen kann, der jedoch zur Entscheidung in streitigen Civilrechtssachen, zur Beschlußfassung in Gegenständen der nicht streitigen Rechtspflege und zur Aburtheilung von Uebertretungen nicht zuständig ist.

Art. 138.[1]) (R. E. 129 Abs. 1 und 5.)

Der oberste Gerichtshof, die Appellationsgerichte und die Bezirksgerichte haben jedes Jahr vom 1. August bis 30. September[2]) einschließlich Gerichtsferien.

Für die Landestheile diesseits des Rheins finden im Jahre 1870 keine Gerichtsferien statt.[3])

Die Handelsappellations- und Handels-, dann die Einzelngerichte haben keine Gerichtsferien.[4])

1. Durch die Art. 138—144 (R. E. 129—131) wird das bisher bei den Collegialgerichten der Pfalz schon übliche Institut der Gerichtsferien, nachdem dasselbe sich dort bewährt und zu keinerlei Mißständen geführt hat, mit den nothwendigen Aenderungen auch für die Landestheile diesseits des Rheins eingeführt. (M. 236, R. R. 626.)

Der Art. 129 des Entwurfes wurde der Uebersichtlichkeit wegen in zwei Artikel zerlegt, wovon der erste (Art. 138) aus den Abs. 1 und 5, der zweite (Art. 139) aus den Abs. 2, 3 und 4 des Art. 129 besteht. (A. P. 476.)

2. Die Dauer der Gerichtsferien wurde abweichend vom Reg.-Entw. auf zwei Monate erstreckt und zwar wurde mit Rücksicht auf den in der Pfalz laut gewordenen Wunsch, es möchte die Ferienzeit statt auf die Monate September und Oktober, auf eine frühere Jahreszeit verlegt werden, die in Abs. 1 angeführte Zeit gewählt. (A. P. 428, R. R. 626.)

3. Die Bestimmung des Abs. 2 rechtfertigt sich durch den Umstand, daß mit dem 1. Juli 1870 die neue Prozeßordnung in Wirksamkeit tritt, und daher in den ersten Monaten die volle Thätigkeit der Gerichte unerläßlich sein wird. (A. P. 476, R. R. 626.)

4. Der dritte Absatz — im Reg.-Entw. Abs. 5 des Art. 129 — wurde des Zusammenhanges wegen hieher eingestellt. (A. P. 476.) Da die in Abs. 3 genannten Gerichte nur mit der Verhandlung und Entscheidung handels- und einzelnrichterlicher Sachen sich zu beschäftigen haben, und diese zu den dringenden zu zählen sind, so können diese Gerichte keinen Antheil an den Ferien haben. (M. 236, R. R. 628.)

Art. 139.[1]) (R. E. 129, Abs. 2, 3 u. 4.)

Während der Gerichtsferien dürfen bei denjenigen Gerichten, für welche solche bestehen, nur in nachverzeichneten Sachen gerichtliche Verhandlungen gepflogen oder Entscheidungen erlassen werden:

1) in Strafsachen,
2) in Civilsachen, welche nach gesetzlicher Vorschrift in geheimer Sitzung zu erledigen sind,[2])
3) auf Berufungen gegen Urtheile der Einzelngerichte,
4) über Vorsichtsverfügungen einschließlich der nach Art. 630[3]) der neuen Prozeßordnung zu erhebenden Klagen,
5) über Vollstreckung von Urtheilen oder sonstigen vollstreckbaren Urkunden und in Gantsachen, sowie in den sich hiebei ergebenden Streitigkeiten,
6) über das von einem Anwalte nach Art. 286 der neuen Prozeßordnung gestellte Verlangen auf Abänderung des daselbst bezeichneten Schriftsatzes,[4])
7) in sonstigen Civilsachen, welche durch Beschluß des Gerichts oder des Gerichtsvorstands auf Ansuchen einer Partei als dringend erklärt worden sind.

Die Untersuchungen in Strafsachen erleiden durch die Ferien keine Unterbrechung.

Zeugenvernehmungen, Augenscheine, Beeidigung und Einweisung von Sachverständigen und ähnliche Verrichtungen können auch in andern als in den in Abs. 1 bezeichneten Sachen während der Gerichtsferien vorgenommen werden, wenn sie durch einen beauftragten Richter vorzunehmen sind und zu deren Vornahme bereits vor Beginn der Gerichtsferien Tagfahrt festgesetzt worden ist oder die Parteien und der beauftragte Richter damit einverstanden sind.[5])

1. In Art. 139, für welchen Seitens der k. Staatsregierung eine veränderte Fassung vorgeschlagen wurde, sind diejenigen Sachen aufgeführt, welche ihrer Natur nach so dringend sind, daß für sie die Gerichtsferien keine Anwendung finden können, und auch während derselben die Zulässigkeit von Verhandlungen und Entscheidungen geboten erscheint. (M. 236, R. R. 627.)

2. Die unter Ziff. 2 genannten Sachen wurden abweichend vom Reg.-Entw. eingeschaltet, da dieselben ihrer Natur nach gleichfalls so dringend sind, daß für sie eine Unterbrechung durch die Gerichtsferien nicht herbeigeführt werden darf. Die Dringlichkeit des größten Theils der hieher gehörigen Fälle ergibt sich im Hinblicke auf Art. 34, 46, 47, 54 2c. der neuen Prozeßordnung, dann auf die Beschaffenheit der Gegenstände, für welche die Entscheidung auf einfache Vorstellung und für welche das Rechtsmittel der Beschwerde zugelassen ist. (A. R. 146, R. R. 627.)

Gegenüber dem Antrage des Referenten Abg. v. Neumayr, unter die während der Gerichtsferien zu behandelnden Sachen auch die Verhandlungen und Entscheidungen, welche das Verfahren zur Herstellung der Aechtheit von Privaturkunden betreffen (Hptst. XXI der neuen Prozeßordnung) aufzunehmen, wurde Seitens des k. Ministerialcommissärs erwidert, es sei nicht anzunehmen, daß alle Prozesse dieser Art dringender Natur seien, handle es sich aber um solche, dann fielen sie ohnedies unter die Ziff. 7. (A. R. 146, A. P. 428.)

3. Der Art. 630 der neuen Prozeßordnung handelt von der Betreibung der Hauptsache im Falle der Vollstreckung einer Vorsichtsverfügung, die sich auf eine Sache bezieht, welche bei Gericht noch nicht anhängig und wegen welcher auch ein Vollstreckungsverfahren noch nicht eingeleitet ist.

4. Durch die neu eingeschaltete Bestimmung der Ziff. 6, womit die in Note 5 zu Art. 140 (R. E. 130) und die in Note 2 zu Art. 142 (R. E. 132) zusammenhängt, wird Vorsorge getroffen, daß die Regulirung der Qualitäten (vgl. Art. 286 der neuen Prozeßordnung) in Folge der Gerichtsferien keine Verzögerung erleidet und wird dadurch die Möglichkeit gesichert, daß das Urtheil auch während derselben ausgefertigt werden kann. (R. R. 632, R. P. 77, 79, A. P. 496.)

5. „oder die Parteien und der beauftragte Richter damit einverstanden sind" — diese Worte wurden eingeschaltet, um damit auszudrücken, daß die im Eingange des Abs. 3 bezeichneten Handlungen, auch wenn die Anberaumung der Tagfahrt vorher nicht stattgefunden hat, der beauftragte Richter und die Parteien aber einverstanden sind, während der Gerichtsferien sollen vorgenommen werden können. (A. P. 428 R. R. 627.)

Art. 140.[1]) (R. E. 130.)

Zur Erledigung der in Art. 139 Abs. 1 des gegenwärtigen Gesetzes bezeichneten Sachen sind bei denjenigen Gerichten, für welche die Ferien bestehen, eigene Feriensenate, und zwar bei dem obersten Gerichtshofe und den Appellationsgerichten durch das Direktorium, bei den Bezirksgerichten durch den Vorstand unter Zuziehung der beiden ältesten Räthe zu bilden.

Bei dem obersten Gerichtshofe und bei jedem Appellationsgerichte wird ein Feriensenat gebildet, der einschließlich des Vorstands bei dem obersten Gerichtshofe aus acht und bei den Appellationsgerichten aus sechs Mitgliedern besteht. Als Vorstand des Feriensenats ist, wenn nicht besondere Umstände es unmöglich machen, der Präsident oder ein Direktor zu bezeichnen.

Bei den Bezirksgerichten sind je nach dem Bedürfnisse ein oder zwei Feriensenate zu bilden und ebenso ist die Zahl der Mitglieder dieser Senate nach dem Bedürfnisse zu bemessen.

Der Vorstand des Feriensenats hat in geschäftlicher Beziehung alle Befugnisse und Obliegenheiten, welche die Gesetze dem Gerichtsvorstande zuweisen.[2])

Die Untersuchungsrichter, sowie die rechtskundigen[3]) Mitglieder der mit einem Appellations- oder Bezirksgerichte verbundenen Handelsappellations- und Handelsgerichte können den Feriensenaten zugetheilt werden, es ist aber auf deren anderweitige Beschäftigung bei Bestimmung der Zahl der Mitglieder der bezirksgerichtlichen Feriensenate geeignete Rücksicht zu nehmen.

Findet während der Gerichtsferien eine Schwurgerichtssitzung statt,[4]) so sind die Beisitzer des Schwurgerichts aus den Mitgliedern des betreffenden bezirksgerichtlichen Feriensenats zu nehmen. Letzterer ist jedoch in diesem Falle für die Dauer der Schwurgerichtssitzung, soweit erforderlich, zu verstärken.

Ist im Falle des Art. 139 Abs. 1 Ziff. 6 des gegenwärtigen Gesetzes ein bei der Urtheilsfällung thätig gewesener Richter am Gerichtssitze anwesend, so hat dieser, falls aber mehrere solche Richter anwesend sind, der im Range Vorgehende über das Verlangen auf Abänderung des Schriftsatzes und zwar selbst dann, wenn er dem Feriensenate nicht angehört, zu entscheiden. Ist ein solcher Richter nicht anwesend, so steht die Entscheidung dem Vorstande des Feriensenats zu.[5])

1. Art. 140 ist bereits durch den Inhalt der beiden vorausgehenden Artikel als nothwendig vorausgesetzt, und trifft die geeigneten Vorschriften für die Bildung der Feriensenate (M. 236, R. R. 628.)

2. Die Aufnahme der Bestimmungen des Abs. 4 war im Hinblicke auf die eigenthümliche Stellung und die beschränkte Competenz des Feriensenats, sowie im Interesse eines geordneten Geschäftsganges geboten. Wenn im Schlußsatze des Art. 131 (d. R. E.) dem Vorstande des Feriensenats nur für den dort bezeichneten speziellen Fall die Befugnisse des Gerichtsvorstandes eingeräumt werden, — vgl. Note 1 zu Art. 141 (R. E. 131) — so würde dies nicht ausreichen. Diese Einräumung mußte sich vielmehr auf alle Befugnisse und Funktionen erstrecken, welche die Gesetze in geschäftlicher Beziehung dem Gerichtsvorstande übertragen, weil sonst in einer Reihe von Fällen z. B. Art. 41, 46, 56, 113, 118, 199, 259, 291 rc. der neuen Prozeßordnung ein Geschäftsstillstand eintreten würde. (A. R. 146, R. R. 629.)

3. „rechtskundigen" — dieses Wort wurde eingeschaltet, weil die fragliche Bestimmung ihrer Natur nach auf die technischen Beisitzer der Handelsgerichte keine Anwendung zu finden hat. (R. R. 629.)

4. Die hier im Reg.-Entw. enthaltenen Worte: „von dem Schwurgerichts-Präsidenten und dessen Stellvertreter abgesehen" wurden zum Abstrich gebracht, und zwar in der Absicht, damit der k. Staatsregierung die Befugniß gewährt sei, zum Stellvertreter des Schwurgerichtspräsidenten in den Landestheilen diesseits des Rheins ein Mitglied des Bezirksgerichts ernennen zu können, welches nicht dem Feriensenat angehört, welches aber auf die Dauer des Schwurgerichts von dem Orte, wo dasselbe abgehalten wird, sich nicht entfernen darf, oder, wenn nöthig, sich dortselbst einfinden muß. — In der Pfalz findet diese Bestimmung keine Anwendung, weil dort ein ständiger Stellvertreter des Schwurgerichtspräsidenten nicht ernannt wird. (A. R. 146, A. P. 428, R. R. 629.)

5. Die Bestimmung des Abs. 7 hängt mit jener in Art. 139 Abs. 1 Ziff. 6 über die Regulirung der Qualitäten während der Ferien zusammen (vgl. Note 4 zu Art. 139) und gibt für den Fall, daß einer der bei der Urtheilsfällung

thätig gewesenen Richter dem Feriensenate angehört, sowie für den entgegengesetzten Fall Vorschriften darüber, welcher Richter zur Entscheidung über den erhobenen Anstand berufen sei. (R. P. 80, A. P. 496.)

Hiebei äußerte Referent v. Neumayr, ohne daß eine Erwiderung erfolgte, es verstehe sich von selbst, daß wenn der Vorstand des Feriensenats erkranken sollte, dessen Stellvertreter über die Abänderung zu entscheiden hat. (A. P. 496.)

Art. 141. (R. E. 131.)

Im Falle der Verhinderung mehrerer Mitglieder eines Feriensenats kann der Vorstand desselben erforderlichen Falls die am Gerichtssitze anwesenden sonstigen Gerichtsmitglieder zur Ergänzung des Senats einberufen. Kann der Senat nicht in solcher Weise auf die zur Beschlußfassung erforderliche Zahl ergänzt werden, so hat die Ergänzung in der in Art. 134 des gegenwärtigen Gesetzes angegebenen Weise zu geschehen. [1])

1. Die im Reg.-Entw. enthaltenen Schlußworte dieses Artikels:

„und dem Vorstande des Feriensenats stehen in diesem Falle alle durch diesen Artikel dem Appellationsgerichtspräsidenten und dem Vorstande des Bezirksgerichts eingeräumten Befugnisse zu“

wurden gestrichen, da bereits durch den Abs. 4 des Art. 140 (Reg.-Entw. 130) — vgl. Note 2 zu dem letztgenannten Artikel — die nothwendige Vorkehr in weiterem Umfange getroffen wurde. (R. R. 631.)

Art. 142. (R. E. 132.)

In denjenigen Civilsachen, welche nach Art. 139 des gegenwärtigen Gesetzes während der Gerichtsferien nicht verhandelt, und entschieden werden dürfen, ist der Lauf aller Fristen während der Gerichtsferien unterbrochen. [1]) An der Bestimmung des Art. 286 Abs. 1 der neuen Prozeßordnung, wonach der Anwalt, welcher eine Abänderung des daselbst angeführten Schriftsatzes verlangt, dies dem zustellenden Gerichtsvollzieher spätestens am Tage nach der Zustellung zu erklären hat, wird jedoch auch für die Dauer der Gerichtsferien nichts geändert. [2])

Außerdem ist bei der Berechnung von Fristen, welche sechs Monate oder mehr betragen,[3]) auf die Gerichtsferien keine Rücksicht zu nehmen.

1. Daß bei den im Eingangssatze dieses Artikels bezeichneten Civilsachen der Lauf der Fristen nicht unterbrochen werde, ist selbstverständlich. (M. 236.)

Ueber die Bedenken, welche vom Referenten, Reichsrath v. Bomhard, gegen den Eingangssatz dieses Artikels geltend gemacht wurden, und den in dieser Beziehung gestellten Abänderungsantrag vgl. R. R. 632, R. P. 77.

2. Dieser neu eingeschaltete Zusatz („An der Bestimmung des Art. 286 Abs. 1 der neuen Prozeßordnung ꝛc. — für die Dauer der Gerichtsferien nichts geändert"), wodurch die Bestimmung des Art. 286 Abs. 1 der neuen Prozeßordnung über das Verfahren, wenn einer der Anwälte die Abänderung der Qualitäten verlangt, aufrecht erhalten wird, ist die Folge der Note 4 zu Art. 139 bezeichneten Einschaltung und war nothwendig, damit die Regulirung der Qualitäten während der Gerichtsferien keine Verzögerung erleide. (R. P. 79, 81, A. P. 496.)

3. Solche Bestimmungen kommen sowohl in der neuen Prozeßordnung, als im gegenwärtigen Gesetze vor, nämlich bei der Nichtigkeitsbeschwerde, bei der Wiederaufnahme des Verfahrens und bei dem Verschollenheitsverfahren; in allen diesen Fällen erschien es angemessen, daß der Lauf der Fristen durch die Ferien nicht unterbrochen werde. (R. P. 79, 81.)

Art. 143. (R. E. 133.)

Die weitern auf die Gerichtsferien bezüglichen Bestimmungen, insbesondere die Bestimmung darüber, wie während der Gerichtsferien die Staatsanwaltschaft zu vertreten ist und die Gerichtsschreibereigeschäfte zu besorgen sind, werden auf dem Verordnungswege erlassen.

Art. 144. (R. E. 134.)

Die bezüglich der Gerichtsferien und der Wiedereröffnung der Sitzungen dermalen in der Pfalz geltenden Bestimmungen sind aufgehoben.[1])

1. Die Aufhebung dieser Bestimmungen rechtfertigt sich, da mit Einführung der Gerichtsferien im diesseitigen Bayern auch in dieser Beziehung Gleichheit der Gesetzgebung zwischen den beiden Landestheilen hergestellt ist. (R. R. 634.)

Art. 145.[1])

Die Direktorien des obersten Gerichtshofs, der Appellations- und der Handelsappellationsgerichte bestehen aus dem Präsidenten und den Direktoren des betreffenden Gerichts. Sie sind in den ihnen durch das gegenwärtige Gesetz übertragenen Sachen nur bei Anwesenheit von wenigstens drei Mitgliedern beschlußfähig und erforderlichen Falls bis zu dieser Zahl durch Zuziehung der dienstältesten Räthe zu ergänzen. Bei Stimmengleichheit entscheidet die Stimme des Vorstands beziehungsweise seines Stellvertreters.

1. Die Bestimmungen dieses neu eingeschalteten Artikels waren durch die vorhergehenden Art. 116 Abs. 1 (R. E. 114) u. 140 (R. E. 130) veranlaßt, und entsprechen den Anforderungen der Rechtspflege und des Dienstes. (R. R. 635.)

VII. Schlußbestimmung.

Art. 146.

Das gegenwärtige durch das Gesetzblatt und das Kreisamtsblatt der Pfalz zu verkündende Gesetz tritt[1]) mit dem 1. Juli 1870[2]) in Kraft.

1. Die im Reg.-Entw. enthaltenen Worte: „an dem in Art. 1 angegebenen Tage" erschienen im Hinblick auf den Inhalt des Art. 1 des gegenwärtigen Gesetzes nicht nothwendig und wurden deßhalb gestrichen. (R. R. 635.)

2. Daß der Zeitpunkt, mit welchem das gegenwärtige Gesetz in Wirksamkeit tritt, mit dem Eintritte der Wirksamkeit der neuen Prozeßordnung zuzusammenfallen muß, ergibt sich aus der wiederholt bemerkten Zusammengehörigkeit dieser beiden Gesetze. (R. R. 635.)

Alphabetisches Register.

Erklärung der Abkürzungen:
A. = Artikel. Abs. = Absatz. S. = Seite. Z. = Ziffer.

A.

B.

C.

D.

E.

F.

G.

H.

J.

K.

Q.

R.

S.

T.

U.

V.

W.

Z.

Druck von G. A. Schurich.

www.ingramcontent.com/pod-product-compliance
Lightning Source LLC
LaVergne TN
LVHW042242300926
849161LV00003B/437